# DIVESTED
## INEQUALITY IN THE AGE OF FINANCE

# 金融化
# 与不平等

[美] 林庚厚
梅根·尼利（Megan Tobias Neely）
——著——

许瑞宋
—译—

林庚厚
—审校—

政治经济学文库
·前沿·

中国人民大学出版社
·北京·

# 总序

党的十八大以来，习近平总书记高度重视马克思主义政治经济学，多次就坚持和发展马克思主义政治经济学作出重要论述。2015年11月23日，在主持十八届中共中央政治局第二十八次集体学习时，习近平总书记指出："马克思主义政治经济学是马克思主义的重要组成部分，也是我们坚持和发展马克思主义的必修课。""马克思主义政治经济学要有生命力，就必须与时俱进。……我们要立足我国国情和我们的发展实践，深入研究世界经济和我国经济面临的新情况新问题，揭示新特点新规律，提炼和总结我国经济发展实践的规律性成果，把实践经验上升为系统化的经济学说，不断开拓当代中国马克思主义政治经济学新境界，为马克思主义政治经济学创新发展贡献中国智慧。"① 2020年8月24日，

---

① 习近平.不断开拓当代中国马克思主义政治经济学新境界.求是，2020（16）：4-9.

习近平总书记主持召开经济社会领域专家座谈会时再次强调:"恩格斯说,无产阶级政党的'全部理论来自对政治经济学的研究'。列宁把政治经济学视为马克思主义理论'最深刻、最全面、最详尽的证明和运用'。我们要运用马克思主义政治经济学的方法论,深化对我国经济发展规律的认识,提高领导我国经济发展能力和水平。"①

习近平总书记关于学好用好政治经济学的论述为我们指引了方向。当前,我们正处于以中国式现代化全面推进强国建设、民族复兴伟业的关键时期,无论是从发展新质生产力、推动经济高质量发展的现实需要出发,还是从推进党的创新理论的体系化学理化、建构中国自主的经济学知识体系的内在要求来看,学好用好马克思主义政治经济学都具有不可估量的时代价值和实践意义。

在学好用好政治经济学的过程中,既要立足中国国情,及时总结新的生动实践,不断推进理论创新;又应树立国际视野、秉持开放的态度,不排斥国外经济理论的合理成分,坚持去粗取精、去伪存真,坚持以我为主、为我所用。在这个过程中,特别需要重视发达国家在国际上具有影响力的政治经济学流派的奠基之作与反映国外政治经济学研究新进展的前沿著作,为学好用好政治经济学提供必要的参考资料,为建构中国自主的经济学知识体系提供理论借鉴。因此,我们精心策划出版了这套"政治经济学文库"。文库分为"经

---

① 习近平. 正确认识和把握中长期经济社会发展重大问题. 求是,2021(2):4-10.

典"和"前沿"两大子系列，汇聚国际政治经济学领域重要流派的奠基之作和学术前沿精品著作。

发达资本主义国家的不少进步学者，在运用马克思主义政治经济学阐释现代化社会大生产和资本主义市场经济运行的规律，分析资本主义国家所面临的种种经济问题的过程中，孕育出了许多重要的学术成果，呈现出了多样化的学派和发展路径。例如，在美国有垄断资本学派、积累的社会结构学派、世界体系学派，在苏联有鲁宾学派，在法国有调节学派，在日本有宇野学派，还有一些学者将马克思与凯恩斯结合起来发展出了后凯恩斯主义经济学，等等。尽管这些学派在方法论和理论逻辑上各有特色，研究视域也极为广阔，但它们有一个共同的特点，即都从马克思主义理论中那些高度抽象的概念中转化出若干分析性的中间概念，建立了中间层次的理论，从各个角度发展和应用了马克思主义政治经济学。这些学派一方面彰显了马克思主义政治经济学的科学性，另一方面进一步推进了马克思主义政治经济学的时代化。政治经济学文库的"经典"系列，囊括了法国调节学派、美国积累的社会结构学派、日本宇野学派、鲁宾学派、后凯恩斯主义经济学等学派的重要著作，以期为读者提供国外政治经济学发展的经典著作，确保我们能够真正吸收和借鉴国外政治经济学的精髓，为我所用，推动马克思主义政治经济学的创新与发展。

习近平总书记要求我们"深入研究世界经济和我国经济

面临的新情况新问题，揭示新特点新规律"[①]。2008年国际金融危机的爆发、数字技术革命的加速发展、生态环境问题的凸显、新冠疫情的暴发深刻影响了世界经济……世界面临百年未有之大变局，国外政治经济学相关的研究和批判得以被激活。与此不太相称的是，我国的相关著作译介仍显不足。政治经济学文库的"前沿"系列，就是聚焦于国际政治经济学界研究的前沿和最新动态，涵盖数字经济、不平等、金融化、技术创新等热点问题。例如，法国塞德里克·迪朗撰写的《虚拟资本：金融怎样挪用我们的未来》，对金融虚拟化进行了深刻剖析，揭示了虚拟资本对贫富差距、政策制定以及市场信号的影响；获得2013年美国社会学协会杰出学术著作奖的《资本化危机》，则从历史社会学角度深入剖析了美国金融化的深层原因与机制，在国际上被广泛推荐和引用；此外，《增长如何发生》《技术塑造美国》等著作，亦从不同的视角为我们理解现代经济的发展与技术的作用提供了深刻的洞见。这些著作不仅荣获多个国际学术奖项，更在学术界产生了广泛影响，为政治经济学的研究与发展注入了新的血液。

在遴选译者翻译这套文库时，我们对译者提出了很高的要求，不仅注重译者的第一外语功底，而且要求译者必须是政治经济学领域的专家。例如，《马克思价值理论文集》是苏联著名的马克思主义经济学者鲁宾的创造性著作，该书为

---

[①] 习近平.不断开拓当代中国马克思主义政治经济学新境界.求是，2020（16）：4-9.

理解马克思的劳动价值论提供了重要视角，是目前国际上兴起的"新马克思主义阅读"和"新辩证法"两派学者都推崇的重要著作。在准备翻译这本书时，我们在全国范围内多方联系，邀请了精通俄语的政治经济学领域的专业学者，从俄文原版直接翻译，并且增补了鲁宾题为《马克思货币理论》的手稿，以帮助读者更加深入地理解马克思的价值理论和货币理论。法国调节学派和日本宇野学派的著作，我们也分别邀请了精通法语的马克思主义领域专家学者和在日本高校承担政治经济学教学的中国学者来从事翻译工作。

我们期待"政治经济学文库"的出版，一方面能够启发国内学界在理论创新过程中的深入思考和探索，为我们解决理论创新难题提供新的思路，帮助我们建构中国自主的政治经济学知识体系；另一方面能够帮助我们借鉴国外研究成果的合理成分，把握社会经济发展规律，提高驾驭社会主义市场经济的能力，以更好地回应我国经济发展中的理论和实践问题，制定更为科学、合理的经济政策，推动中国式现代化的进一步发展。

本丛书是一套开放性丛书，我们热切欢迎学者和社会各界读者积极参与，向我们推荐精品力作，携手共同打造具有深远影响力和卓越学术价值的丛书。我们将以严谨的态度精心打磨，力求将优质的作品呈现给广大读者。

**谢富胜**
中国人民大学出版社总编辑

# 目 录

**引言　金融崛起是不平等加剧的根源** / 1
　　过去 40 年美国社会的两大转变 / 3
　　金融导致不平等加剧的三种方式 / 6
　　本书的内容安排 / 11

**第一章　大逆转** / 15
　　金融是繁荣社会的必需条件 / 17
　　美国金融化的过程 / 18
　　金融化的根源 / 26
　　总结 / 40

## 第二章　关键的社会难题 / 43

现实与美国梦的神话背道而驰 / 46

不平等的趋势 / 52

不平等的成因 / 58

金融崛起是不平等加剧的根源 / 66

总结 / 74

## 第三章　金融崛起 / 77

美国金融业的转变 / 80

解除管制与利润之间的矛盾 / 90

2005年破产法改革 / 103

金融从业人员的薪酬 / 112

总结 / 120

## 第四章　美国企业的金融转向 / 123

汽车生产商变为金融中介 / 126

一场奉股东之名的革命 / 134

通用电气：闪亮的山巅之城 / 142

安然的完美风暴 / 148

不平等的后果 / 153

总结 / 161

## 第五章　背债的美国人 / 165

美国家庭债务的历史 / 170

信贷的分配 / 182

债务的后果 / 191

总结 / 200

## 第六章　谁投资？谁致富？ / 203

家庭财富 / 207

借由财务操作增加财富 / 210

世代之间和世代内部的财富不平等 / 219

总结 / 228

## 第七章　危机过后 / 231

流动性危机 / 235

改革或复原 / 242

危机爆发十年后的不平等状况 / 249

总结 / 256

## 第八章　结论 / 259

不平等的循环是如何产生的 / 263

美国之外的情况 / 267

于是我们奋力前行 / 270

致　谢 / 281

参考文献 / 285

# 引言　金融崛起是不平等加剧的根源

金融化对理解当代的不平等至关重要，因为它促进并且加强其他各种发展对不平等的影响。

## 过去40年美国社会的两大转变

金融已经成为当代生活不可或缺的一部分。从助学贷款到购房、经商、规划退休以至其他许多事情，金融时常影响我们日常生活中的许多决定。这是怎么发生的以及它对社会的不平等有何影响？这是本书的核心问题。在回答这个问题的过程中，我们探讨了一系列相关问题，包括：金融如何成为高利润产业？它如何改变企业运作？从何时开始，我们的每项决定都像投资决定？而最重要的是，金融如何左右社会的资源分配？

金融的重要性似乎不证自明，我们因此很难想象一个没有金融的世界。但直到1970年代，金融业利润仅占美国经济中所有行业利润的15%。当时金融业所做的，主要是简单的信用中介（credit intermediation）和风险管控：银行接受家庭和公司的存款，将这些资金借给购房者和其他公司。银行也收发支票，方便人们付款。此外，银行也为重要或付费客户提供保险箱，方便他们保存贵重物品。保险公司则是向客户收取保费，并在发生保险事故时提供赔偿。

到了2002年，金融业的利润已经大幅增长，占美国经济中所有行业利润的37%。在利润增长的同时，金融业务愈来愈复杂，证券化、衍生商品交易和基金管理的重要性不断提升，而且这些交易多数发生在金融机构之间，而不是个人或企业之间。在金融业对经济的影响日渐深刻的同时，一般民众已经无法理解金融业到底如何运作。家庭、企业和政府所做的决定全都受金融市场左右，但许多金融业务对一般民众却是晦涩难懂。

而在金融业扩张的过程中，美国的不平等程度也严重加剧。资本所得在国民所得中的占比，与企业管理层和华尔街人士的薪酬一起上升。同时，反映所得不平等程度的基尼系数在全职劳工之间上升了26%，大规模裁员成为企业的惯常做法，而非迫不得已的最后手段。这些都扩大了贫富差距，造成美国顶层1%家庭拥有全国逾20%的财富——财富分配不平等的程度，堪比强盗大亨横行的镀金时代。2008年的金融危机一度缩小了贫富差距，然而，应对危机的货币政策让金融业迅速度过危机，同时保护了有钱人的资产，但就业却持续疲软，工资停滞不前。

因此，美国社会在过去40年经历了两大相生相息的转变：经济金融化以及严重加剧的社会不平等。本书将说明为什么这两大变化必须一同检视。在当代美国，金融崛起正是不平等加剧的根源。当代金融体系对社会最大的威胁不是一再爆发的金融危机，而是贫富之间的社会鸿沟不断扩大。要了解当代社会不平等，我们必须先了解当代的金融体系。

许多人已经怀疑金融业的发展促成了社会贫富悬殊。在2011年秋天，许多抗议者占领了纽约证券交易所附近的祖科蒂公园，呼吁大家关注华尔街人士与一般百姓之间巨大的财富差距。"占领华尔街"运动的参与者起初要求逮捕造成2008年金融危机的银行家，收紧对华尔街的规范监管，禁止高频交易，以及调查政治腐败。随着运动的发展，抗议者的要求变得更全面。运动的著名口号"我们是99%"号召美国大众从"另外1%"手上夺回权力和资源;另外1%指的是控制美国绝大多数资本的一小撮金融和政治精英。抗议者将严重的不平等归咎于纽约与华盛顿之间或金融界与政界之间的旋转门,他们认为这种旋转门导致政治权力偏袒企业利益,结果是统治精英大发利市,美国的劳工和中产阶级则陷入困境。

占领华尔街运动起初不受主流媒体重视,但随着参与者着眼于不平等问题和华尔街"1%的人"的巨额财富,这场运动开始在国际上广受关注。始于2011年9月纽约一个公园的小型抗议,短短数周间扩散至美国各地乃至世界其他一些国家和地区。10月15日,运动规模达到顶峰,组织者声称全球逾80个国家共950个城市参与了运动。欧洲的主要都市,例如罗马和马德里,估计有20万~50万人参加抗议活动,美国各地则有超过7万人参加抗议活动。这场运动采用无领袖的运作方式,要求不时改变,因此受到批评,但他们谴责不平等这个核心信息则广为传播[1]。

占领运动最主要的成就,或许是凸显了华尔街如何导致99%的人与1%的精英之间的经济不平等不断扩大。奥巴马

---

[1] Wells, Matt, "Occupy Wall Street Live: March on Times Square," *The Guardian*, October 15, 2011; Silver, Nate, "The Geography of Occupying Wall Street (and Everywhere Else)," *FiveThirtyEight*, October 17, 2011. 有关占领运动的学术著作,可参考Todd Gitlin 2012年的 *Occupy Nation*、Noam Chomsky 2012年的 *Occupy*,以及David Graeber 2013年的 *The Democracy Project*。

总统在2012年的国情咨文中强调,"一般民众与华尔街之间缺乏信任"促使美国在2010年制定《多德－弗兰克华尔街改革与消费者保护法》(Dodd-Frank Wall Street Reform and Consumer Protection Act)。包括经济学家克鲁格曼(Paul Krugman)在内的许多知识分子撰文支持占领运动参与者的观点,要求造成经济大衰退的金融业必须为其贪婪和离谱行为造成的损害付出代价。民主党人和共和党人都认识到,经济不平等已成为最重要的议题。在2016年的美国总统大选中,民粹主义成功上位。然而,尽管受到严厉批评,并且激起了强大的政治运动,美国金融服务业的利润仍继续增长,不平等的程度也继续加剧。

### 金融导致不平等加剧的三种方式

金融"感觉上"的确会加剧不平等。但是,金融究竟如何导致不平等加剧,对许多人来说仍然是模糊不清的。在某种程度上这是因为金融是一个包罗万象的概念:金融业务非常多样,彼此构成一个互有关联的网络,而且许多金融业务相当复杂,连薪酬丰厚的专家有时也无法提供简洁易懂的解释。金融活动并非仅限于个人利用银行的服务进行付款和投资理财;公司、非营利团体和政府等大型组织,也都利用金融为自身的运作提供资金。金融服务的提供者和消费者都十分多样,包括服务本地客户的社区银行和信用合作社,同时经营商业和投资银行业务的全球金融集团，专注于利基市场的精品基金公司，以及非银行金融机构如保险公司、发薪日放款业者和公司的金融部门。这些金融服务的提供者和消费者都有不同的目标、动机、资源，也都面临不同的限制。此外，因为资金不断易手，当代金融掩盖了资源如何从穷人转移到有钱人手上。

另外，不平等也包含各种分配不均的现象。经济学家皮凯蒂（Thomas Piketty）和赛斯（Emmanuel Saez）指出占比1%的顶层家庭在国民所得中的占比如何从1970年代末的不到10%暴增至近年的20%以上，让所得集中在金字塔顶端的现象成为讨论不平等时的焦点。这个新镀金时代的重要现象还包括财富不均扩大、劳动所得在国民所得中的占比下降、工资停滞不前、就业保障受损、工资方面的性别和种族差异持续存在、学生债务暴增，以及长期的悲观与对政府及企业的不信任。

因为这些复杂的情况，相关研究往往仅触及金融与不平等之间关系的一些零碎面向。本书以此前的学术研究为基础，更为全面地阐述金融化（financialization）如何导致美国的不平等程度加剧。我们提出各样的证据，说明了金融业在华尔街、一般企业和家庭间壮大，如何导致经济不平等恶化。

我们的分析指出金融之所以为恶，不是因为金融专业人士的自负或野心，而是当代金融体系让许多奉公守法的银行业者和基金经理不知不觉地把许多美国家庭推入险境。虽然我们同意华尔街的高薪毫无道理，但金融与不平等的关系不是一句人性贪婪就能带过，两者之间的关系还有更深广的面向。限制不合理高所得的政策（例如设定所得上限或加强累进税制）是必要的，但是单此不足以解决不平等程度加剧的问题。此外，我们不认为金融专业人士天生"邪恶"或有其他心理缺陷；就跟其他人一样，金融业者努力追求成功，并且衷心相信因为自己辛勤的付出，领取高薪理所当然。确实有人会为了赢过其他人或逃避失败而作弊，但多数金融专业人士认为自己遵循"规则"，表现优于其他市场参与者，因为自己的技术劳动而得到合理的报酬。

本书认为金融崛起代表的是美国社会经济资源分配的彻底重组。在这个过程中，金融以三种主要方式重塑经济。

第一，金融化创造了过多的中介机构，它们在社会中为金融业榨取资源，但并未贡献相应的经济效益。金融业者发明新的金融产品来满足"潜性"需求，但实际上多数产品仅对金融机构有用。市场影响力愈来愈集中，金融权贵的政治影响力与日俱增，以及公共政策仰赖私营中介（private intermediation）执行，这三者促进了此过程。金融企业及其精英员工因此掌握了规模空前的资源。

第二，金融崛起削弱了资本与劳动的互相依赖关系，进而削弱企业对劳动力的需求和劳工的议价能力。当一般企业将资源和注意力从它们的核心业务转移到金融部门时，劳工开始被排除在获利过程之外，逐渐失去他们在企业里的价值和影响力。此外，随着愈来愈多资源被用于放贷、投机交易、支付股息或回购股票，就业增长也跟着放缓，对中低级劳工来说尤其如此。这些变化的结果是劳动所得在国民所得中的占比降低，而企业管理层的薪酬却飙升。随着所得差距扩大，雇主与一般雇员的关系普遍恶化。

第三，金融崛起削弱了过去设计用来共同承担风险的社会组织。工会与大型企业集团过去提供就业保障、可靠的医疗和退休福利，有效地为劳工缓冲经济风险。随着这些保障逐渐消失，风险开始从组织转移到家庭身上，导致美国人需要更多金融服务。愈来愈多美国家庭举债度日，并仰赖金融资产保障退休生活。这些金融产品不但将更多资源导向金融业，而且还总是累退的：贫困家庭通常支付最高的利息和费用，富裕家庭则可以动用丰富的资源利用金融市场的波动获利。

通过探讨金融崛起以及其发展如何加剧经济不平等，本书指出高度社会不平等绝非资本主义的"自然产物"或不可逆转的趋势。由始至终，我们的分析显示经济发展的轨迹和日益扩大的贫富差距源自全球层面、国家层面、产业层面和公司层面的一系列政治谈判和制度变革。

有些人可能会说，即使金融崛起导致不平等加剧，金融化仍可能提升了资本配置的效率，使经济得以加速增长。但研究显示，事实并非如此。随着美国金融化，整体经济增长开始减缓。企业对厂房、商店、机器、计算机以及最重要的劳工的投资减少，而企业总利润停滞不前。自然，企业对政府税收的贡献也开始减少。

写书不只是选择该写什么，也得决定不写什么。本书不对 2008 年全球金融危机的前因后果提供详细的讨论。这段历史已有大量的学术研究和媒体报道加以探讨。我们采取更宏观的角度，讨论过去 40 年的结构转变如何助长金融危机并放大其影响。我们着重于美国社会的发展，因为美国在全球金融版图中具有独特的地位。但必须指出的是，其他许多国家也出现了类似的相关变化。我们会稍微谈及这些现象，并在最后一章加以讨论。

虽然金融崛起是不平等程度加剧、顶层所得暴增的重要原因，但我们不认为它是唯一的原因。全球化、科技进步、去工会化（deunionization）、雇佣关系改变、教育差距和政治环境的变化，都与社会不平等息息相关——然而过去的学术研究已经广泛探讨了这些问题①。我们认为金融化对理解当代的不平等至关重要，因为它促进并且加强其他各种发展对不平等的影响。

我们必须在此重申，本书受惠于过去和当代的相关学术研究，从社会学到经济学、金融学、政治学、管理学和历史学。我们冀望在这些学科之间架起桥梁，并将当中的子领域联系起来。我们希望本书能比较完整地说明金融化与不平等的关系，但我们也谦卑地意识到，受限于篇幅，我们略过了许多有重要贡献的研究。因此，任何见解只要听起来有一点

---

① 有关技术进步与不平等的关系，可参考 Fligstein and Shin 2007。以下研究则探讨全球化如何助长不平等：Duménil and Lévy 2001; Milberg 2008; Milberg and Winkler 2010。

点熟悉，读者不需要认为那是我们的原创观点。我们鼓励读者以本书为基础，更深刻探索过去十年出现的丰富文献。

**本书的内容安排**

第1章简述什么是"金融"以及我们如何定义金融化。金融化这个概念早在2008年金融危机之前就出现了，此后在学术和公众讨论中愈来愈流行。我们指出，虽然金融在许多社会中发挥了重要作用，但在美国却因为发展过头而适得其反。我们援引证据，说明了金融在20世纪最后25年和之后的非凡发展。简短的历史回顾指出金融化的政治与制度根源，从《布雷顿森林协定》谈到1980年代的政治转向；这凸显了金融化并非资本主义经济的必经阶段，而是取决于许多不同事件的历史产物。

我们接着探讨不平等：不平等问题为何重要？近数十年来，美国的不平等程度是如何加剧的？过去40年间，市场所得的分配变得极其不均，但社会政策从不曾跟上此一趋势。美国多数劳工的实际所得并未增加；由于资本所得增加的速度快过劳动所得，资本家拿走愈来愈多经济成果。许多美国人并未受惠于20世纪末的经济增长，而且颇大一部分人面临日趋黯淡的经济前景。我们概述了各种不平等加剧的既有解释，指出它们的一些不足，然后简要说明金融化与不平等之间的关系。

第 3 章讲述自 1980 年代以来，金融业经历了什么样的巨大变化。我们指出，金融业利润扩大和薪酬膨胀，并不是因为金融业对经济的贡献大增，而是因为市场影响力愈来愈集中、金融业涉入政治，以及公共政策仰赖私营中介执行。我们还指出，金融业的大部分所得落入少数的精英人员，尤其是白人男性手上。相较之下，他们的女性同事和少数族裔男性同事收入较少。即使在金融业内部，这个产业的成功也拉大了阶级、性别和种族之间的鸿沟。

每一个行业都致力增进自身的利益，本书第 4 章因此问道：金融业以外的一般企业为何没有反击？简而言之，许多非金融企业实际上已经金融化了。随着金融在 1970 年代成为赚钱的事业，美国许多企业扩大参与金融市场，从事放贷和付款业务。股东价值至上的观念兴起，也导致一般企业引入华尔街的逻辑和做法。这些发展造就了少数身价百万的赢家，例如基金经理和企业首席执行官，但也带给美国劳工阶级工资和就业停滞的惨痛后果。

在与金融发展有关的许多社会经济转变中，一般民众最普遍体验到的可能是家庭债务增加。第 5 章阐述美国家庭债务的起源、分布和后果，包括信用扩张如何嘉惠有钱人和损害穷人。在 20 世纪初，信贷开始被视为医治社会弊病的良药。从那时起，扩大信贷渠道就成为政府的重要行政目标。我们指出，不平等问题被错误理解为周转的问题，而扩大信贷渠道是经济鸿沟的成因而非解决方法。过去 30 年间，富裕家庭把握了与家庭信贷有关的多数机会，中产家庭背负的债务加重了，低收入家庭则是除了离谱的高利贷，基本上无法借钱。

一个人的债务是另一个人的财富。在第 6 章，我们探索硬币的另一面，阐述金融化如何改变了美国的财富积累和不平等。金融资产，尤其是股票，如今是美国家庭保存和倍增财富的关键工具。但是，股票资产的分布非常不均。股票市场主要控制在富裕家庭手上，而且股票投资也存在着种族鸿沟。股市并未促进平等，而是送钱给有钱人和为他们服务的金融专业人士。投资股票的机会仅限于最富有和肤色最白的人，以及拥有退休储蓄账户的高级劳工和婴儿潮世代。因此，资本与劳动持续的冲突，逐渐在高级与低级劳工之间、在年长与年轻世代之间呈现。

2007—2008 年，国际金融体系濒临崩溃：美国股市总市值跌到只剩一半，大型银行的盈利重挫，一度充裕的信贷突然枯竭。在世人看清巨额财富的脆弱基础之际，经济似乎陷入停滞。在第 7 章，我们回顾此次清算的结果，关注于 2008 年金融危机以来的政经发展。后续的政策和法律措施在促进银行拥有充裕的流动资产、降低系统风险和惩罚欺诈活动等方面有些成效，但这些政策多数是为了恢复金融秩序而非加以改革。因此，经济不平等在金融危机爆发之后继续扩大。

本书聚焦于美国，但它探讨的趋势和问题是全球性的。在本书的结论中，我们着眼于世界各地的情况，说明了金融化导致不平等加剧是发达国家的富贵病。随着一个国家的金融化程度提高，顶层群体所得占国民所得的份额激增，金融专业人士和富裕家庭得益，劳动所得占国民所得的份额降低，就业机会变得不稳定。在本书最后，我们讨论本书的分析有何政策含义。金融改革不应继续稳定和保护金融业，而是应该以稳定和保护社会为优先要务。

# 第一章 大逆转

金融的角色从经济的仆人变成经济的主人,金融成为美国政治、商业和文化领域的主导组织原则。

## 金融是繁荣社会的必需条件

"金融"一词使人想起一些浮华意象，例如高耸的摩天大楼、拥挤的交易大厅、复杂的数学模型、快如闪电的计算机服务器，以及身穿西装的银行家或焦躁的操盘手。但是，金融不是现代社会独有的事物。远自古代的苏美尔（Sumer）、希腊、罗马和中华帝国，金融就一直是社会发展的推手。简而言之，金融就是一种社会契约，在各方之间建立信任并调动经济资源，以促进生产和消费。

考古学家在古苏美尔城市乌鲁克（Uruk）挖出一些密封的陶器，里面有形状像羔羊、牛、狗、面包、油罐、蜂蜜和衣服的代币。学者认为这些代币可能是一种原始的期货合约，代表有人承诺在未来某个时候以固定的价格交付特定商品。金融历史学家戈兹曼（William Goetzmann）则推论，金融诞生于世上最古老的城市之一并非偶然：随着乌鲁克社会分工愈渐复杂，许多居民得和其他行业的人进行频繁的交易，而个人协议不再可行。为了促进经济合作，正式的合约逐渐取代握手成交（或古代其他类似做法）。

许多在古文明发展出来的金融活动对现代社会仍有影响。早期伊斯兰教徒的金融技术源自先前中东古文明使用的数学工具。中央银行、有限责任投资和商业公司诞生于罗马帝国，而商业贷款、房地产开发和主权债务则出现于古代中国。后来随着洲际贸易盛行，印度-阿拉伯数字系统使商人得以邮寄本票（suftaja）和付款委托书（ruq'a），促进了从西班牙到印度以至中国的贸易。金融是一种基本的社会组织形式,既可以就地取材,也可以源自历史上一系列的人类互动和文化交流。

金融可被视为繁荣社会的必需条件。经济学家金(Robert King)与莱文(Ross Levine)曾指出,1960—1989年,80个国家当中经济增长和资本积累的速度,与金融中介机构的规模、信贷的分散配置和私营企业可利用的信贷规模有关。在美国,类似的证据显示,1980年代放宽州级的银行分行设立限制,与经济增长加速有关。

经济学家凯(John Kay)指出,金融在现代社会大致有四项重要功能。第一,金融借由信用卡、电汇和直接存款等支付系统,为经济交易提供便利,这是最基本的。第二,金融撮合了有剩余资本的投资人、企业家、组织和消费者,使闲置资源得以有效运用。第三,金融让人们得以通过储蓄和借贷管理个人资源,满足人生不同阶段和跨世代的需求。第四,金融提供风险管控工具如保险产品和衍生工具,帮助家庭和企业应对不确定性。由此观之,我们可能会注意到,没有金融的社会不仅不方便,人与人之间也少了许多互动,资源常常无法妥善利用,而且我们也很难做长期的财务规划。

**美国金融化的过程**

既然金融对人类社会如此重要,而且无所不在,金融化又是什么意思？我们将金融化界定为金融的社会角色广泛逆转，从支持性质的次要经济活动变成驾驭经济的主要动力。金融不再为经济服务，而是将它自己的逻辑、偏好和行事原则强加于整个经济体和社会的其他部分。在协助交易的同时，金融业者从消费者、生产者和商家身上榨取许多收入。许多金融业者不再引导资本投入有益的用途，而是利用复杂的操作来剥夺资源和劫贫济富，丝毫不考虑长期后果。此外，金融业原本理应帮助缓和经济波动并降低不确定性，但如今许多金融活动反而破坏社会信赖，并且使美国人的生活变得更不稳定。

我们认为美国的金融化展现在三个相互依存的过程中，而它们全都在1970年代末之后加速。第一个过程是金融业逐渐支配了美国社会的资源分配。图1-1显示金融业盈利占美国企业总盈利的百分比。趋势很明确：1980年之前，金融业盈利平均占美国企业总盈利15%左右。这个比例在1980年代中期稳步提高，1990年代初升至占企业总盈利逾三分之一，然后在1990年代的经济繁荣期内下降。2002年，这个比例升至37%的历史高位。2008年的金融危机令金融业盈利短暂受挫，占企业总盈利的比例急跌，但金融业迅速复苏。金融机构盈利增长意味着金融从业人员薪酬大增，他们平均比其他行业的劳工多赚70%。

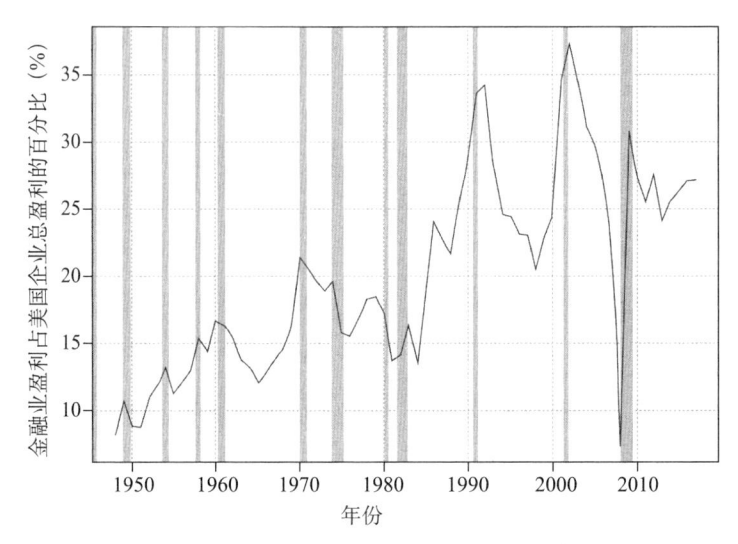

**图 1-1　金融业盈利占美国企业总盈利的百分比**

注：企业盈利为根据库存评价调整之后的结果。金融业包括联邦储备银行、信用中介等行业及相关活动，证券、商品合约、其他金融投资及相关活动，保险业及其相关活动，基金、信托及其他金融工具，以及银行和其他控股公司。

资料来源：美国经济分析局，国民经济统计，表6.16。

金融崛起不但反映在经济上，还体现在文化和政治层面。美国金融业如今影响政府如何规范市场、企业高层如何管理他们的公司、社会如何衡量个人成就，甚至是评价经济表现的主要指标。金融专家成为所有领域的专家，连政治领域也不例外。无论是民主党还是共和党执政，美国政府中有华尔街背景的官员人数都愈来愈多。

在私人部门，金融成为通往金字塔顶端最常见的途径。《财富》100强超过三分之一的首席执行官具有深厚的金融背景，他们成为首席执行官之前通常担任首席财务官或在华尔街工作。金融根深柢固的影响力有助于解释为何在2008年金融崩盘之后，尽管面对巨大的政治压力，以及公众的不断质疑，金融业的主导地位仍屹立不摇。

美国经济金融化的第二个过程，是非金融企业参与金融市场的程度日增，既有被动也有主动的参与。股东价值至上的观念盛行，企业界普遍认为企业唯一应该追求的利益是股东的利益，导致美国企业屈从于金融市场的意愿。在20世纪大部分时间里，管理的重心在于如何增加销售量以维持企业的成长和稳定，而在现在，管理层的能力是以他们能否提高企业的股价为衡量标准，哪怕他们为了提高股价而牺牲企业的成长和稳定。

图1-2呈现美国非金融企业股息和股票回购的支出相对于这些企业总盈利的百分比（股票回购是指一家企业在市场上买进自家股票，以减少企业发行在外的股量来提高股价）。这项百分比能告诉我们企业花多少赚来的钱奖励股东，而非支持未来的营运[1]。我们再次看到，1980年代是关键的十年。在那之前，美国企业付给股东的钱通常约为年度盈利的三分之一，余者留作储备、资本投资和其他用途。1980年之后，企业用来提振股价的支出快速增加，在1980年代末达到逾100%的最高点。换句话说，许多年来，美国企业整体付给金融投资人的钱超过那一年的总盈利，为此必

---

[1] 在公司财务中，股票回购通常被当作一项经营费用处理，因此严格而言不是盈利的组成部分；盈利由股息和保留盈余构成。

须动用储备或出售资产。

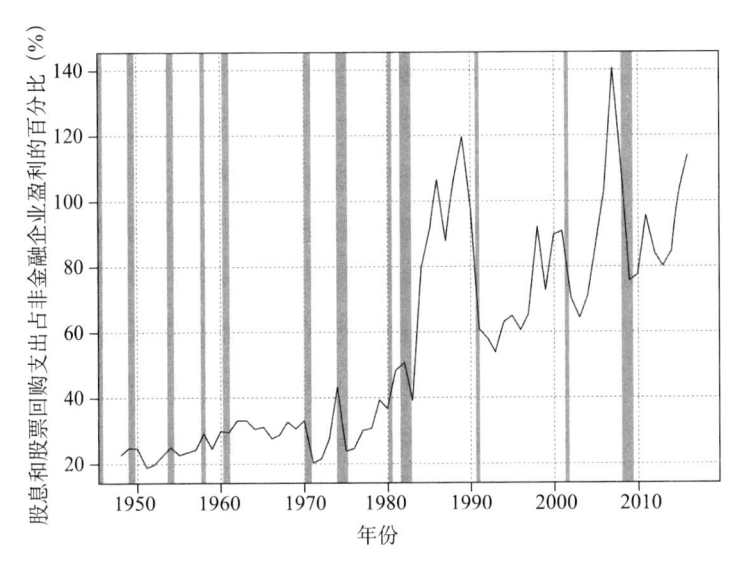

**图 1-2 股息和股票回购支出占非金融企业盈利的百分比**

注：非金融企业的盈利为根据库存评价调整之后的结果。股息（NCBDPAA027N）加股票回购（NCBCEBA027N）可能超过盈利，因为股票回购支出被视为一项费用，而不是盈利的组成部分。

资料来源：圣路易斯联邦储备银行，联邦储备经济数据；美国经济分析局，国民经济统计，表 6.16。

1990 年代的经济繁荣压低了企业盈利中用来付给股东的比例，但实际金额并未减少，而且这一比例将再度上升。而在 1990 年代，股票回购成为企业分配资源给股东的一个主要渠道。自那十年以来，企业的股票总发行净额一直为负值，意味着上市公司如今向股东支付的金额超过它们发行股票获得的资金。因此，现在比较准确的说法是：金融市场从上市公司那里筹集资金,而不是上市公司从金融市场筹集资金。自2000年以来,几乎所有的企业盈利都直接流向股票市场,企业可留作扩张、储备和发展之用的资源愈来愈少。

除了企业资金被股市和股东吸走,许多非金融企业也积极参与金融市场,成为放贷者和投机者。它们发行信用卡,并向其他企业提供贷款。图1-3记录了非金融企业因此得到的利息和股息:自1970年代起,企业盈利相当大一部分来自借钱给家庭和从事金融市场交易。这个比例在2000年代

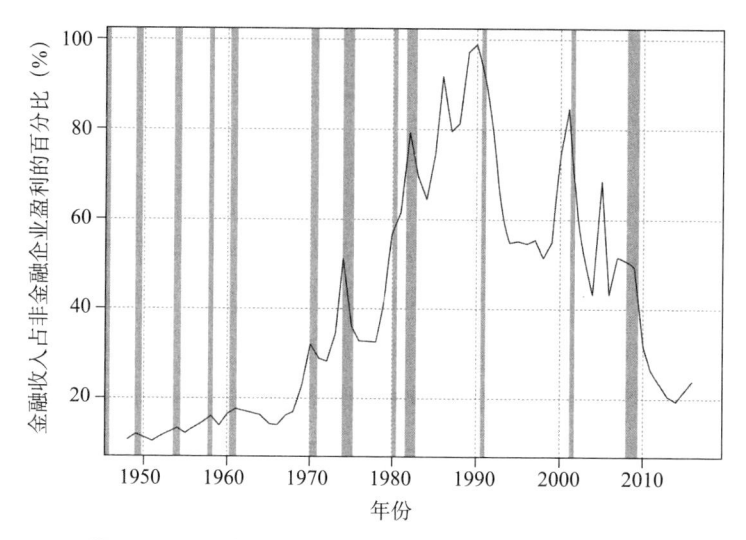

**图 1-3 利息和股息占非金融企业盈利的百分比**

注:这项百分比为非金融企业收到的利息(NCBIREA027N)和股息(NCBDREA027N)之和,除以非金融企业经库存评价调整后的盈利。

资料来源:圣路易斯联邦储备银行,联邦储备经济数据;美国经济分析局,国民经济统计,表6.16。

初急剧下跌，意味着企业如今已缩减其金融获利，但它们的实际利息收入金额要到2008年金融危机爆发才减少，而它们持有的金融资产总额则继续增加（见图2-6）。因此，随着美联储开始调整利率，金融收入对非金融企业的重要性是否将回升还很难说。

美国经济金融化的第三个过程，是美国家庭的金融产品消费持续增加。社会福利减少，工资停滞，加上退休前景黯淡，促使美国人在人生的不同阶段不得不使用各种金融产品。图1-4显示美国家庭债务总额占个人年度可支配所得的百分比。1980年以前，家庭债务约为年度可支配所得的65%。但是，1980年代以来工资停滞，促使中低收入家庭增加借贷。他们举债不只用来购买奢侈品，也常为了周转日常生活开销。到了2007年，美国家庭债务总额占个人年度可支配所得的百分比高达132%。此增长来自房屋抵押贷款、信用卡债务和学生贷款的大量增加，而背后的信念是信贷是解决经济不平等问题的一种方法。例如，倘若接受大学教育可以增加收入，那么背负学生贷款不只是负债还是明智的投资。

这正是债务快速扩张会不成比例地影响女性和少数族裔男性的部分原因：放款机构针对这些脆弱的群体推销它们的高利息产品，向潜在客户声称借贷能让他们脱贫致富。与此同时，年轻人背负愈来愈多学生贷款：1993年，借了钱的大学毕业生平均每人背负接近1万美元的学生贷款债务，而到了2015年，这个数字已激增至超过35 000美元。另外，许多行业的实际工资却在萎缩（工资调整甚至未能追上非常温和的通胀）。

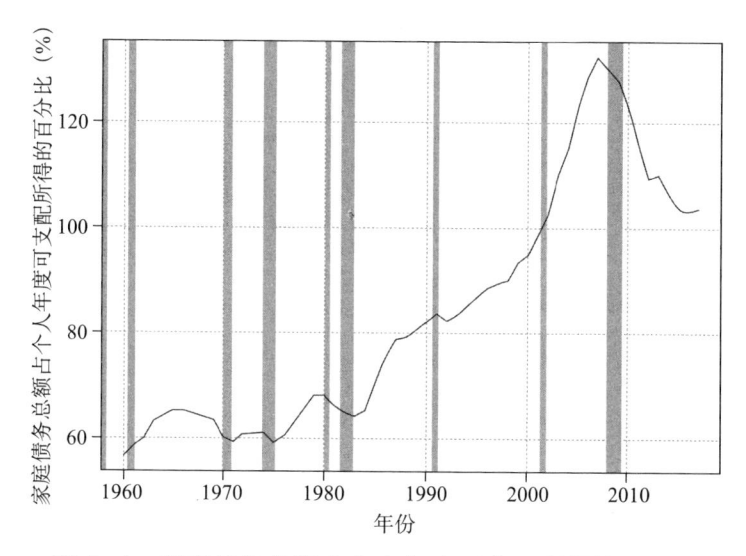

图 1-4　家庭债务总额占个人年度可支配所得的百分比

注：这项百分比是以家庭和非营利组织利用的信用市场工具（CMDEBT）除以个人可支配所得（A067RC1A027NBEA）得出。

资料来源：圣路易斯联邦储备银行，联邦储备经济数据。

除了债务，金融化也重整了家庭财富。只靠存款致富已经过时，甚至可能被视为傻子的做法。人们每天都被轰炸要投资五花八门的金融产品，包括股票、债券、共同基金和指数股票型基金（ETF）。我们被教导说，最好是学会如何利用被动收入的力量——至少要懂得怎么投资养房。

随着时间的推移，这些过程（金融业日益主导美国经济，非金融企业参与金融市场的程度日增，以及美国家庭的金融产品消费持续增加）彼此互补，相互强化。金融业和非金融业都因为向家庭积极推销金融产品，而从家庭债务和财富的增长中受益。共同基金和退休储蓄账户的流行，将家庭储蓄导向金融机构，金融机构进而要求美国企业为股票投资提供更高的报酬。这种紧张关系鼓励企业重组，例如合并、收购和分拆业务，以及采用削减成本的技术和雇佣方式，而这一切皆意味着金融业获得巨大的利益，但劳工的机会却愈来愈少。

**金融化的根源**

美国金融化是戏剧性的复杂转变，很难为此指出单一起源。一如其他许多巨变，金融化是各种历史事件相互影响的结果；这些事件时而相互呼应，时而互有抵触。社会学家普拉萨德（Monica Prasad）研究发现美国信用扩张的历史可追溯至19世纪末20世纪初农业生产过剩的情况。为了维护农民生计，政府开始利用担保与租税奖励促进消费和刺激增长。普拉萨德令人信服地说明了政府利用金融手段解决经济问题在美国已经有长远的历史，我们在此则聚焦于二战之后的发展，尤其是布雷顿森林体系的诞生和消亡、1970年代的资本主义危机，以及随后美国政府与企业的意识形态转向。我们同意普拉萨德的看法，也就是早期的发展使美国政府开始用信贷解决社会经济问题。但是，如果不考虑二战之后出现的全球货币体系，就无法充分理解金融如何在过去数十年大幅崛起。

**布雷顿森林体系**

1944年的《布雷顿森林协定》为当今的全球金融体系奠定了基础。随着第二次世界大战步入尾声，44个国家的730名代表齐聚于新罕布什尔州偏远小镇布雷顿森林（Bretton Woods）的华盛顿山饭店，共商战后的国际货币和金融秩序。此次会议一方面是为了解决战后重建的融资问题和消除国际贸易壁垒，另一方面是希望避免两次世界大战之间的货币混乱和经济冲突重演。在两次世界大战之间的日子里，保护主义抬头，大萧条发生，金本位崩溃。这段历史不能重演。

布雷顿森林会议出现了两大对立阵营。一方面，英国首席代表凯恩斯（John Maynard Keynes）提议建立一个国际清算联盟，作为所有国家央行的国际央行。这家银行将发行称为bancor的超国家货币，以调节货币兑换，并借由抑制贸易失衡来保护债务国的利益。另一方面，美国的怀特（Harry Dexter White）代表当时全球最大的出口国和债权国，坚持维护美元的主导地位和美国巨大黄金储备的价值；当时美国持有的黄金相当丁全球所有央行黄金储备的四分之三。

《布雷顿森林协定》和国际货币基金组织（IMF）在新旧强权的冲突中诞生。《布雷顿森林协定》并未创建一种独立的超国家储备货币,而是由成员国同意将本国货币与美元挂钩,并维持固定汇率。美国则是将美元与黄金挂钩,重新确立两次世界大战之间的金本位制度。美元因此成为支持其他所有货币的全球储备货币。

IMF形式上反映了凯恩斯成立超国家机构的提议,但实质上响应了怀特维护美国利益的要求。IMF的主要任务是充当国家间的终极贷款单位:IMF按约定的比例向成员国取得黄金和各国货币,而在必要时为成员国提供应急资金。但是,IMF并不像凯恩斯提议的那样调节国家之间的贸易失衡状况。此外,IMF不采用一国一票的治理模式,而是根据各国政府对IMF的贡献规模分配投票权。这种安排使得美国有否决IMF任何决定的实权。

布雷顿森林体系相对保守的路线,事后证实不能满足二战之后重建工作的货币需求。维护货币秩序和防止社会动荡的责任最后落在美国肩上,因为美国在当时是唯一有足够经济资源承担此重任的国家。美国双管齐下援助其他国家:除了大量进口外国商品,还提供长期贷款和赠款,例如马歇尔计划就为欧洲国家重建社区和产业提供了超过120亿美元。

美国先后援助欧洲国家和日本,并非完全无私。二战一结束,美国就迅速采取行动,致力对抗苏联对其国际主导地位的威胁,并设法阻止共产主义在欧洲和亚洲的蔓延。经济援助被视为美国维持自己领导地位的关键手段。

美元自此成为美国最大宗的输出品。至今,美元在全球仍比其他任何美国产品更受欢迎。美元借由美国的国际援助和贸易逆差大量外流，加上美国的军事主导地位，使美国成为其他国家的理想贸易伙伴。毕竟对美元的信徒来说，美元具有"真实的价值"，而怀疑美元价值的人也因为美元能够可靠地兑换黄金而买进。

控制国际储备货币显然可以获得巨大的利益。正如经济学家艾肯格林（Barry Eichengreen）指出："美国印钞局印制一张百元美钞的费用不过是数美分，但其他国家却必须拿出价值100美元的真实商品，才可以换得一张百元美钞。"能够以本国货币购物和举债，使美国政府能以较低的成本获得外国商品，而美国消费者某种程度上也享有这种好处。美国政府也可以印制更多美钞但固定美元对其他货币的汇率，借此对其他国家"课税"。

支撑布雷顿森林体系的两大基础，是美联储承诺以35美元／盎司的价格维持金本位，以及美国的盟友相信美国能保持其战后经济霸权。但是，随着联邦德国和日本在1950年代经济逐渐恢复，美国开始丧失它的制造业在全球市场的垄断地位。卷入代价高昂的越战，以及蓄意维持对欧洲国家和日本的贸易逆差以报答它们的忠诚，也加剧了美国经济的衰落。这些变化全都削弱了全球对美元的信心。1960年，伦敦黄金市场价格升至40美元／盎司；这意味着交易商可以用较低的价格向美国财政部买进黄金，然后在其他国家转售获利。此时欧洲国家和日本面临一个将来其他出口导向型经济体也将面临的难题：它们的经济增长仰赖美国的赤字，但在外流通的美元愈多,美元在公开市场的价值就愈低。为了对冲风险,有些国家开始增加黄金储备,并在接下来十年里减少美元依赖。

1964年的国际卖座巨片以戏剧方式呈现了美国黄金储备的危机:名为金手指(Auric Goldfinger)的黄金交易商试图炸毁位于肯塔基州诺克斯堡的美国金库以减少黄金供给而抬高黄金价格,但英国特工邦德(James Bond)破坏了这项阴谋(因此受邀到白宫与美国总统共进午餐)。不过,在现实世界里,美国的黄金储备持续减少。因为担心美元将会大幅贬值,瑞士和法国等国家开始拿它们的美元储备向美国兑换黄金。光是1965年这一年,法国海军就被派到大西洋彼岸收购价值1.5亿美元的黄金。到了1966年,美国以外的央行共持有价值140亿美元的黄金,美国的黄金储备则缩减至132亿美元。美元与黄金的固定兑换比率变得像好莱坞电影那么不真实。

因此在1971年,尼克松总统在未取得其他国家的同意之下取消了布雷顿森林体系设定的35美元/盎司的黄金与美元固定兑换比率。此时美国政府被迫应对前所未有的多重威胁,包括全球美元挤兑、通胀高企和失业严重。在单方面决定正式终结了布雷顿森林体系之后,美元相对于黄金的价值大跌,通胀率快速上升。但美元在全球的主导地位最终还是得以延续,这是因为尼克松政府说服沙特阿拉伯和其他中东产油国出口石油的时候以美元计价,并利用它们的盈余购买美国债券。作为交换,美国政府将借由财务和军事援助保护这些中东国家。

因为多数工业国的石油产出远低于消费量，美国与中东产油国的协议稳住了全球对美元的需求，使美元的价值免于崩跌。换句话说，"油元"（petrodollars）体系以石油取代了黄金——前者是所有工业经济体的必需品，后者虽有普遍的货币价值但却鲜少有实际用途。对石油的需求促使亚洲和欧洲国家进一步制定以美国作为主要出口市场的经济和货币政策。美国政府也因此获得未来数十年赤字支出的新资金来源。就在美元即将失去储备货币地位之际，美国通过军事力量与维持贸易赤字维持了美元的地位。

美国输出美元也为以美元计价的金融产品创造了一个全球市场，这些产品包括美国国债，美国的机构债、市政债和公司债，以及住房抵押贷款支持证券（MBS）。购买这些金融产品将外国资本导向美国经济的每一个角落，并显著扩大了信贷供给的资金来源。不过，美国得到这些好处也是有代价的。美元的储备货币地位人为地压低了进口商品在美国的价格，造成美国在国内和国际市场的工业竞争力均显著受损。此外，油元体系只是延后了美元危机，并未解决问题。随着美国贸易赤字不断扩大，美国政府必须利用其他机制来刺激对美元的需求，又或者接受美元大幅贬值；美元贬值虽然可以增加美国的出口，但会损害美国民众的经济福祉。

### 1970年代的资本主义危机

学术界普遍认为美国金融化始于1970年代，当时美国工业生产衰退，金融活动却扩增。不过，学者对两者之间的关系有不同的解释。社会学家阿锐基（Giovanni Arrighi）将金融扩张描述为资本主义经济一个反复出现的阶段。在他看来，1970年代的美国资本主义，就像过往的热那亚、荷兰和英国经济那样，来到一个成熟的阶段，此时投资于生产已无法产生足够的报酬，资本家因此转为利用金融活动来维持和扩大利润。后凯恩斯学派经济学家克罗蒂（James Crotty）和爱泼斯坦（Gerald Epstein）则聚焦于"食利者"（rentiers）阶层与经济其他部分出现的冲突；食利者阶层由金融机构和金融资产的主人构成。站在这个角度，金融化代表资源从实际创造经济价值的企业家和劳工那里转移到食利者阶层手上。因此，金融活动扩增不是工业衰退的结果，而是工业衰退的导因。据我们所见，这两种说法都有证据支持。

随着布雷顿森林体系在1960年代走向终结，一系列的局势发展开始挑战资本主义的正当性，尤其伤害到商业精英的既得利益。工会和消费者权益的觉醒促成一系列的社会改革，国会陆续通过《国家环境政策法》《职业安全卫生法》《消费品安全法》，这些新设的法规与相应联邦机构大大限制了企业该如何经营与赚取多少利润。

传统资本主义也面临外部威胁。除了美元贬值和制造业方面出现竞争对手，美国的国际贸易收支在1960年代末开始失控。1971年，美国面临1893年经济萧条以来首见的商品贸易赤字。阿拉伯国家1973年针对发达经济体实施石油禁运，油价随后急速上涨，大幅推高了制造和运输成本，这意味着美国企业的国内利润缩减，国际市场萎缩（虽然稍后的油元协议某种程度上化解了这种威胁）。

在1970年代的"滞胀"（stagflation）期间，经济衰退与通胀高企同时发生，社会危机感加深。1980年代初，在美联储主席沃尔克（Paul Volcker）领导下，美联储借由提高联邦资金利率迅速收紧货币供给，致力对抗通胀。美国通胀率从1979年的11.27%降至1983年的3.21%，但紧缩政策也导致美国经济大幅衰退以及美国就业环境恶化（美国失业率在同一时期从5.6%升至10.8%）。以美国为主要出口国的经济体也连带遭殃，经济长期不景气。

这些挑战促使美国企业界迅速总动员以商讨对策。后来成为美国最高法院大法官的鲍威尔（Lewis Powell）在写给美国商会的一份机密备忘录中断言："有思想的人绝不会质疑美国经济体系目前正被围攻。"他认为这种攻击不仅来自左翼极端分子，也来自"社会中相当受尊重的圈子，包括大学校园、讲坛、媒体、知识和文学期刊、艺术界和科学界，以及政界"。鲍威尔敦促商界精英严格重视这些挑战，并寻机大肆反击。例如就大学校园而言，鲍威尔建议美国商会建立"一个由支持既存体制的高素质社会科学学者组成的团队"和"一个由能力顶尖的演讲者组成的团队"。美国商会应鼓励这些学者在学术期刊、通俗和知识杂志发表文章，因为"自由主义和左派大学教师成功的诀窍之一，是他们对'发表文章'和'演讲'极有热情"。

美国企业也动员起来直接影响公共政策。政治学家哈克（Jacob Hacker）和皮尔森（Paul Pierson）注意到，在这段时期，与企业有关的公共事务主管、说客和政治行动委员会（PAC）数量激增。例如在华盛顿由说客注册的公司就从1971年的175家增至1982年的2 445家。企业资助的政治行动委员会则从1976年的不足300个增至1980年的逾1 200个。库尔斯啤酒公司（Coors Brewing）的库尔斯（Joseph Coors）和科氏工业集团（Koch Industries）的科赫（Charles Koch）分别资助成立了具影响力的传统基金会（Heritage Foundation）和凯托研究所（Cato Institute）。这些组织致力推倒1970年代初的所有改革，并为1980年代新自由主义共识的出现奠定基础。

1970年代的另一项重要发展，是美国退休金制度的变革将一大部分家庭储蓄引入金融市场。在此之前，美国劳工普遍靠企业的定额给付计划获得养老收入，而养老收入是否稳定很大程度上取决于雇主的财务状况。在赢利能力逐渐式微的情况下，这些退休福利带给了小企业巨大的财务压力，许多被迫放弃退休金计划或宣布破产。为了解决这个问题，退休金制度改革旨在分散风险，从而导致养老资金经由投资公司流入金融市场。

总而言之，1970年代的经济动荡标志着美国战后繁荣的终结，并激起各种集体行动。从企业动员起来反对规范管制，到美联储重视抑制通胀甚于促进就业，以至退休金制度的改革，全都为美国经济金融化奠定了基础。

政治转向

1970年代末的企业动员在1980年代带给企业丰硕的成果，美国的政治舆论转为支持企业利益而非公共利益。这种意识形态转向由里根带头。身为一位魅力超凡的演说家，里根大力倡导"自由企业"制度。里根担任总统期间，美国政府通过各种方式放宽国家对企业经营活动的限制。里根在他的就职演说中就扬弃了战后的凯恩斯经济模式（1970年代的滞胀削弱了这个模式的正当性）："政府无法解决我们的问题，政府其实正是问题所在。"里根的治国原则来自新自由主义意识形态，这种意识形态认为市场（和其他社会领域）在政府尽可能减少干预的情况下运作得最好，甚至可以自我调节。

一别于前总统卡特倡导节俭，里根以赤字财政解决了经济增长缓慢的问题。里根在任八年间，外国资本涌入使美国国债激增168.2%；石油输出国组织（OPEC）成员国和日本为美国贡献的资本特别多，它们也为美国家庭和企业提供消费与投资所需要的信贷。但是，外国资本必须持续流入，仰赖债务支撑的繁荣才可以持续下去；维持美国金融机构在国际资本市场的"竞争力"于是成为美国的优先要务。

"自由企业"信念崛起、维持美元地位的战略要务，以及美国经济变得仰赖债务支持，共同创造了一个前所未有的政治机会，使执政当局能名正言顺松绑新政时代设置的所有金融管制。解除金融管制在1980年代展开，并在随后数十年里加速。它先是模糊了商业银行与储贷协会之间的界限，然后是模糊商业银行与投资银行之间的界限，最后是拆掉银行业务与其他金融活动之间的防火墙。随着英国成立金融服务管理局（FSA）以尽可能减少管制和协助伦敦重夺全球金融中心的地位，美国政府似乎只能跟随这种做法，将愈来愈强大的金融活动整合到少数几家企业的控制之下。这些政策全都受自由市场信念（认为市场是有效率并且是会自我调节的）的影响，也立基于一个未言明的共识：美国经济的增长和稳定需要能够吸引足够的国际资本并发挥全球影响力的金融业。

解除金融管制并非没有遇到阻力。实际上，解除管制的步调比里根所期望的慢许多，而1987年的《银行业公平竞争法》（Competitive Equality Banking Act）反而更明确地规定商业银行不得销售保险、房地产，以及从事证券承销。不过，里根当初的计划最终都在克林顿执政时一一实现：1998年花旗银行（Citibank）与保险业者旅行者集团（Travelers）合并。这项交易实际上是违法的，但媒体却赞颂这是革新过时金融体系的一大"壮举"。美国国会迅速在事后豁免新成立的花旗集团（Citigroup），并在不到一年之内通过1999年的《金融服务业现代化法》，废除了

《格拉斯-斯蒂格尔法》(Glass-Steagall Act)余下的所有管制。

许多人想将美国经济金融化和相关政策变革归咎于金融企业联手策划的政治操作,但如果不强调其他的重要发展,我们便无法了解转变的全貌。例如社会学家克里普纳(Greta Krippner)就指出,市场导向的转变不应视为只是商业利益影响政治的结果,因为这种转变也与政府官员的意图契合——他们希望通过市场机制掩饰政策在动荡时期影响信贷分配的关键地位以避免政治风暴。此外,解除利率管制也受中产阶级消费者欢迎,因为他们希望保护自己的储蓄能多升息而不受通胀蚕食。以市场为基础的长年退休金计划改革也助长了金融业的发展。在1978年的《岁入法》(Revenue Act)正式容许以薪资扣款作为确定提拨型退休金计划的金源之后,这种新型计划开始取代传统确定给付型退休金计划,成为美国大企业最流行的退休金方案(确定提拨型计划要求雇主与雇员提拨退休金到退休储蓄账户,确定给付型计划则保证员工退休之后可以获得某水平的养老金)。这一发展也将大量储蓄送到金融服务业者手中。

在众多发展中,企业界的变动与美国经济金融化最相关。美国企业界在反击进步政治运动之际,自身也正经历一连串的内部转变。企业赢利能力在1970年代显著降低,加上经济变得十分不确定,企业以管理层为中心的传统治理模式因此受到冲击。代理理论(agency theory)兴起,将美国企业的失败归咎于管理层与股东利益相悖。根据这种理论，企业错误地奖励管理层扩大企业规模，管理层因此亟欲追求扩张而非提高效率。企业赢利能力因此降低，股价随之受挫。

1970年代的危机为新的公司治理模式创造了空间。代理理论认为，为了重新调和所有权与控制权，企业应维持独立的董事会来监督管理层的决策，倾向利用债务而非股权融资，仅专注于最有利可图的业务[①]，以及利用股票奖励管理层。代理论者甚至认为管理层应受外部管控：他们的表现必须基于企业股价评估；如果企业股价表现不佳，则管理层应被开除。代理理论的胜利，加上大型退休基金机构的出现，导致美国企业普遍以"股东价值最大化"为座右铭。这些观念被写进商学院的企业财务教科书，被当成科学真理教授给一代又一代雄心勃勃的企业经理人。

总的来说，这段历史叙述证明美国经济金融化不能单纯视为金融业追求私利的结果，也不能视为资本主义发展必经的成熟阶段。《布雷顿森林协定》奠定了世界各国对美元系统性的依赖，而国际原油交易和出口导向型新兴经济体继续维系着这种依赖。这导致资金不断流入美国金融体系，并让美国政府需要在全球市场不断证明自己的主导地位。1960年代开始的企业动员使政策制定者扬弃以政府为中心的凯恩

---

① 这在某种程度上有赖利润中心会计（profit center accounting）；这种制度评估公司各单位的绩效，据此分配资源给各单位，并鼓励各单位互相竞争。

斯经济模式，转为奉行市场至上的新自由主义意识形态。这种转向助长1980年代和1990年代的金融法规松绑，并使政界愈来愈倾向利用货币政策而非财政政策来处理经济停滞问题。这些发展也体现美国政府保护中产阶级家庭储蓄和促进消费的双重目标。

2008年的金融危机及其余波，使许多人质疑金融化是否（或能否）在美国持续下去。表面看来，这场危机无疑使人注意到金融业在美国经济中过重的角色，而且至少初步扭转了美国国内继续解除金融管制的趋势。因为世人认识到全球经济的互联程度非常高，各国政府也变得比较愿意协调它们的改革。一些非金融企业，例如通用电气（GE），也已经出售了它们的金融业务，以免受到较严格的监督。大金融时代似乎已经走到绝路。

但是，金融化是否已经走到尽头，最终还是要看金融化的制度根源。金融危机爆发十余年之后，全球金融秩序看来大致完好。这场危机其实可说是再度确认了美元的全球货币地位，因为美联储发挥了最后贷款人的功能，为耗尽美元资金的各国大银行提供美元资金。因为没有更好的选择，许多国家仍将它们的货币与美元挂钩，或以美元作为它们的主要储备资产，尤其是以美国作为主要出口市场的新兴国家，或其他经济和政治相当不稳定的国家。许多机构投资人为求安全购买美国的证券，即使他们知道美元的价值很可能被高估了——美国政府近乎助长通胀的宽松货币政策和持续的赤字支出，只是令问题恶化而已。

世界对美元及相关证券的持续需求，使美联储得以借由大举宽松货币来驾驭信贷短缺。美元保持强势，也使奥巴马和特朗普政府得以继续利用赤字财政提振经济。过去数十年来，许多人认为繁荣的金融业对美国的经济增长至关重要（虽然金融业汲汲追求利润最终造成了金融危机），这个信念成为支撑上述政策的基础。虽然这些政策使全球经济免于彻底崩溃，但正如我们将在第7章指出的，它们的主要作用显然是修复而非改革金融秩序。

## 总结

什么是金融？什么是金融化？虽然这些名词十分常见，但极少有人提出明确的定义。我们认为金融应被视为一种社会契约，其功能是调动经济资源以促进生产和消费。在整个人类历史上，金融在许多社会发挥了促进经济繁荣的重要作用。但是，金融可能因为发展过头而适得其反，此时金融会阻碍（而非促进）生产并扰乱（而非稳定）消费。**金融的角色从经济的仆人变成经济的主人**，这种逆转就是我们所讲的金融化。

自1980年代以来，金融化一直是美国经济的一个标志性特征。转移到金融业的所得在20世纪最后25年间急速增加。连非金融企业也将注意力转向金融市场，耗尽它们的资源以支付股息和回购股票，同时靠放贷和其他金融活动获利。与此同时，美国的家庭为了应付经济不确定性和把握社会和经济流动机会，背负愈来愈重的债务。随着金融成为美国政治、商业和文化领域的主导组织原则，这些发展创造出一个反馈循环。

金融化兴起是一系列历史事件交织的结果。布雷顿森林体系勾勒出二战之后的国际货币秩序，指定美元为全球储备货币。随后的冷战将美国奉为资本主义世界的火车头，而美国刻意维持对盟友的贸易赤字，以输出美元促进盟友的战后重建。随着美国失去它在全球制造市场的垄断地位，布雷顿森林体系在1960年代开始崩溃。持续的贸易失衡、美国的黄金储备缩减，以及越战造成的财政危机，全都是导致布雷顿森林体系在尼克松总统任内终结的因素。但是，美元得以维持其地位，一方面是因为原油交易以美元计价，另一方面是因为当时没有足以与美元竞争的储备货币。这种不稳定的主导地位为美国急剧转向金融化奠定了基础。

1970年代的危机激发了一连串的企业动员，目的是对抗1960年代的社会改革运动。自新政面世以来，美国许多政策都根据以政府为中心的凯恩斯模式颁行，但是对这种模式的质疑以及动荡的总体环境，导致银行开始在监管规范的灰色地带创造金融产品。金融业提出了具说服力的解除管制主张。美联储在滞胀时期选择重视货币秩序甚于就业，因此造就的利率上涨和外资流入有利于金融活动。很快就连非金融企业也把握这种发财机会，借由放贷和投机活动向金融市场扩张。

这些发展在 1980 年代里根入主白宫时来到了关键阶段。随着里根政府利用美元的主导地位实现债务驱动型增长，凯恩斯模式被市场理想主义取而代之。美国必须在没有黄金支持的情况下维持美元的地位，政府为此取消大萧条期间制定的所有限制（废止《格拉斯－斯蒂格尔法》是标志事件），并鼓励企业和银行整合，促进了金融业的发展。事后看来，这一切就像一个不知不觉间搭起来的纸牌屋。

伴随着金融化而来的是经济不平等快速加剧。在本书稍后的章节，我们将探讨金融如何改变了美国人的生活，使它变得更不平等。但我们必须先审视不平等这个概念。除了追求公平，不平等为何重要？经济不平等在美国如何日渐加剧？如何解释谁赢谁输？在探讨这些问题的过程中，我们也将为不平等加剧提出一个完整的解释，说明金融化如何成为美国不平等加剧的根本原因。

# 第二章 关键的社会难题

这就是当今的关键社会难题：社会的经济体制集中了这么多的权力和特权，对所有人的福祉都至关重要，我们应该如何组织和管理这些体制，使社会所有成员都能公正地分享其利益？

——艾拉·霍维斯（Ira Howerth）
《美国社会学杂志》(American Journal of Sociology)，1906年

我们身处其中的经济社会的显著缺点，是它未能造就充分就业，以及它的财富与所得分配既任意又不公平。

——凯恩斯
《通论》(The General Theory)，1936年

人类社会充斥着各式各样的不平等。有些人获得敬重，有些人遭受鄙视。根据某种标准，有些人被视为聪明过人，有些人被视为愚蠢迟钝。有些人的生理或心理比同龄人健康得多。有些人被视为魅力出众。有些人发号施令，有些人只能服从。种种不平等共同转化为不同的生活体验：有些人活得舒服满足，有些人忍受痛苦、勉强度日。

经济不平等已成为我们这个时代最迫切的社会问题。经济不平等是非常重要的问题，因为如果我们以某种流程图的角度看世界，会发现这是一种根源性的不平等，衍生了其他各方面不平等。经济不平等决定了谁有的吃、有的住、乘车还是开车、能不能上大学和看不看得起病等。经济资源还赋予某些人一些相对无形但广受重视的资源，例如敬重、权力、安全、机会、自主权、尊严和幸福。事实上，经济不平等的问题，远不止金钱分配不均。它对个人和整个社群都有广泛的社会和心理影响。

对经济资源公平分配的关注，可能一如人类社会的历史那么悠久。在《李尔王》中，莎士比亚探讨权力和财富绝对集中也腐蚀了富者——被废黜的国王对自己过去的傲慢后悔不已，并呼吁重新分配资源：

啊！我一直太忽略这种事了。
安享荣华的人啊，睁开你们的眼睛。
到外面来感受一下穷人所受的苦，
分一些你们享用不了的福泽给他们，

让上天看到多一点公正。

在《国富论》中,斯密也写道:

如果一个社会的大部分成员贫穷又悲惨,这个社会就不可能繁荣和幸福。此外,那些为全体人民提供衣食住行的人,应该从他们自己的劳动成果中分得一份,使他们自己能吃好、穿好、住好,这样才公平。

## 现实与美国梦的神话背道而驰

人们对贫富鸿沟的担忧在19世纪加剧。工业革命刺激经济快速增长,但也造成大规模贫困、饥饿和社会动荡等人类灾难。为什么现行社会经济制度无法为多数人提供经济保障和人性尊严?这个"关键的社会难题"是工业社会共通而难解的议题。

经济不平等在过去数十年加剧是难以否认的事实,但是这种不平等该如何解读,则引发了激烈的辩论。有些人认为美国不平等加剧根本是个假议题,跟其他国家相比,美国的穷人仍享有不错的生活水平。另一些人则认为,只要有足够的社会流动性,穷人有机会改善自己的经济地位,不平等就没什么问题。还有一些人认为,不平等是美国的优点而非缺点,因为它代表资本主义经济的活力和动力;不平等代表每个人都有实现自身经济潜能的自由。

哈佛大学经济学家曼昆（Gregory Mankiw）2013年发表的文章《为1%辩护》（"Defending the One Percent"）广为流传，他以专家的角度解释了上述观点。他认为只有在报酬并不反映当事人的贡献，因此未能优化经济增长的情况下，不平等才值得担忧。曼昆认为当代美国并未出现这种情况，因为像乔布斯（Steve Jobs）和斯皮尔伯格（Steven Spielberg）这种创新性企业家之所以致富，是因为他们独特的才能和努力以及创造了广受欢迎的产品。

但这些说法有多大的道理呢？现实与美国梦的神话相反：美国的代际流动性近数十年来显著降低，也就是孩子长大后，愈来愈难超越父母在同一年纪时的经济水平。1940年代出生的孩子约有90%的人在经济成就上胜过他们的父母，但1980年代出生的孩子则只有约50%的机会。跨国研究显示，不平等与相对流动性呈现负相关：随着经济阶梯上各级之间的差距扩大，父母的经济地位变得更能预测孩子的人生机会。

比较美国与北方邻国加拿大的社会流动性，我们会发现，同样出生于经济阶梯的底层，加拿大孩子比美国孩子更有机会向上爬；同样出生于那10%的顶层家庭，加拿大孩子比美国孩子更少维持那10%的顶层地位。两国的差异源自富裕的美国家庭可以花更多钱搬到好学区并支付精英入学的高昂学费，为子女提供更好的教育。但在加拿大，教育费用比美国低许多，因此富裕本身无法提供很大的优势。

曼昆等人的观点还将收入与经济贡献挂钩。这些理论认为，当代的不平等主要是个体的生产力差异造成的。曼昆以乔布斯和斯皮尔伯格等企业家为例，说明才能加努力如何带来经济成就。许多企业高层或金融专业人士有何实际经济贡献其实没有那么黑白分明，但曼昆却完全不提这些。企业无疑愿意支付较高的薪酬雇用生产力较高的首席执行官，但高薪首席执行官的生产力是否真的比较高，却是另一回事。事实上，许多研究已经显示，年薪百万的首席执行官的表现并不特别优于薪酬较低的首席执行官。这些首席执行官高昂的薪酬反而会提高企业成本，降低股东报酬。值得一提的是，爱因斯坦1933年的收入仅为普通劳工的10倍左右，而现今顶级首席执行官的收入常高达一般员工的300倍[1]。这些首席执行官的收入真的与他们的贡献成比例吗？

  有些人认为才能结合努力决定了个人生产力，而收入反映生产力。根据这个逻辑，收入较低者一定是才能不如收入较高者，或没有后者那么努力。特朗普2014年一条臭名昭著的推特贴文体现了这种心态："除了作为一种记分方式，金钱从来不是激励我的重要动力。"对出生于富豪家庭的特朗普来说，赚大钱不是为了生活所需而是为了证明他比其他人优越。但是，金钱是一种糟糕的记分方式，因为在这种比赛中，竞争者很少是从对手身上取得金钱，他们往往从最需

---

[1] Valeria Kogan, "The Salaries of Famous Scientists." https://www.adzuna.co.uk/blog/2016/04/13/how-much-would-famous-scientists-earn-today/.

要这些钱的人们身上掠取。

类似的观念误将利润等同正当性，误将价格等同价值。过去衡量企业家成就的标准往往包括他们产品的质量、他们如何对待员工、他们对社会的贡献，以及他们的慈善捐赠。现在衡量首席执行官成就的主要标准，是他们为自己和股东创造了多大的财务价值。《福布斯》富豪榜每年都广为流传，而你何曾听过年度慈善家排行榜？

"不平等是好事"（或至少是公平竞争的中性结果）背后另一个未言明的假设是，人类生活以追求经济利益为唯一动机。支持不平等的人常像曼昆那样默认，在物质资源平均分配的平等主义乌托邦中，人们会没有任何工作的动机。曼昆等人的看法忽略了人们也追求社会地位、友谊、忠诚、感情、伦理和自我实现。许多照护者（尤其是母亲）为社会及经济提供了巨大的贡献，但并未获得任何金钱报酬。只考虑经济动机，确实便于建立经济学模型，但对我们理解社会却是有害的。

还有一种观点认为，即使是美国的穷人，生活水平仍比其他国家的许多人好得多。这完全是谬论。事实上，相较于其他许多国家的穷人，美国穷人的生活异常艰难。美国农业部 2016 年的一份报告指出，12.7% 的美国家庭没有稳定的食物来源，5% 的家庭被视为粮食安全程度"非常低"。美国儿童的饥饿问题特别严重，2015 年有 1 450 万名儿童未能享有粮食保障。也就是说，在全球最富有国家之一的美国，每天都有五分之一的儿童饿肚子。在 2013 年一项盖洛普世界民意调查中，超过 20% 的美国家庭表示负担不起他们需要的食物，比例高于其他工业国如加拿大（11.5%）、法国（10%）和德国（4.6%）。

拿美国的穷人与最贫困国家的穷人比较，混淆了国家之间与国家内部两种类型的不平等。虽然国际经济不平等持续存在，而且需要更多关注，但以绝对标准评估经济状态忽略了此一道理：贫困始终是相对的。也就是说，穷人之所以贫困，从来不是因为他们买不起某些商品或服务，而是因为欠缺资源剥夺了他们充分参与他们所处社会的机会。

另一种流行的说法是不平等促进经济增长，而只要经济有增长，水涨船高之下，所有人（终）将受惠。此一观点背后的逻辑是：社会愈不平等，其成员愈愿意投资于自身的技能，并尽可能提高自己对经济的贡献。根据这种观点，不断扩大的不平等是市场自由化的产物，可视为资本主义经济强健的标志。这种观点假定平等与增长之间存在一种取舍：重视平等甚于增长，将导致所有人的经济状况变差。

反对这种观点的人指出，不平等加剧本身会妨碍教育和医疗服务普及，并导致社会和政治动荡，而这一切都将阻碍经济增长。一项针对发达国家的研究发现，低收入家庭如果特别贫穷，国家的经济增长会比较缓慢，这可能是因为低收入家庭欠缺足够的资源投资教育，导致他们的人力资本受损。虽然既有研究对不平等与经济增长的关系仍未有结论，但过去几十年我们看到不平等在美国显著加剧，多数家庭的收入停滞不前。

某种程度的不平等或许可以促进创新和投资，并且激励人们努力工作，但愈来愈多的研究显示，一如金融活动，不平等一旦过头就可能适得其反。贫富之间若出现显著的社会分歧（social cleavage），可能导致两者皆欠缺追求进步的动力，因为在社会阶梯上成功向上爬（或向下掉）的希望相当渺茫。此外，过度的不平等可能会制造更多社会和健康问题，例如身体和精神疾病、吸毒、坐牢人口膨胀、肥胖、暴力和少女怀孕之类，而这些问题可能会损害经济增长[①]。一项追踪17 000多名英国男性十年之久的研究发现，劳工阶级男性死于心脏病的风险较高，因为他们承受较大的压力。在美国，不断拉大的经济不平等也与中低收入美国人健康状况较差和幸福感较低有关。

不平等也会助长社会动荡，因为经济上的边缘人没有多少东西可以失去，犯罪对他们来说很可能是值得的事。在美国，经济不平等的其他社会后果包括贫富阶层之间在结婚率和教育程度方面的差异扩大，出现居住隔离（residential segregation）现象，以及社会凝聚力和信任受损。

宏观而言，严重的不平等甚至会损害民主，因为它扩大了有钱人的政治影响力，并减少穷人的民主参与。在美国，如果所得不同的选民各有不同的偏好，政策往往会照顾有钱人的利

---

① 总的来说，这项研究发现，在所得不平等较为极端的社会里，常与生活贫困有关的问题比较严重。有关研究者如何具体响应批评，也可参考 https://www.equalitytrust.org.uk/authors-respond-questions-about-spirit-levels-analysis。朗特里基金会（Joseph Rowntree Foundation）的一份独立报告证实了研究者的发现。

益并漠视低收入选民的利益。此外，巨额竞选捐款赋予捐款人较多机会与政治人物互动，也已经不是新闻。虽然投入更多金钱是否真的有助于赢得选举并不明确，但捐款让有钱人有机会去左右政策，尤其是那些与资源分配有关的政策。

当前日趋不平等的资源分配长远而言是否有助于美国繁荣昌盛？即便不平等可以促进经济增长，我们又该怎么估计美国整体付出的社会代价？这些问题很难简单回答。但我们可以确定的是，不平等远非只是市场有效运作的自然结果：它源自一系列的特定制度变革，而这些变革嘉惠了某些人并损害了另一些人。

**不平等的趋势**

1980年代以来最为人所知的不平等趋势，应是所得分配向金字塔的顶层集中。1980—2014年，在美国占比1%的顶层人的所得在税前国民所得中的占比近乎倍增，从10.7%增至20.2%。这些人多是高薪贵族（working rich）如企业高层、律师和金融业人士，以及靠投资食利的富裕家庭。最顶层的所得增长更加惊人：顶层的0.1%在国民所得中的占比，从约1%增至约5%。

撇开超级有钱人，余下人口如何分配余下的经济资源也值得重视。衡量经济不平等最常用的指标是基尼系数，它是意大利统计学家暨社会学家基尼（Corrado Gini）1912年发明的。基尼系数的数值范围为 0~1：数值 0 代表社会的所有成员所得或财富完全相同，1 代表社会的全部所得或财富落在一个人或一个家庭手上。

图 2-1 呈现了美国的所得不平等长年趋势，以未计和计入税项与转移支付的基尼系数衡量[①]。自 1970 年代以来，市场所得（未计转移支付的税前所得）的分配变得愈来愈不均，基尼系数从 0.41 升至 0.51。虽然计入税项和转移支付之后，所得不平等的程度有所缓和，但再分配政策并未因不平等加剧而修正，此一基础上的基尼系数因此大致同步上升，从 0.32 升至 0.40。再分配政策薄弱导致美国的所得不平等程度远高于多数发达经济体，仅低于发达程度较低的国家如智利、墨西哥、土耳其和俄罗斯。

---

① 研究不平等问题时，区分未计和计入税项与转移支付的不平等相当重要。前者通常称为"基于市场的"不平等，是指劳动和资本市场的供需状况造成的不平等分配。后者通常称为"政府介入后的"（state-mediated）或"可支配所得"不平等，是指政府直接介入后的所得分配不平等情况。这种术语将市场和政府并列对比，可能引起误解，因为政府在调节市场活动方面必然发挥重要作用，在很大程度上决定了未计税项与转移支付的不平等程度。但这种区分有重要意义，因为两种指标各有优劣。政府介入后的不平等较能反映消费能力和个人福利的不平等分配。基于市场的不平等则可以比较准确地反映经济转变对不平等的影响。因此，我们在本书中重点讨论后者而非前者。

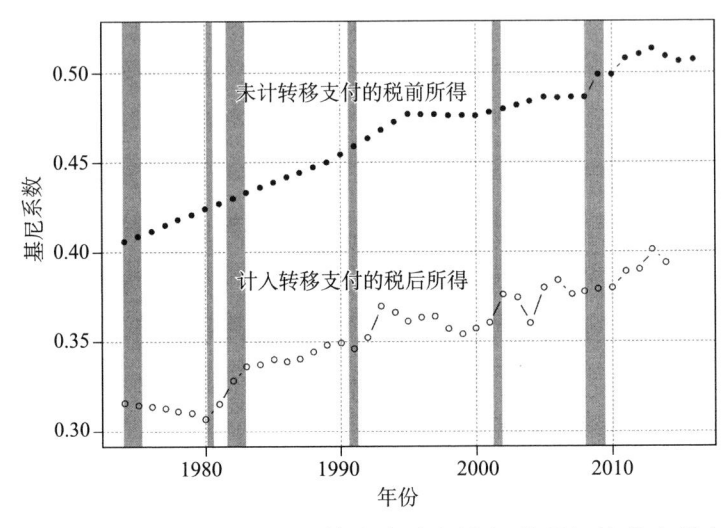

**图 2-1 美国的所得不平等（未计和计入税项与转移支付）**

注：基尼系数是在家庭的层面计算，并根据家庭人口规模加以调整。

资料来源：经合组织统计。数据集内的国家包括经合组织成员国和俄罗斯。我们使用 2012 年的所得定义而非之前的定义衡量不平等。如果两者都没有资料，我们就根据既有的基尼系数插入数值。

观察所得分配的另一种方式，是检视不同背景的群体的工资如何变化。图 2-2 呈现从 1980 年代初期到 2010 年代初期美国按种族、性别和教育程度划分且经通胀调整的平均工资变化。虽然男女之间至今仍有显著的工资差距，但整体而言，女性的工资已大有进步：在上述期间，在大学或以上学历的女性中，白人平均工资实际增长 33%，黑人平均工资则实际增长约 7%。相较之下，男性工资的变化则因教育程度不同而大相径庭：在大学或以上学历的男性中，白人平均工资实际增长24%，黑人平均工资则实际增长23%。在无大学学历的男性中，白人工资实际下跌8.2%，黑人的则下跌1%。教育程度已成为决定男性经济福祉的关键因素，无大学学历的赚得愈来愈少。

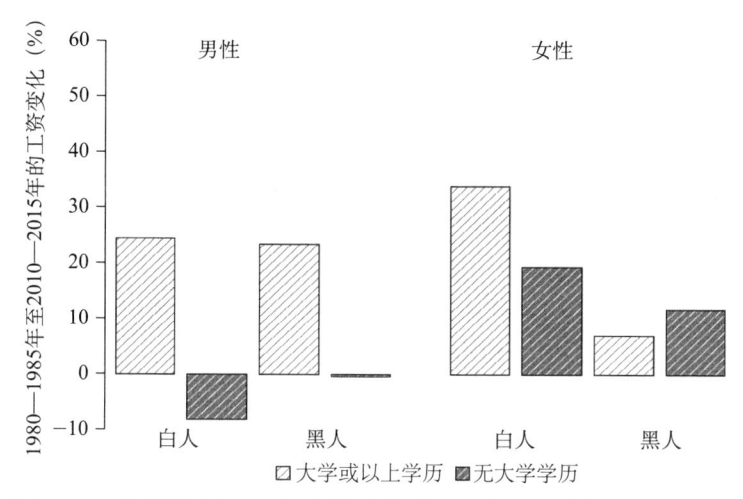

**图2-2 美国的实际工资增长（按种族、性别和教育程度划分）**

注：数据涵盖25~65岁非西班牙语裔黑人和白人私人部门雇员。工资的计算方式为年收入除以每周正常工作时数与工作周数的乘积，再以劳工统计局公布的消费者价格指数做通胀调整。大学或以上学历是指至少拥有一个大学学位，无大学学历包括那些上过大学但未取得学位或仅取得副学士学位的人。

资料来源：美国劳工统计局，当前人口调查社会经济年度附录。

整个劳动力的所得分配也发生了重大变化。图2-3呈现了在1980—2016年不同所得百分位数经通胀调整的工资变化。工资增长基本上仅限于所得位居最高四分之一的劳工。

而在上述期间，超过一半的美国劳工实际工资停滞，或甚至下跌。经历了1980年代和1990年代初的工资下跌趋势后，许多劳工的时薪比1980年时减少了5%~10%。工资在1990年代末有所反弹，但随后停滞不前。

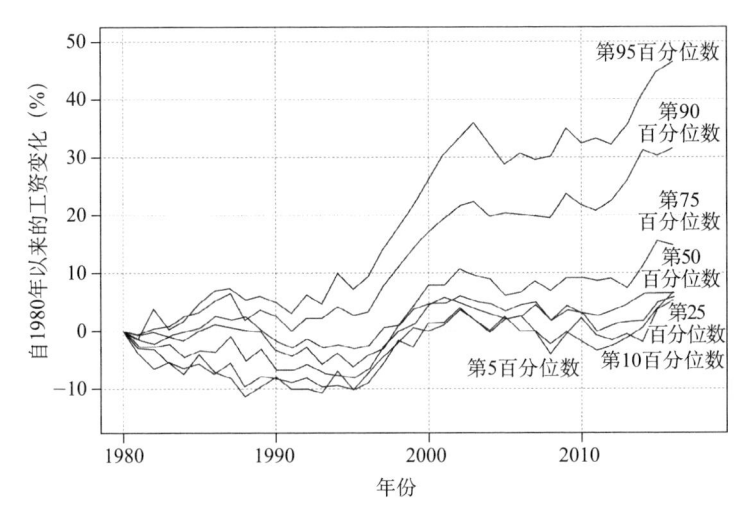

**图2-3 高低收入者的工资差距扩大**

注：数据涵盖私人部门25~65岁所有雇员。工资的计算方式为年收入除以每周正常工作时数与工作周数的乘积，再以劳工统计局公布的消费者价格指数做通胀调整。

资料来源：美国劳工统计局，当前人口调查社会经济年度附录。

1990年代中期至2000年代中期，顶层人士所得确实大有增长：劳工工资第90百分位数2016年的时薪比1980年高31%，第95百分位数的时薪则增加了46%。但在同一时期，美国GDP实际增长逾170%。换句话说，即使在这些最幸运的劳工之中，他们的工资增长率仍远远落后于整体经济增长率。两者的差异不能用就业福利或医疗费用上涨解释，因为在这段时间，包括医疗福利的总就业福利稳定地占劳工总薪酬的 11%~13%[①]。

多的钱跑到哪里了？答案是资本所得显著增加。图 2-4 呈现了资本所得占未计税项和转移支付的所有私人所得的百分比[②]。该比例 30 年间从低于 40% 升至逾 46%。自 1980 年代以来，每一次经济衰退都触发这个比例的跳升。与此同时，美国女性的劳动参与率从 43% 急升至近 60%，全职劳工每周平均工作时间则从 39.42 小时增至 41.58 小时。也就是说，更多美国人参与劳动，而且工作时间延长了，但劳工所得占国民所得的比例却随着时间的推移而降低。

所得不平等自 1970 年代以来加剧，主要是拜所得顶层群体的薪酬增长，以及愈来愈多所得从劳工向雇主转移所赐。美国总体经济在这段时间的确有增长，但美国劳工却极少因此充分受惠。讨生活对许多美国人来说变得相当艰难，尤其是中低收入劳工，以及无大学学历的白人和黑人男性。在美国，水涨船高仅限于豪华游艇，小船都被掀翻了。

---

① http://kff.org/health-costs/issue-brief/snapshots-wages-benefits-a-long-term-view/.

② 这种衡量方式不同于传统计算方式：传统计算方式以国民所得为分母，并将部分资本所得归入劳动所得。我们的计算方式不区分劳动和资本这两种生产要素，而是着眼于阶级差异（例如自雇者与受雇者的差异）。

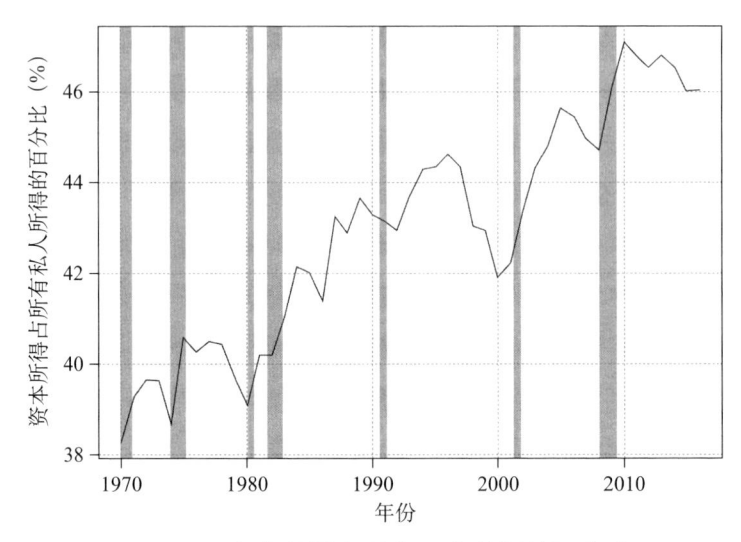

**图 2-4 资本所得占所有私人所得的百分比**

注：以私人部门毛营业盈余额除以薪酬总额与私人部门毛营业盈余额之和得出。

资料来源：美国经济分析局，国民经济统计，按产业划分的 GDP 序列。

## 不平等的成因

对现代历史学家来说，谨慎处理那些声称可以解释整个历史趋势的公认有理的见解特别重要，因为上个世纪产生了大量的意识形态，它们假装是历史的解答，但实际上不过是逃避责任的借口。

——阿伦特（Hannah Arendt），1973 年

主流经济学家认为，经济资源的配置主要取决于市场的供需状况。根据这种观点，不平等日趋严重反映市场对劳动力的需求减少，以及不同劳工的生产力出现显著的差异。经济学家戈尔丁（Claudia Goldin）和卡茨（Lawrence Katz）认为，自1980年代起，教育体系扩张减缓和科技快速进步，导致技术劳动力出现供需错配的问题。能利用科技的高教育程度劳工生产力与工资自然分别进步和上涨，其他劳工的工资则下跌。经济学家奥托（David Autor）也指出，随着自动化技术接手重复和常规化的工作（例如记录和装配），市场对低技术劳动力的需求已经减少，此类劳工的工资随之下跌。

这些趋势随着国际贸易增长而加剧。随着来自中国和其他发展中国家的进口商品大量涌入市场，国内相关产业劳工的就业保障和工资皆大受打击。国际贸易协议让美国企业能够利用廉价的外国劳动力，备受诟病的"业务外移"趋势随之展开。企业开始将生产分包给外国公司，并将赚钱的工厂搬到国外，仅保留设计、营销和分销部门在美国。

这种解释不平等加剧的说法大致合理，而许多人大致接受生产力差异作为当代美国不平等的主要解释。企业主也经常抱怨自己找不到拥有合适技能的劳工来满足他们的业务需求。显而易见的解决方案，似乎是促进高等教育发展和扩大职业培训计划，最好是靠个人借贷解决费用问题。但是，如果有技能短缺的问题，雇主不是应该提供培训，使员工掌握最重要的技能吗？但事实是美国企业愈来愈少提供在职培训。企业界的言辞似乎与现实不相称。

管理学教授卡佩利（Peter Cappelli）注意到最后一个事实，他认为美国企业面临的问题不是教育不足，而是培训不足。相较于其他人，企业主应该最清楚员工该有哪些技能，也应该最能内行地将这些技能传授给他们的员工。然而，愈来愈多雇主不愿意为员工提供在职培训，也不愿意提供较高的工资以便劳工自行花钱培养。技能短缺的抱怨说到底就是企业想将职业培训工作推给国内外的大学和公共资助计划。

此外，由生产力来解释不平等往往将科技进步和全球化描绘为外因（这意味着它们不是任何人可以控制的），因此将调整适应的责任推给劳工。这种思考方式忽略了科技进步与全球化不是从天上掉下来的。应该开发什么技术、贸易协议该怎么签署，都是反映现存利益和权力差异的政治性结果。

想想这个例子：电动车在1990年代已在美国出现，但实际应用却到2010年代才显著增加。如此缓慢的发展是因为石油和天然气产业显然亟欲维持油气消费，而强烈反对汽车公司投资于新技术或增加生产电动车。在企业中，管理层经常决定该开发或购买什么样的技术，以及生产流程该如何设计，而这些决定引发对特定技术的需求。创新不是一种中立的过程，该如何创新通常反映管理层的私利与偏好。再举较早之前的一个例子：社会学家汉利（Caroline Hanley）发现，在1950年代，通用电气之所以开发和应用计算机技术，是为了防止该公司的白领员工组织工会。在这个过程中，管理层重新界定自己为核心员工，并开始将一般业务员工（当中很多是女性）划为非生产性和可弃的劳动力。

同样，许多贸易协议的谈判工作，是以维护跨国企业的利润为主的。这种贸易协议往往直接嘉惠特定企业，却伤害广大劳工和国内小企业，甚至是损害国家主权。1994年，加拿大、墨西哥和美国政府签订的《北美自由贸易协定》（NAFTA）正式生效，表面上是希望借由取消三国间的贸易关税，促进农产品和纺织品贸易以及汽车制造业的发展。该协定第十一章容许外商以政府干预可能损害其投资前景为理由，在法律上挑战东道国的公共福利或经济法规。虽然这些"投资人与东道国"条款不容许外商颠覆东道国的法律，但第十一章使外商得以从东道国政府身上榨取巨额赔款，而这项诉讼风险可能间接防止政府通过或执行某些法规。正如评论人格雷德（William Greider）所指出的："第十一章最令人不安的一点，是它提出宽泛的财产权新定义，远远超出美国法律体系的既有规定，而且有可能凌驾国内法中的既定权利。"

《北美自由贸易协定》的谈判代表认为第十一章提供了一种制衡制度，可制约国际贸易中的国家主权。作为美国贸易代表的主要法律顾问，普莱斯（Daniel Price）主导了美国的谈判工作，被普遍视为第十一章外商与东道国条款的起草人。普莱斯后来在一个学术场合解释道："《北美自由贸易协定》制约单边主权的过分行为……这不是各方偶然想出来的。这是一个精心设计的概念。"参与《北美自由贸易协定》谈判后不久，普莱斯进入私人部门工作。他在鲍威尔戈尔茨坦（Powell Goldstein）律师事务所担任贸易律师时，开始针对墨西哥政府提起第一宗第十一章诉讼。2002年，普莱斯获小布什总统任命为国际投资争端解决中心仲裁小组成员。与此同时，普莱斯在备受瞩目的诉讼中代表私营企业针对加拿大和墨西哥政府提起诉讼。2000年代初，普莱斯代表消防员基金保险公司（Fireman's Fund Insurance，母公司为总部设在慕尼黑的安联集团）对墨西哥提起诉讼，同时游说美国政府做一些对安联集团有利的事。

跨国研究显示，技术变革和全球化对劳工与不平等的影响并非各国一致，而会因为公共政策和劳动市场制度的差异而有所不同。在许多欧洲国家，劳工代表有许多机会参与贸易谈判，并且进入企业董事会，参与监督企业的决策。在这些国家，劳工的薪酬往往是在部门或产业层面集体决定的；这种安排确保劳工享有基本的生活水平，而企业所得的分配也比较公平。

相较之下，美国劳工组织不但在规模上显著萎缩，政治影响力也大为弱化。在1960年代，美国私人部门约三分之一的劳工是工会成员，而全国性的工会联盟如美国劳工联合会－产业工会联合会（AFL-CIO）和全美汽车工人联合会（UAW），是参与制定产业和劳动政策的重要角色。私人部门加入工会的劳工比例和人数在1970年代后期迅速下降，此后一直日渐降低。现在随着愈来愈多的州采用如"保障工作权"（right to work）之类的反工会法规，受工会保护的私人部门劳工仅剩二十分之一①。工会尽管仍发挥某种程度的政治影响力,但是在规划国家目标或企业薪酬安排方面的作用已相当微弱。

工会是至关重要的劳动市场组织,有助于平衡资本与劳动之间的权力差距,也有助于减少劳工之间的纵向和横向工资差异。强大的工会确保企业高层的薪酬不会高到失去控制而完全脱离其他员工的薪酬水平。作为一个民主的组织,工会也倾向倡导能够促进团结和承担的薪酬制度。因此,在有工会的产业,工资常会以公平和年资等原则进行衡量,有助于减少各种形式的歧视。

工会的力量削弱,受害的不仅是工会成员,非工会劳工的工资和福祉也相应受损。过去工会在美国具有重大影响力时,它们会为成员争取较高的薪酬和较好的工作条件;这迫使没有工会的公司改善它们的雇佣条件,以竞逐人才和防止员工组织工会。社会学家韦斯顿(Bruce Western)与罗森菲尔德(Jake Rosenfeld)也发现,在工会势力强大的地区和产业,非工会劳工的工资不平等程度较低;由此看来,工会可能有助于将嘉惠所有劳工的公平薪酬规范制度化。

劳工组织解体,加上市场导向的雇佣安排如绩效薪酬(performance pay)和雇佣外包(employment outsourcing)流行,严重削弱了劳工的集体谈判能力,也扩大了不平等。

---

① 2017年,美国10.7%的受薪劳工为工会成员。这个比例几乎仅为1983年20.1%的一半,那一年美国的工会共有1 770万名成员。"Union Members Survey," *Bureau of Labor Statistics*, January 18, 2018.

在绩效薪酬这种薪酬方案下，劳工颇大一部分的薪酬取决于他们的工作成果。自 1982 年经济衰退以来，绩效薪酬因为据称可以提升效率而流行起来：这种安排声称是根据员工的业绩提供奖励，并尽可能消除与生产力无关的歧视。站在雇主的角度，基于绩效的薪酬或晋升安排可以降低监督成本和防止搭便车问题。

绩效薪酬用在某些结果"容易计算"的工作（例如销售和计件工作）上是有道理的，但在多数情况下，一个人有多少绩效通常很难计算。为了确保有客观的"绩效"指标，许多绩效薪酬安排聚焦于眼前可量化的结果，造成员工不愿意从事相当重要但难以测量，或仰赖不同员工携手合作的事务。在个人贡献时常难以评估的情况下，主观判断和偏见也不免渗入对业绩和薪酬的评估。

在一些把绩效薪酬制度奉为圣经的公司，雇主常根据员工个人绩效排出名次，创造出一个适者生存的严酷工作场所。1980 年代，韦尔奇（Jack Welch）在通用电气开创了这种做法；他认为通用电气要成功，就必须大力奖励生产力最高的员工并果断地淘汰其他员工。类似的排名制度随后被微软、智游网、雅虎和脸书等公司采用。这种制度通常导致员工之间的冲突增加、员工与管理层关系紧张、合作意愿降低，以及员工士气受损。

除了绩效薪酬，约聘和临时雇用也成为企业界的常见做法。现在许多公司不再雇用成本相对高昂的正式员工，而是选择将某些职能分包出去，又或者以人时（person-hour）

为单位向人力派遣业者"租用"劳工。受雇于人力派遣业者的劳工比例升至原本的 5 倍，从 1980 年代初占美国劳动力不到 0.6% 增至 2000 年代的近 3%，使用这种"编制外"劳工的雇主比例则从 1990 年的 0.5% 增至 2000 年的 5.4%。这些劳工往往是女性和少数族裔男性，从事的往往是无法累积人力资本的支持性工作（也就是说，他们未能从工作中学到被视为有助事业发展的技能），而且他们的工资和福利低于一般正式雇员。

这些新的工作安排对中低技能劳工尤其不利，他们过去常在大公司找到基层职位，并在累积技能和内部知识后利用内部晋升机会向上流动。检视过去 30 年大型与小型企业薪酬差距的变化，我们可以看到，美国的大公司曾经是促进社会平等的机构：它们向基层员工支付较高的工资，作为对公司劳动力的一种投资。随着这些公司采用市场导向的新工作安排，它们支付的工资减少了，而这导致不平等扩大。中低技能工作外包也制造出"富"企业和"穷"企业。前者创造丰厚的利润供较少的员工分享，后者竞相提供低成本的服务，例如餐饮、清洁、人力派遣和顾客支持。

这些市场导向的雇佣安排有一个共同主题：它们将经济不确定性从企业转移到劳工身上。企业以往会设法缓和经济衰退的冲击，包括动用现金储备，或以获利部门的利润补贴其他亏损的部门。如今绩效薪酬和雇佣外包使劳工直接面对市场不确定性的冲击。在经济繁荣时期，有些劳工无疑因为收入与业绩挂钩而得益，也有人因为新的雇佣安排而获得更多机会。但是，个别劳工往往没有多少资源可用来应对经济不确定性，这些趋势因此令他们的生计变得空前脆弱。

风险分散到个体劳工身上，削弱了劳工相对于管理层的集体谈判能力。绩效薪酬制造劳工分歧而非促进团结，而原本雇主（资本）与雇员（劳工）之间的对立，现在演化成"有生产力"与"无生产力"劳工之间的冲突。分包和人力派遣安排制造了一群二等公民，他们几乎无权参与设定薪酬、工作场所政策和工作条件。不稳定的地位使他们与正式员工分离，有效地阻止所有劳工组成强大的阵线与管理层谈判。

综上所述，美国不平等加剧并不是技术进步和全球化的"自然"或必然的结果。经济不平等并不一定是为了经济增长必须付出的代价。相反，经济鸿沟不断扩大反映了经济组织方式和资源分配方式的深层转变。将劳资关系恶化和不平等的加剧归因于社会规范改变和企业过度贪婪，似乎很合理，但这种说法并未触及一个重要问题：是什么社会经济条件助长了"企业贪婪"但抑制了"劳工贪婪"？

## 金融崛起是不平等加剧的根源

自 1980 年代以来，金融崛起借由三个互相关联的机制扩大了不平等。第一，它创造出新的中介活动，将国家的资源从生产部门和家庭转移到金融业，但这些金融活动并未贡献相应的经济效益。第二，它破坏了战后的劳资协议，将企业的发展导向金融市场,削弱了资本与劳动力的依赖关系。第三,它创造出一种新的风险体制,将经济不确定性从社会组织转移到个人身上,使家庭对金融服务的需求增加。

经济租

我们在上一章指出,金融业盈利占美国企业总盈利的比例从约15%飙升至2002年的高位37%(见图1-1),尽管金融业仅雇用了美国6%的劳动力。这些利润从何而来?以前银行的大部分收入来自利用存款放贷:银行向储户支付较低的利息,并向借款人收取较高的利息,两者的"利差"就是银行的利润。这种获利模式在1980年代开始改变:银行业者扩展交易业务和许多收费服务,例如证券化、财富管理、抵押和贷款处理、存款账户收费服务(例如提供透支)、信用卡、承销、并购、财务咨询,以及造市(market making,例如新股造市)。这些就是为银行贡献非利息收入的服务。

图2-5呈现了非利息收入占美国商业银行总收入的百分比。在1980年代初,非利息收入占美国商业银行总收入不到10%,但其重要性随后不断上升,在2000年代初增至占总收入超过35%。换句话说,现在银行业者总收入逾三分之一来自非传统银行业务,大银行尤其如此。例如就在2008年金融危机之前,摩根大通的利息收入为520亿美元,但非利息收入高达近940亿美元,其中一半来自投资银行和创投等业务,四分之一来自交易业务。2007年,美国银行(Bank of America)约47%的总收入来自非利息收入,包括

存款账户服务和信用卡服务产生的收入。

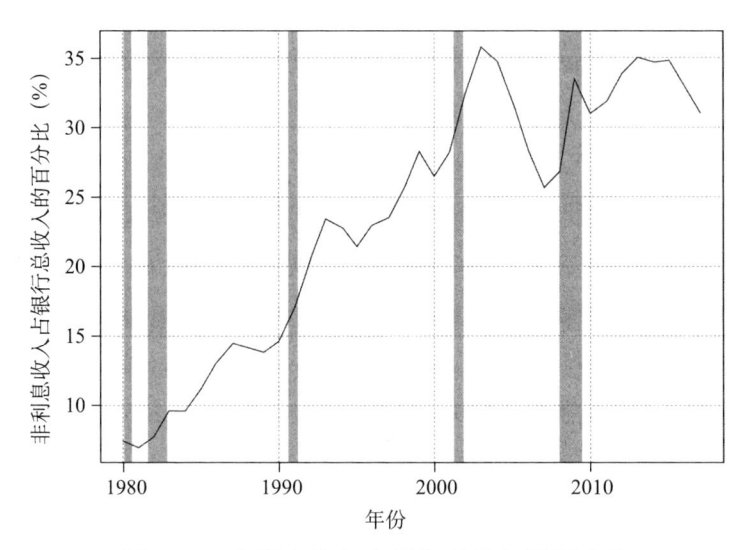

**图 2-5 非利息收入占银行总收入的百分比**

注：数据样本包括美国联邦存款保险公司承保的所有商业银行。

资料来源：联邦存款保险公司银行业历史统计数据，表CB04。

银行业新模式崛起，导致国家资源大量转移至金融业，不仅是金融企业盈利大增，金融业精英员工的薪酬也是如此。法律服务和会计等相关行业也因此得益。但是，一直有人质疑这些非传统银行业务是否真的创造了与其花费相称的价值，尤其是在少数几家银行支配这个行业的情况下。有些人认为这些利润相当于经济租（economic rents），也就是没有创造相应利益的超额报酬。在下一章，我们将追溯银行和其他金融机构的演变，并讨论这对不平等的影响。

## 劳资协议

除了从经济中榨取资源到金融业，金融化还将其他企业推向金融市场，进而破坏了美国的劳资协议。劳资协议是指1930年代末制度化的一项共识和一套生产关系。这个协议赋予管理层对企业决策的完全控制权，而作为交换条件，企业承诺劳工可获得与生产力挂钩的实际薪酬增长、更好的工作条件和更强的工作保障。小罗斯福时代的新政劳动改革，例如失业保险、集体谈判权、最长工时和最低工资，巩固了这个协议。因此，在20世纪的大部分时间里，劳工被视为美国繁荣的关键驱动力。但是，随着美国企业愈来愈关注股票市场的需求，劳工不再被企业重视（见图1-2）。

为了尽可能提高股东的报酬，美国企业采取了广泛的成本削减策略，包括自动化、业务外移和外包。裁员和削减福利成为企业降低劳动力成本的常见做法。许多此类策略是由金融机构大力倡导的，它们从并购、分拆，以及其他企业重组行动当中赚得丰厚的服务费。

随着非金融企业扩展业务，成为放贷者和交易商，它们的盈利愈来愈大一部分来自利息和股息收入（见图1-3）。美国在1970年代面临更大的外国竞争，加上1980年代利率管制松绑，促进了这种转变，助长美国大型非金融企业将投资从生产转向金融资产。这些企业不再聚焦于所制造或零售商品的消费者以提高利润和奖励员工，而是将其金融业务扩展至租赁、放贷和抵押市场，以提高利润和报答股东。

图2-6呈现了美国企业持有的金融资产占其总资产的百分比。此处的金融资产包括联邦政府、州政府和地方政府发行的债券，抵押贷款，商业贷款和其他金融证券。理论上，企业持有的金融资产规模应该是抗景气循环的，也就是说经济衰退时企业通常持有较多金融资产，经济繁荣时则将这些储蓄投资在生产性资产上。但是，自1980年代以来，金融资产占美国企业总资产的比例一再提高，从约35%增至超过一半。即使剔除金融企业，金融资产比例仍大幅上升，从不到15%增至金融危机引发经济衰退之后的逾30%。随着美国企业将重心从生产活动转移至金融活动，购买金融资产而非购置商店、厂房和机器，劳动力不再是创造利润的关键要素，从事生产工作的劳工变得没那么有价值。

除了将劳动力边缘化，金融崛起还将企业先前承担的经济不确定性向下压到各个员工身上。在1980年代之前，美国大型企业往往涉足多个产品市场，以对冲任何一个市场意料之外的衰退风险。长期雇佣合约为劳工提供晋升机会、医疗、退休金和其他福利，不受企业承担的风险影响。自1980年代以来，基金经理人对综合企业集团施压，要求它们仅专注于获利最高的业务，以基金而非企业作为分担风险的单位。受此影响，面对突如其来的经济衰退时，美国企业变得比以往脆弱得多。为了应付因此增加的风险，金融专业人士建议企业重新设定雇佣关系，从永久雇佣安排转为强调弹性的安排——享有弹性的是企业而非劳工。劳工开始被视为像个体户，而非与公司相互负责的成员。随着愈来愈多企业采用弹性的雇佣安排，时薪劳工的每周保证工时缩减，但人却必须随时待命。

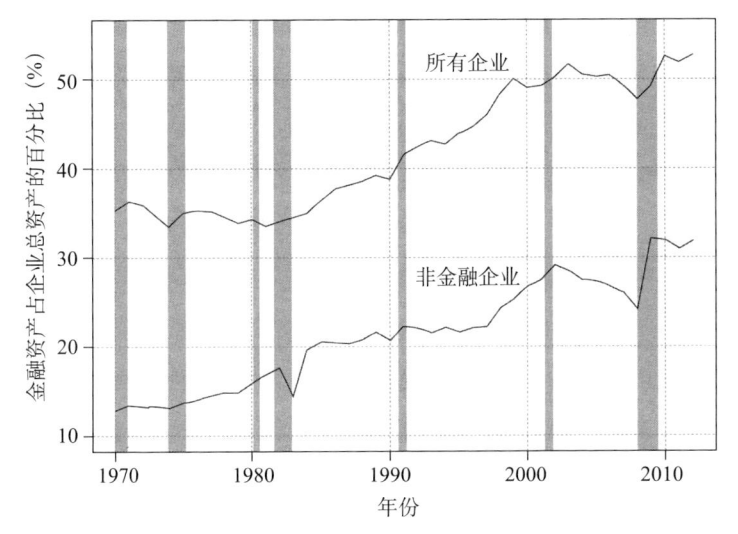

**图 2-6　金融资产占企业总资产的百分比**

注：金融资产包括政府债券、免税证券、对股东的放款、抵押和房地产放款以及其他方面的投资，但不包括现金及准现金资产。金融企业包括信用中介机构，从事证券、大宗商品和其他金融投资的公司，保险公司、其他金融工具和投资公司，以及控股公司。

资料来源：美国国税局企业完整报告，表6"活跃公司的报酬"。

薪酬原则也改变了，从维持长期雇佣关系的公平工资模式，变成将工资和职位与利润挂钩的市场模式（这意味着许多劳工参与了与生产力挂钩的薪酬方案但并没有意识到；如果他们所属部门的利润显著落后,他们不但可能被减薪,连工作也可能不保)。退休福利也从提供财务保障的确定给付制,变成退休金取决于金融市场表现的固定提拨制。当然,这种转变主要有利于能够承受波动的高薪劳工。许多低薪劳工因为不知道自己可以工作多少时间和拿到多少工资,被迫借钱以满足短期需求。在本书稍后,我们将详细说明非金融企业的金融转向,并讨论这如何导致就业缩减,以及使得劳工之间的不平等扩大。

**原子化的风险制度**

经济风险分散到个人身上,以及劳动市场的分化扩大,造成美国家庭金融产品消费的增长。随着确定提拨型计划逐渐取代确定给付型计划,成为私人部门最普遍的退休制度,共同基金也就蓬勃发展,退休储蓄账户跟着大增。这种新的退休金制度使劳工得以带着赚来的退休金跳槽(因为工作愈来愈不稳定,这对劳工相当有用),但也导致劳工的经济前景取决于金融市场的波动。美国的家庭变成必须为自己做投资决定,确保未来有足够的金钱退休养老。

因此,在美国,何时退休不取决于年龄,而是个人的财务状况。许多中产家庭被迫动用退休储蓄支付紧急开销。还有许多人担心年纪老迈时,自己账户里的钱还不够退休。而这些人还是比较幸运的。约一半的美国劳工既不受确定给付型退休金计划保障,也没有参加确定提拨型计划;千禧世代(1980年代初至2000年代初出生的人)则有三分之一的人是这样[①]。富裕的家庭将愈来愈大比例的财富配置在金融资产上，他们受益匪浅，因为他们不需要在股市下跌时把股票卖出，而能在股市大涨时获得可观的利益。不过，唯一保证的赢家是理财顾问和基金经理，他们每年可以从自己管理的基金与利得中抽取一定比例的服务费，但投资出现巨大损失时却不必赔偿客户。

人们原本以为信用扩张可以减轻家庭之间的消费不平等，并有助于缓和人生过程中的波动，但信用扩张实际上助长了经济不确定性。在争论美国家庭是否过度借贷时，人们往往忽略了这个事实：负债的后果因经济阶层（以及种族和性别）不同而大有差异。信贷供给充裕使富裕家庭有机会借钱投资，或以成本低廉的贷款满足短期财务需求。与此同时，中等收入家庭背负愈来愈重的债务负担，投资和储蓄的能力因此受限，而低收入家庭则可能借不到钱，又或者只能以极高的利率借钱——这不但使他们无法储蓄，还将穷人困在借债还债的循环里。愈来愈多美国人失去偿债能力，许多家庭已经破产，拥有的资产少于负债。信用市场的实际运作已经告诉我们，它是一种累退的再分配制度，嘉惠有钱人并打击穷人。

在这种原子化的风险制度中，财务失败被归因于个人

---

① 一般来说，一个人是否参加退休金计划，主要受年龄、教育程度和收入影响。随着年龄增长，劳工累积专业知识和经验，会有较大的机会从事收入较高的工作和享受较好的退休福利。"Retirement Plan Access and Participation Across Generations," *The Pew Charitable Trusts*, February 2017.

道德缺失或知识不足。劳工每天都被敦促要自我教育，认识市场和提高自己的金融素养。"普惠金融"（financial inclusion）已成为现今的时髦术语。理财自助著作如《富爸爸，穷爸爸》和《有钱人想的和你不一样》长期畅销，政府还成立专门政府部门并推出大众宣传计划，希望教导美国人"明智地"使用金融产品。在随后两章，我们将较深入探讨债务和财富金融化如何加剧不平等。

## 总结

无可争议的是，美国的不平等程度过去40年间急剧上升，然而对不平等该怎么解读却多有争论。我们讨论了一些常见观点为何是谬论：严重的不平等往往导致较低（而非较高）的社会流动性。收入反映当事人的经济贡献只是一种假设，而不是事实。此外，美国穷人的生活远不如其他富裕国家的穷人，五分之一的美国儿童时常忍饥挨饿。

即便有许多人坚信不平等会促进经济增长，但研究结果目前未有定论。与此同时，愈来愈多的研究显示，不平等会产生各种负面影响，包括传播疾病、提高犯罪率、侵蚀社会凝聚力和信任，进而破坏民主。虽然不平等确实可以促进经济增长，但是代价是否过高？

过去数十年间，不平等加剧的趋势相当惊人。皮凯蒂和赛斯引导世人关注所得分配向金字塔顶层集中的现象，使人注意到顶层群体惊人的所得增长。但是，经济鸿沟扩大并非仅限于1%与99%之间。自1970年代以来，美国以市场所得（未计转移支付的税前所得）衡量的基尼系数提高了约20%，而再分配政策并未相应强化。这意味着即使以计入转移支付的税后所得来衡量，不平等也同步加剧。

当然，不平等对不同种族和性别的人有不同的影响。受惠于持续的女权运动，美国女性的工资整体而言大有增长，但无大学学历的男性则遇到工资显著萎缩的困境，白人尤其如此。我们发现，在金融化起飞的1980—2016年，美国超过一半的劳工面临工资停滞的窘境。只有工资位居最高四分之一的人有幸经历实际工资增长，但他们的工资增长幅度仍远远落后于总体经济增长。这是因为劳工所得在国民所得中的占比显著降低，从高于60%降至不到54%，而且劳动所得在萎缩之余，其分配的不平等程度也显著上升。

主流经济学认为，之所以出现这些变化，主要是因为市场对高技能劳动力的需求增加，以及对重体力和常规化劳动的需求减少，而这与全球化和技术进步有关。但是，这种解释忽略了政治过程（例如工会势力受挫）和制度变革（例如市场导向的雇佣安排流行），它们助长了总体变化的影响。

金融化借由三个相互交织的过程促进了许多造成不平等的变化：从经济的非金融部分榨取经济租，嘉惠金融业；劳资协议终止；经济风险从国家和组织分散到家庭身上。在接下来四章里，我们将检视金融化如何在金融业、其他产业以至美国人的生活中造成不平等的后果。

# 第三章　金融崛起

自由市场信念的兴起，进一步削弱了监管机构执法、管控的正当性，使金融业者得以在法律的灰色地带寻求利润。

2008年金融危机余波荡漾之际，关于金融改革的讨论多数着眼于如何降低金融体系的不稳定性。这种不稳定有三个相辅相成的主因。

第一，大型银行和另一些金融机构"大到不能倒"。也就是说，它们因为规模巨大，一家倒闭将导致整体金融体系崩溃。它们也往往"大到没法管"，也就是公司最高层对底下个别部门的具体运作所知有限，因此并不了解公司实际承受的财务风险。

不稳定的第二个源头，是这些金融机构惊人的高负债。在2008年金融危机之前，大银行的资本与资产比率只需要达到3%。换句话说，银行运用的每100元的资产，只有3元是自己的钱，另外97元是别人的钱，无论是来自储户还是债权人。此外，这个3%的资本需求是风险加权（risk-weighted）的，也就是说，只要资产被视为"无风险"，银行就可以增加资产但不必增加股本。因此，银行杠杆比率超过35倍的情况并不罕见。极高的负债使这些金融机构运作有如在走钢丝，经济乱流一吹便可能从高空掉落。

金融灾难的第三个要素是系统性的。现在绝大多数金融交易发生在金融机构之间。密集的交易网络使众多金融机构的命运紧密相连，即便涉入其中的各方往往没有意识到这一点。任何一间房子起火，无论它是豪宅还是棚屋，都有可能烧毁整座城市。

前两个问题有明确的应对方法。金融综合企业集团必须有更好的管理和区隔，甚至彻底分拆，以免一些不负责任的活动拖垮整个金融体系（并毁灭家庭储蓄）。此外，政府应收紧资本要求，并要求金融机构持有充裕的流动资产以应对紧急状况。自《多德－弗兰克华尔街改革与消费者保护法》通过以来，类似的改革已经逐渐发生。

但是，相互依赖的问题较难处理。

尽可能减少金融市场动荡、防止金融危机再次引发经济危机无疑非常重要，但强调稳定忽略了另一个重要事实：即使不爆发金融危机，金融业仍可能损害经济，并伤害中产阶级和劳工阶级。事实上，自1970年代末以来，美国的金融活动大幅增加。杠杆收购、资产担保证券和衍生工具交易之类的复杂交易，造就规模空前的金融商机，为撮合交易的业者创造了惊人的利润。但是，这些成本高昂的"巧妙安排"在多大程度上促进了经济的实际增长，则完全不清楚。

为了说明美国如何走到这一步，我们先检视1980年代以来金融业（尤其是银行业）的演变，再探讨所得从其他产业向金融业转移的时间和规模，以及金融业内部的不平等。金融业利润和薪酬超高，主要不是因为金融业者才智出众而是因为一个新的再分配制度将资源从商业大街转移到华尔街。

## 美国金融业的转变

1980年代之前，美国的金融业相当"封建"：每一家金融机构都有自己的顾客和"领地"。为了使全国性银行（由联邦政府授予执照）与区域性银行（由各州授予执照）之间的竞争环境变得比较公平，《1927年麦克法登法》(McFadden Act of 1927)要求全国性银行遵守各州规范银行开设分行的法规，限制了全国性银行的发展。为了防止促成大萧条的大规模银行业危机再度发生，《1933年银行法》(亦即《格拉斯－斯蒂格尔法》)禁止联邦储备系统成员银行（商业银行）交易、销售或投资政府债券以外的证券，同时禁止投资银行接受民众存款。受此影响，J.P.摩根（J.P.Morgan）决定专注于经营商业银行业务；该机构部分员工离职，创立了摩根士丹利（Morgan Stanley）。《1956年银行控股公司法》将银行置于美联储的监管之下，并禁止银行收购非本州银行或从事制造、运输和保险之类的非银行业务。

地域限制加上业务限制，创造出一个高度区隔但非常具有本地特点的金融业；在这个行业中，业者除了追求利润，还必须与顾客保持共同合作、彼此信赖的关系。商业银行接受本郡或邻郡家庭和企业的存款，并为这些顾客提供贷款。银行的大部分利润来自它们支付和收取的利息的差额。因为这些银行管理民众的存款，它们的业务受联邦和州政府机构密切监督。为了做出明智的放款决定，商业银行业者必须广泛了解本地产业和（可能更重要的）借款人信誉。促进地方发展符合这些银行业者的利益，因为他们的收入取决于当地经济的繁荣程度。

另外，纽约和其他大城市的投资银行则为股票、债券与各种金融证券的发行和交易提供便利。投资银行不同于服务一般民众和地方企业的商业银行，它们既是有钱人和大型全国性公司的财务顾问，也是这些客户之间的中介人。投资银行并非靠放款获利，而是从每一笔交易中分一杯羹。因为造市必须持有一定的存货，这些业者也靠证券的买卖价差获利。与区域性银行相似的是，投资银行的成功不但取决于它们提供的服务，还取决于它们与有钱人客户和企业客户建立的信任和友谊。因为投资银行并不处理一般民众的资金，它们的活动仅受美国证券交易委员会（SEC）等机构的宽松监管。

其他的重要金融机构包括互助银行（mutual banks）和信用合作社，它们鼓励储蓄，并分别向中低收入家庭提供信贷。这些机构与商业银行不同，通常为居于同一地区或属于同一组织的成员共同拥有。它们因此致力维护会员的集体利益。自20世纪初起，储贷协会成为美国家庭房屋抵押贷款的主要提供者。为了提高房屋自有率，美国政府制定了一系列政策强化储贷协会的作用。例如当局1932年设立联邦住房贷款银行，为储贷机构提供流动资金。此外，1960年代来自商业银行的竞争加剧时，当局容许储贷机构支付比银行略高一些的存款利率，以便吸引更多存款。通用汽车和通用电气等制造商，以及彭尼百货（J.C. Penney）等零售商也设立金融部门，为客户提供直接信贷。但因为这些金融部门不接受民众存款，监理机构不太担心它们的放贷活动。

这种地域及业务区隔背后的逻辑，是它可以促进稳定和防止单一金融势力过度膨胀。事实正是如此：1942—1980

年，美国很少银行倒闭，全国加起来每年平均只有 5.4 家银行倒闭。但是，有些法规难免导致效率低下。地域限制阻止银行业者扩张和建立规模经济。法规也防止银行业者彼此竞争，导致许多企业和家庭因为当地的银行管理不善或公然歧视而未能得到满意的服务。此外，全国性企业往往需要州际银行服务，而因为监管严格，这种服务成本高昂。商业银行与投资银行业务分离，导致商业银行无法为其存款寻求较高的报酬，而投资银行则无法吸纳家庭的资金。理论上，两者都导致金融体系无法提高效率。但是，大萧条那一代的政策制定者和监管官员因为被 1931—1932 年的银行业危机吓坏了，金融机构是否达到最理想的效率并非他们的主要考虑。没有人想看到大萧条再度发生。

30 年的稳定期过去之后，这种区隔开始逐渐瓦解。在此之前，二战之后的银行业一直稳步增长。军人返乡成家，加上美国企业在全球市场占得主导地位，使银行业者有大量机会茁壮成长。以银行业为主的金融业盈利占企业总盈利的比例在 1950 年代近乎倍增，从 8.8% 增至 16.6%（见图 1-1）。

1960 年代初，两方面的变化危及此发展趋势。第一，信用合作社和储贷机构等储蓄机构对存款的竞逐加剧，迫使银行增加利息支出，因此推高了银行的资金成本。第二，商业本票（信用评级优良的公司发行的一种无担保证券）市场诞生，企业之间因此得以直接交易现金流以满足周转需求。这导致银行从企业融资业务获得的利润减少。

1960 年代后半期，随着美联储将利率上限规定延伸至储蓄机构,限制了对存款的竞争,银行的赢利能力有所回升。与此同时,大型商业银行开始借由建立单一银行控股公司进行重组,这种法律实体使它们得以发行不受美联储利息上限限制的商业本票。这些银行将其海外子公司和分行开到不设利息上限和准备金要求的国家:拥有海外分行的银行从1955年的7家增至1970年的79家,海外分行则从115家增至532家。

但这个繁荣期相当短暂。为了避免耗尽黄金储备(如第1章关于布雷顿森林体系的部分指出的,这是美国在1960年代面临的急迫威胁),美国财政部提高了政府债券的短期利率。这项政策旨在说服国内企业和外国政府维持其美元储备,而它威胁到银行(尤其是储蓄机构)获利模式的稳定性,因为互助银行和储贷机构主要接受短期存款,但持有支付固定利率的长期抵押贷款。1970年代的滞胀导致情况恶化。经济增长乏力导致信贷需求大减,银行的放贷活动随之减少。高通胀打击了储蓄意愿(而储蓄是银行储备的主要来源),并使构成银行大部分资产的既有放款的价值缩水。

一些基金经理看到这个机会,纷纷开始成立货币市场共同基金。这种基金反映市场利率,其在高通胀环境下承诺抗贬的稳定性,吸引许多中产阶级家庭将银行储蓄转投资到这些共同基金。这种新型金融产品虽然不受联邦存款保险公司保障,但支付的利率比银行存款利率上限高数个百分点,在整个1970年代愈来愈受欢迎。跨国企业因为预料布雷顿森林体系即将崩溃和美元的国际地位即将受挫,开始将资金转移到海外，并将美元换成其他货币。

这些发展全都导致传统银行业者流失家庭和企业的储蓄。图 3-1 呈现 1934—1980 年私人存款占美国商业银行总资产的百分比。私人存款占银行总资产比例在二战结束后达到最高点。在随后 20 年里，因为储蓄机构的竞争和企业减少仰赖银行中介功能的影响，这个比例有所降低。但最大的变化发生在 1960 年代末 1970 年代：私人存款占银行总资产比例从 1968 年的 72.4% 降至 1977 年的 57.9%（低于大萧条的水平）。

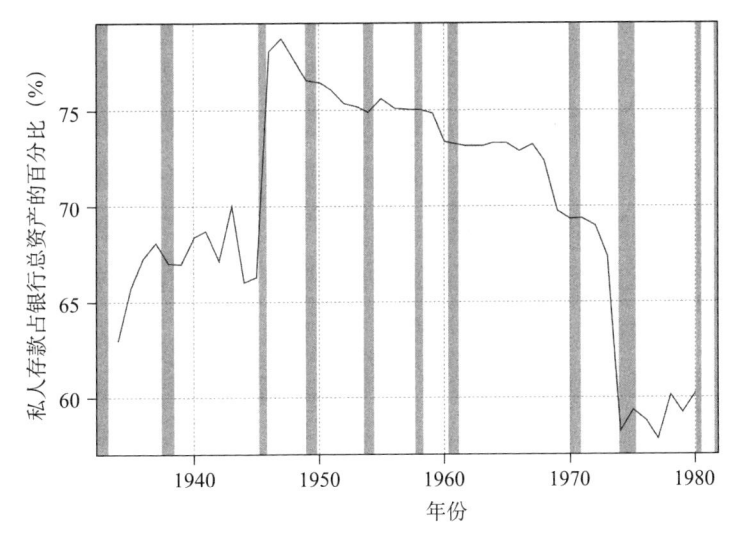

**图 3-1　1934－1980 年私人存款占银行总资产的百分比**

注：数据样本包括美国联邦存款保险公司承保的所有商业银行。私人存款是指个人、合伙企业和公司的存款。

资料来源：联邦存款保险公司银行业历史统计数据，表 CB09 和表 CB15。

因为法律仍然规定银行不得借由提高利率来吸引存款，它们便开始提供烤面包机（成本很高，可能相当于今天的100多美元）之类的赠品或开户奖金来吸引民众存款。银行开始广设自动柜员机（ATM），积极宣传其便利性。银行业者也推出新产品以增加收入，例如可转让提款单（NOW）账户、货币市场账户以及不动产投资信托（REIT）。为了弥补流失的私人存款，商业银行也得开始大量仰赖成本较高昂的其他资金来源。

如前面谈到，1970年代的银行业危机发生在意识形态转变的时期。主导美国战后经济政策的凯恩斯学派因为无法解释（遑论有效解决）长期的滞胀而开始失去正当性。同时，企业界也利用这个危机同心协力、大声倡导"自由市场主义"制度；在这种制度中，市场自由化据称可以保障人的生命权和追求幸福的权利。虽然早在艾森豪威尔政府任内就已经有人提议放宽对金融业的管制，但1970年代的经济动荡和政治转向让此类倡议变得十分有吸引力。

缅因州率先打破局面。1978年，缅因州容许一家非本州银行控股公司在该州营业，跨州和州内分行限制因此开始松动。许多州陆续仿效这种做法，因此到了1990年，几乎所有的州都已经容许非本州银行在本州营业或收购本州的银行。1994年的《里格尔-尼尔州际银行与分行效率法》（The Riegle-Neal Interstate Banking and Branching Efficiency Act）接受这种跨州银行体系为"新事实"，容许银行控股公司收购任何一个州的银行，或将位于不同州的银行合并为单一网络。

全国性金融法规松绑的首个里程碑出现于1978年，当时美国最高法院在"明尼阿波利斯马奎特国民银行诉奥马哈第一服务公司案"中裁定，由联邦政府授予执照的全国性银行可以按照其总部所在州设定的利率上限收取利息。这项裁决使全国性银行得以向美国任何人提供信用卡，并将高利率从没有管制的州推进到仍有管制的州。结果花旗银行、富国银行和其他全国性银行纷纷将信用卡业务迁往南达科他州和特拉华州，因为这些州愿意废除利率上限以吸引金融业者迁移其机构总部。为了保护由州政府授予执照的银行免受冲击，管制较严格的州开始放宽或废除利率上限。高利贷闸门从此大开，一系列的高利率消费金融产品蜂拥而出。

金融法规松绑的第二个里程碑可能最为关键，它就是1980年的《存款机构放松管制与货币控制法》（Depository Institutions Deregulation and Monetary Control Act），国会借由该法废除了自《1933年银行法》以来一直存在的一系列银行法规。该法容许银行合并，逐步取消对储蓄账户利息的规范（所谓的"条例Q"），授权信用合作社和储贷机构提供支票账户，扩大存款保险的保障范围，并且容许银行甚至对活期存款支付利息。该法连同1982年的《加恩－圣杰曼存款机构法》（Garn-St. Germain Depository Institutions Act），模糊了商业银行与储蓄机构的差别。为了避免储蓄机构转为向联邦政府申请执照，包括得克萨斯州和加利福尼亚州在内的一些州对储蓄机构的投资活动采用了更宽松的规定。

这个"美丽新世界"立即衍生许多问题。解除对接受存款机构的利率管制使得储贷机构受到重大打击，因为它们的大部分资产仍是利率固定、低收益的房屋抵押贷款，而它们在其他放款市场的专业能力相当有限。随着约翰逊政府设立的联邦房屋信贷计划在房贷市场占得愈来愈大的比例，以及商业银行借由浮动利率房贷大幅增加房贷放款，储贷机构的处境日渐艰难。

虽然政府提供大量资金与担保，希望帮助这些储贷机构渡过难关，但这些支持也衍生了新的问题。因为政府担保储贷机构的借贷业务，金融欺诈开始泛滥，而"破产获利"（bankruptcy for profit）成为许多经理的获利策略。这些业者借由会计舞弊夸大所收购资产的价值，操作利用长短债之间的利差（发行利率较低的长期债券，利用发债所得买进利率较高、风险也较高的短期债券），大量发放不负责任、无追索权的贷款以赚取贷款手续费、回扣和高利息，即使明知这些贷款数年内就会成为呆账。结果在1980年代和1990年代，美国有三分之一的储贷机构倒闭。一个向来以社区为基础的房屋抵押贷款系统因此衰落。

利率管制松绑和竞争加剧也削弱了银行传统存放款模式的赢利能力，市场上出现非银行放款人则令情况雪上加霜（见第4章）。许多银行因为未能适应竞争环境的变化，在1980年代倒闭。截至1986年，1 000多家机构被联邦存款保险公司接管，光在1988年就有超过700家银行倒闭。为了从竞争对手那里吸引客户，银行往往降低授信标准，并提供诱人的服务，但这些服务当中常隐藏各种费用。账户维持费、转账费、透支费、最低余额费等收费盛行于1980年代,成为银行的重要收入来源。信用卡除了收取高昂的利息,还收取逾期缴款费和余额转移费。这些与实际成本不成比例的费用,主要由周转能力较差的中低收入家庭支付。此外,商业银行还扩充业务,涉足共同基金、信托、租赁、保险、咨询、评估和证券经纪服务。

除了法规松绑,监督和执法也滞后。美联储和证券交易委员会等机构在监督工作方面有所退缩。监管者认为市场能够自我矫正,银行业者出于自身利益会希望保护金融体系,因此盲目地相信自由化将有助"管控风险"和"满足隐性需求"。美联储甚至多次重新解释《格拉斯－斯蒂格尔法》的限制,使金融业者的一些非法活动变成合法活动,例如容许企业同时经营投资、保险和银行业务。最后,美国国会因应花旗银行与保险业者旅行者集团合并,1999年通过《金融服务业现代化法》,废除了《格拉斯－斯蒂格尔法》,容许这种跨领域经营模式。如此一来,单一金融机构可以正当地涉足几乎所有金融业务。银行向政府宣称它们可以通过专人负责自我风险监管,确保完全遵守既有法规。这种首席风险官(chicf risk officer)在21世纪头十年大量涌现;但是,这些专业人士并未实际降低所属公司的风险,反而利用各种新衍生工具来证明银行为了尽可能提高报酬而承担的风险是合理的。

随着金融机构整合,信赖关系(虽然往往是有差别待遇的）和对客户的承诺（曾经对银行业务成功至关重要）对银行都不再重要。银行与客户之间只剩下纯交易关系，所以前者可以不顾后果肆意追求利润。这些金融机构的新主事者极少真正了解他们服务的客户，遑论真心希望协助客户成功。

**解除管制与利润之间的矛盾**

> 他说："可见事物只能是它们本来的样子，因为所有东西都是出于某种目的创造的，它们必然是为了最好的目的创造的。例如你看，我们的鼻子是用来戴眼镜的，因此我们戴眼镜。我们的腿显然是为长袜设计的，因此我们穿长袜……那些断言一切都适当的人，并没有正确表达自己的意思；他们应该说一切都是最好的。"
>
> ——伏尔泰，《憨第德》(Candide, ou l'Optimisme)

解除管制最吊诡的结果，可能是金融业的利润迅速增加。根据市场理论，解除管制应该会导致金融业者之间竞争加剧，从而压低整个行业的利润，因为业者被迫降低收费或提供更好且成本较高昂的服务以争取扩大市场占有率。但事实并非如此。在解除管制后的数十年里，金融业利润占全美企业总利润的比例从15%上升至超过40%。如果我们将规模经济和信息科技发展这两个因素纳入考虑，这种发展就更令人费解，因为信息科技进步大幅降低了多数银行业务的成本，理应削弱既有业者的优势。

在 2008 年之前，一个常见的解释是解除管制大大提高了金融业的生产力。随着政府撤销一项又一项限制，金融机构开始能为经济做出更大的贡献，因此获得更丰厚的报酬。毕竟如果客户或其代表愿意向银行支付大笔费用，他们一定是认为自己得到的服务或产品"有那个价值"。我们也可以回顾 1970 年代末以来的所有金融创新，为它们如何改善了我们的经济生活找到一个说法。如果没有针对大众市场的信用卡，消费者将必须随身携带现金，而且可能无法在需要某些商品时购买那些商品。如果没有杠杆收购，我们将很难把经营不善的公司从无能的管理层手中释出，使宝贵的公司资产得到有效利用。如果没有衍生工具，农民、航空公司和其他企业将直接面对原物料波动风险，可能因此不敢投资。如果没有次级和浮动利率房贷，许多美国人可能永远无法买房，拥有稳定和有益的家庭生活。

问题是金融业者在设计与推广这些金融商品时，极少考虑消费者、劳工、农民、企业或房主的福祉。相反，这些商品的赢利能力通常取决于它们可以造成多少伤害。大众市场信用卡发卡机构的大部分收入来自持卡人支付的利息。持卡人欠款愈久，这些公司赚钱愈多。此外，接管其他企业的私募股权基金往往未能提升那些企业的绩效。在许多情况下，这些基金牺牲所管理的企业及其员工，而基金经理人借此图利。多数衍生工具不是被农民和企业用来对冲风险，而是被投机者用来对赌。因为许多操盘手对目标资产所知有限，衍生工具的价格与其说是揭露了相关风险，不如说是掩盖了风险。次级和浮动利率房贷的设计假定随着时间的推移，借款人有能力承担较高或变动不定的利息支出——但如果借款人真的有财力承担这些风险，他们为什么无法申请利率固定的正常房贷？

金融经济学家菲力庞（Thomas Philippon）等人质疑：解除管制、新产品激增、科技进步和产业整合是否真的提升了金融业的效率？从证据看来，答案是否定的。金融业的利润主要受中介活动的数量驱动。也就是说，即使金融业有那么多"创新"，顾客为金融服务所付的钱自1900年以来一直停滞不前。单位成本平均约为1.87%（1980年代和1990年代显著较高）。如果这些新发展确实降低了金融业的营运成本，则差额显然是落入了金融专业人士的口袋，而非用于造福消费者。

我们认为金融业的巨额利润不是来自这些创新及其经济贡献，而是来自金融业得以利用新产品从其他产业和家庭身上榨取资源。这个体系建立在三个息息相关的发展上：市场影响力愈来愈集中，政治参与加深，以及公共政策仰赖私营中介执行。

**市场影响力集中**

在1980年代，美国银行业经历了规模空前的合并潮，加上出现区域银行集团（regional bank compacts），银行部门的市场影响力开始集中。1994年的《里格尔－尼尔州际银行与分行效率法》鼓励跨区域整并，加快了此一趋势。例如源自圣弗朗西斯科的美国银行1992年收购了加利福尼亚州和西部其他州的平安太平洋公司（Security Pacific Corporation）。两年后，它收购了芝加哥的伊利诺伊大陆国民银行（Continental Illinois National Bank），向东岸进军。因为俄罗斯债券违约而蒙受巨大损失之后，美国银行及其著名商标于1998年遭夏洛特的众国银行（NationsBank）收购。大通银行（Chase Manhattan Bank）则是在1996年被华友银行（Chemical Bank）收购，然后于2000年与J.P.摩根合并。合并后的公司为了拓展东岸以外的市场，2004年收购了中西部的第一银行（Bank One Corporation）。

美国独立银行的数量从1970年代的逾12 000家缩减至2000年代的约6 500家。银行业的资产集中在少数几家公司手上（见图3-2）：1990年之前，最大的三家银行控股公司掌控10%~15%的银行业总资产，但到了2000年代末已增至超过35%。近年，最大的十家银行掌控了整整一半的美国商业银行总资产。

比这种水平整合更重要的是各种金融活动的垂直整合。1999年的《金融服务业现代化法》使"一条龙服务"模式合法化，并促使大型全国性银行进一步扩展资产与财富管理、交易、投资银行、创投、保险和房地产等业务。在这个过程中，曾是华尔街独有的高风险、高报酬文化最终支配了整个金融业。零售个人金融业务变成为"高级金融"业务提供资金的次要业务。这些银行的首要客户不再是个别存款人或借款人，而是其他金融机构。图3-3呈现了美国最大四家

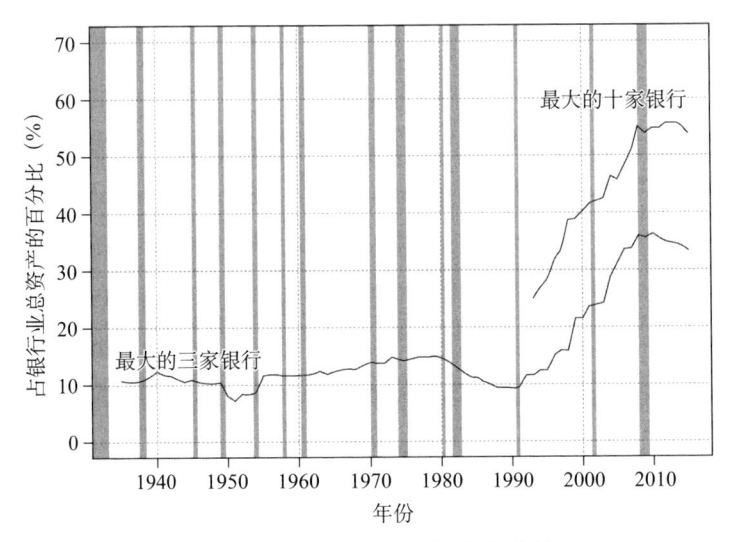

**图 3-2　美国银行业的资产集中情况**

注：数据样本包括美国联邦存款保险公司承保的所有商业银行。最大的三家银行 1935—2006 年的总资产，是根据《信息自由法》向联邦存款保险公司索得。其他数据来源包括联邦存款保险公司银行业历史统计数据（表 CB09）和存款机构统计数据。

银行 2000—2017 年的收入来源。我们可以看到，在金融危机之前，利息收入仅占这些银行收入的 36%~59%；它们的许多收入来自存款账户费、交易、投资银行、信用卡、证券化和保险业务。在金融危机之后，利息收入对摩根大通和花旗集团的重要性有所提高，但还是分别仅占其收入的 50% 和 70% 左右。

巨大的整合潮之后，金融业龙头取得了支配市场的庞大势力。它们是资本市场的枢纽，能够为了自己的利益扭曲资本的供给和需求。金融经济学家韩佛瑞（David Humphrey）

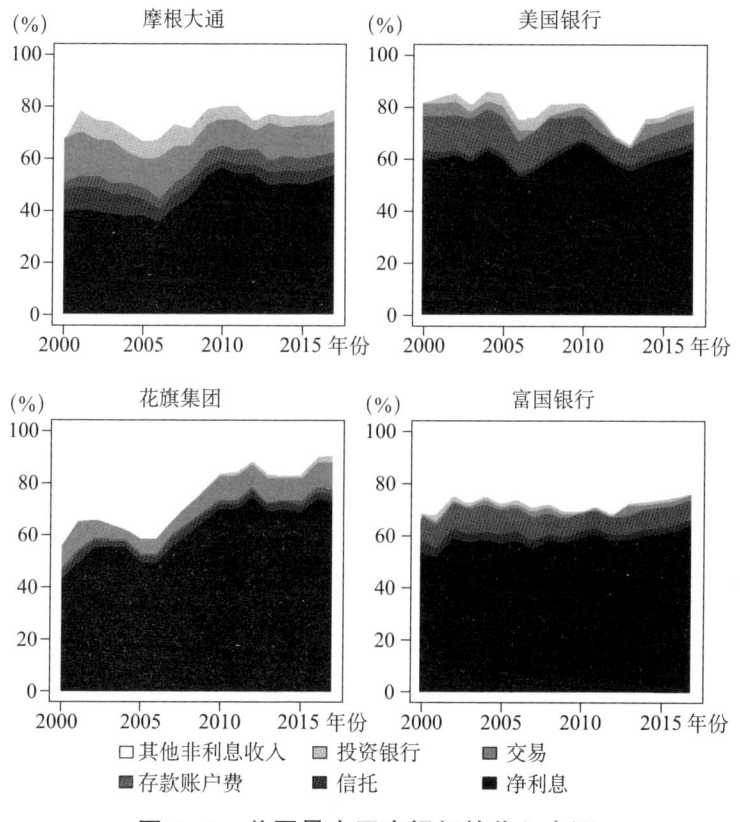

图 3-3 美国最大四家银行的收入来源

注：信托收入来源包括投资管理、投资咨询、个人与公司信托、过户代理服务和某些员工福利账户服务，以及证券保管、证券借贷、证券结算，以及受监管的经纪自营商和注册投资顾问活动。存款账户费的来源包括账户维持、最低余额、提早结账、自动柜员机、透支、停止支付和其他相关服务。交易收入为买卖现金工具和资产负债表以外衍生工具合约的净损益。投资银行收入包括证券承销、证券直接配售、投资咨询及管理服务，以及并购服务所产生手续费和佣金。其他非利息收入包括创投、房贷和信用卡服务、证券化交易、承保和销售产生的收入。

资料来源：联邦存款保险公司的存款机构统计数据。

和普利（Lawrence Pulley）注意到，1990年代银行利润复苏主要是因为大型银行能一味提高存款账户费，设定更高的最低余额要求，并向消费者、小企业和中型市场企业贷款收取更高的利率。规模较小的银行就并未出现类似的超收现象。寡头垄断结构也方便业者欺诈和违法彼此串通，并产生频繁的利益冲突。因为没有来自挑战者的威胁，既有业者欠缺维护自身声誉的动机。

事实上，金融业整合并未提升效率，却减少了竞争。金融经济学家古铁雷斯（Germán Gutiérrez）和菲力庞发现，金融业变得更有利可图不是因为规模经济，而是因为寡头垄断之下缺乏竞争。随着竞争压力减轻，大型金融机构提高生产力的动机显著减弱。

四大银行经常名列美国最"讨人厌"的公司，其实一点也不奇怪[①]。它们与其他臭名昭著的企业的共同之处不只是规模巨大，还在于它们借由剥夺消费者获利。虽然这些市场原则上禁止垄断，但市场竞争却实际上几乎不存在。在消费电子市场，粉丝常争论哪一款手机自拍效果最好或指令周期最短。但在欠缺竞争的市场就不是这样，例如美国银行或富

---

① 这份榜单通常是基于哈里斯民调（Harris Poll）的年度调查，这项调查着眼于大众对100家知名企业的观感，采用六个名誉指标编制出企业名誉排行榜：http://www.theharrispoll.com/reputation-quotient。美国银行、高盛和富国银行落在最后15位，其中富国银行排在第97位，在孟山都（Monsanto）和特朗普集团（Trump Organization）之后，但高于温斯坦（Harvey Weinstein）的温斯坦影业（Weinstein Company）。

国银行的服务几乎没有差别，而消费者也没什么理由选择联合航空而非达美航空，或选择康卡斯特（Comcast）电信而非时代华纳提供有线电视服务。

随着大型金融服务公司成为综合业务企业集团，现行监理体制因为仍反映早期《格拉斯-斯蒂格尔法》规定的分业经营模式，变得无法有效监督各种金融活动的相互联系和防止业者的逐利行为损害消费者。此外，因为许多监理机构——例如货币监理署（OCC）和储蓄机构监理署（OTS）——的营运经费并非靠政府提供，而是从它们管辖范围内的金融机构收取监理费，结果这些政府单位开始彼此竞争看谁对金融企业最为友善。

举个例子：1980年代和1990年代的储贷危机导致储蓄机构监理署管辖范围内的金融机构大幅减少。为了维持收入和人员编制，储蓄机构监理署在金融产业大会上自我宣传，自诩为反对监理的监理机构。2003年，储蓄机构监理署署长吉勒朗（James Gilleran）甚至带着一把电锯出席记者会，希望借此彰显他粉碎联邦监理法规的决心。这种哗众取宠行为吸引了包括美国国际集团（AIG）和全国金融集团（Countrywide）在内的各个金融企业设立储贷部门，为的就是让储蓄机构监理署成为它们的主要监理机关。

政治参与加深

除了市场影响力愈来愈集中，金融业的政治参与也日益加深。图3-4呈现金融业从1990年代中期到2016年选举周期的竞选捐款总额，从中可见金融业者的竞选捐款一直超过工会

（工会是金融改革和促进平等政策的主要倡导者之一），而且随着时间的推移，差距不断扩大。1980年代末，金融业者的竞选捐款是工会的两倍，如今已扩大至接近6倍。事实上，金融业在政治参与方面的扩张速度，远远超过其他所有主要产业。2012年，证券和投资业投入更多资源在联邦选举上，其政治捐款几乎是面临医疗改革的医疗部门的两倍，同时几乎是正在反对气候变化法规的能源和自然资源部门的3倍。

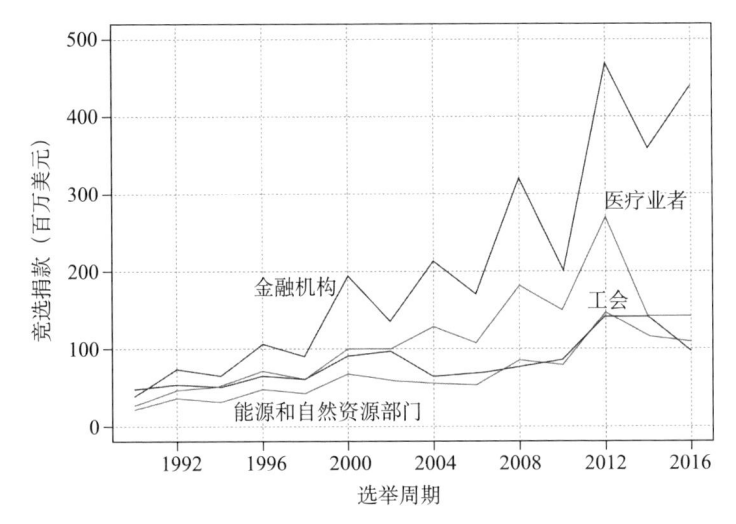

**图 3-4 金融业的竞选捐款总额**

注：金融机构包括商业银行、储贷机构、信用合作社、学生贷款公司、发薪日贷款业者、创投公司、对冲基金、私募股权公司和会计师事务所，但不包括保险和房地产公司。竞选捐款和游说费用总额由回应政治中心（Center for Responsive Politics）估算。竞选捐款是根据向联邦选举委员会和州政府机构报告的逐项捐款计算。捐款总额包括这些机构的雇员、其家人及政治行动委员会的捐款。200美元以下的捐款不纳入统计。

金融业倡导或阻挠监管政策时，经常得到其他产业的帮助。政治学家杨（Kevin Young）和帕利亚里（Stefano Pagliari）比较了能源、医疗、农业、电信和金融业，发现金融业享有最强的跨产业企业团结。金融业推动法规松绑或阻挠新法规的努力往往得到其他产业支持，它们可能视金融为经济的关键驱动力，或认为金融业为其他企业提供了信贷这种关键的基本资源。

这些投资是有直接报酬的。针对第105届国会的一项分析发现，来自企业相关人士和政治行动委员会的捐款通常促成了对企业有利的监管和租税政策表决结果。另一项研究显示，电信业1996年解除管制之后，进入新市场的成本与既有业者的政治捐款成正相关关系。金融学教授库柏（Michael Cooper）及其同事检视1979—2004年上市公司竞选捐款与股价表现的关系，发现上市公司未来的股价表现与公司支持的候选人数量和类型成正相关关系。

国际货币基金组织经济学家伊甘（Deniz Igan）、米什拉（Prachi Mishra）和特雷塞尔（Thierry Tressel）指出，针对房贷放款和证券化法规的游说努力，可能是2008年金融危机的直接原因之一。他们发现，针对这些具体问题进行游说的房贷放款业者比较可能自己降低授信标准、发放质量较低的贷款，以及承担较高的风险。房市崩盘之后，这些业者也比较可能在问题资产援助方案（TARP）下得到政府援助，而援助规模与业者的累计游说支出成正相关。

除了政策和监管方式偏袒业者，政府未能及时更新政策和执行法规也是金融业利润过高的原因。这方面的一个著名例子是美国税法中的"附带收益"（carried interest）条款：这个条款将创投公司、私募股权业者和对冲基金经理的部分收入视为资本利得而非一般收入，因此适用低得多的税率。此外，经济学家弗里曼（Richard Freeman）也指出，早在次贷危机爆发前，联邦调查局就已经发现房贷欺诈方面的异常趋势，但美联储被总体经济和金融数据蒙蔽了双眼，对此问题和其他的明确警示近乎不闻不问。

**公共政策仰赖私营中介执行**

金融业与金融监管机关建立密切的关系，显然可以因此获益良多，而与此同时，美国联邦和各州政府也十分仰赖金融机构协助执行它们的经济、社会和外交政策。为了确保金融体系能吸引国际资本流入并促进经济增长，联邦政府为金融机构的债务提供担保——除了利用著名的存款保险制度，还仰赖紧急干预措施，例如储贷危机和2008年金融危机期间的措施。为了促进农业、购房、教育等方面的活动，政府也仰赖私营金融机构提供信用中介服务。与其直接投入更多政府支出使民众比较容易负担买房和大学教育，许多政策借由购买贷款或保证报酬，鼓励私人投资人提供资金。自20世纪最后25年美国出现政治转向以来，情况尤其如此；在此期间，市场手段开始取代直接服务，成为政府促进经济平等的预设方法。国家债台高筑也促使政府通过金融业来达成政策目标，而非仰赖直接财政支出。

图3-5比较美国政府担保的金融债务与联邦债务（公众持有的国债和机构债券）、问题资产援助方案，以及2008

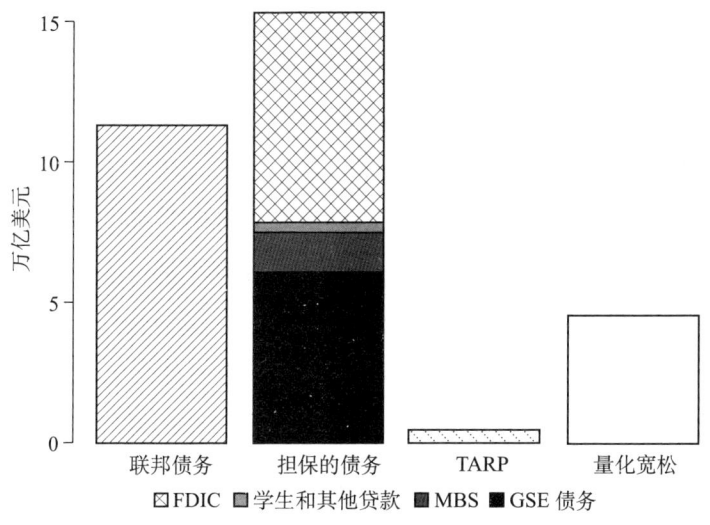

**图3-5 2012年美国政府担保的债务**

注：联邦债务包括公众持有的国债和机构债券。GSE债务包括政府资助企业（GSE）发行的短债和长债，以及房利美和房地美担保的住房抵押贷款支持证券；GSE包括房地美、房利美、联邦住房贷款银行、农业信用系统、联邦农业抵押贷款公司、融资公司（FICO）和清算融资公司。MBS包括来自政府国民抵押贷款协会（GNMA）和联邦农舍管理局以组合形式持有的抵押贷款，以及联邦融资银行持有的抵押贷款。学生和其他贷款包括联邦家庭教育贷款，以及联邦住宅管理局（FHA）、农村房屋服务和退伍军人房屋福利计划以外的计划。FDIC是指联邦存款保险公司承保的所有存款。TARP是指2008年制定的问题资产援助方案。量化宽松是指美联储截至2014年底持有的资产总额，包括在第一轮量化宽松之前持有的约9 000亿美元资产。

资料来源：Hamilton 2013。

年金融危机以来的三波量化宽松。我们从中看到，相较于政府对金融市场的常规干预（截至2012年，政府因此担保了超过15万亿美元的债务），2008年政府紧急救助银行动用的资金只是沧海一粟。政府担保的债务比广受争议的美国国债多了近50%，比量化宽松的规模（4.5万亿美元）大2.5倍。必须说明的是，这些债务担保绝非等同国债，它们只是联邦政府或明或暗担保的债务。除非发生灾难性事件，这些债务违约的风险相当低，但当然，灾难性事件在发生之前总是看似不大可能发生。唯一清楚的是在现今的许多金融活动中，都有一只看得见的政府之手。

此外，2001年以来旨在刺激经济的一系列宽松货币政策对金融业的繁盛影响更深。用来刺激消费的低利率对金融业来说无疑是一剂仙丹，因为金融业可以近乎免费地向政府借款，并从资产增值中赚取丰厚的利润。低收益率也导致被动储蓄的吸引力变得远低于主动投资，促使退休基金和其他投资人利用私募股权、创投和高收费对冲基金等投资渠道，进而增加金融业收入。

公共政策仰赖私营中介执行，尤其是仰赖少数金融机构，制造了典型的委托-代理（principal-agent）难题；在这一情形中，金融机构的首要目标通常是自身图利，而不是达成政策目标。因为知道一旦出现不稳定的迹象政府就会介入，大型金融机构也可以孤注一掷，为了追求超高的报酬而不顾后果。

量化宽松政策在经济大衰退时效果不佳，代理问题是个明显的原因。为了提供资金流动性和刺激经济增长，美联储向银行购买公债和住房抵押贷款支持证券，借此增加对银行的流动资金。但银行却不大愿意把这些钱转借给购房者和小企业，因为如此一来，它们的资金就会被空前低利率的长期贷款锁住。它们因此选择留住多数资金，等待利率上涨。如果美联储把资金输送给州政府和市政府做直接财政支出，效果可能好上许多，但在2000年代后期主流的市场导向治理模式下，大额财政开支已经成为一种禁忌。

接下来，我们将检视美国2005年破产法改革和学生贷款热潮，借此说明市场影响力集中、政治影响力扩大、公共政策仰赖私营中介执行如何共同为金融业创造超高利润。这两个例子都显示，金融业异常丰厚的利润并非源自生产力提高，而是有赖金融业者改变游戏规则的能力。

## 2005年破产法改革

1980年代以前，美国的个人破产率大致稳定（见图3-6）：每年每1 000名成年人中约有1.2人申请破产以减轻债务。但此后破产率急升，从1980年的每千名成年人1.5例升至2003年的7.7例。虽然很多人以为这些申请破产者是想钻制度漏洞，但其实这些申请破产者绝大多数是没有稳定就业跟收入的家庭。破产率的这种上升趋势引起公众的一些关注，但却是金融业一大头痛问题，因为破产率大幅上升会严重损害金融业者的利基。

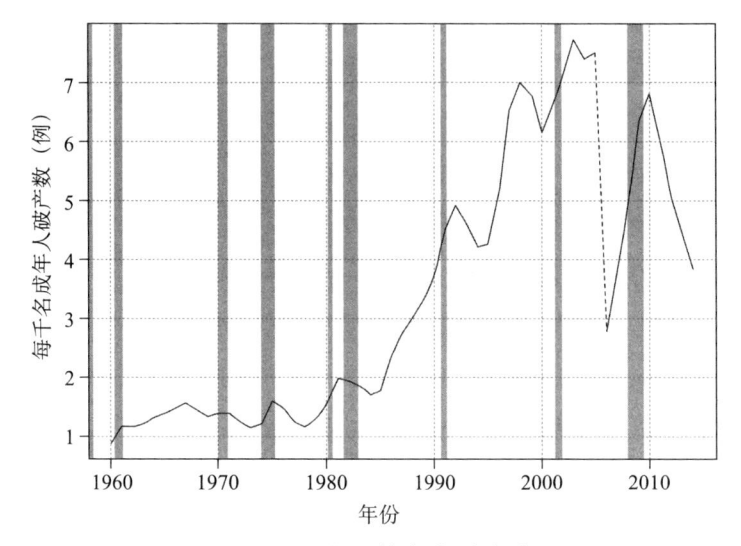

**图 3-6　美国的个人破产率**

注：1960—2005年的数据源自确定的破产案，而2006—2014年的数据源自破产申请统计，数值略大一些。成年人为20岁或以上的人口。

资料来源：美国法院行政办公室、经合组织统计，https://doi.org/10.3886/ICPSR01341.v1。

只有在利率相当低和不收滞纳金（对逾期缴款者收取的费用）的情况下，缩减信贷才是银行的"明智"之举。1997年，一项颇具争议但号称有两党共识的倡议浮现，其主旨在于阻挠民众通过宣告破产来减免债务。这项倡议的支持者声称，消费者如果不是不懂理财，就是蓄意滥用宽松的破产法来不当消费。因此，政府应该提高破产申请门槛来"逮住"这些滥用者。一点也不意外，这些倡导者多数是为信用卡发卡机构工作。而这个产业在破产法改革之前十年间经历了快速的整合，前十大信用卡发卡机构的市场占有率从1995年的57%大幅上升至2005年的87%。在此期间，信用卡产业的税前利润增长了一倍以上。这几家公司联合起来寻求减少个人破产带给它们的损失，同时继续向迫切需要经济援助的家庭推销更多的信用卡，进而提高这项业务的盈利。

在克林顿政府任内，新的破产法首度提出，而该法保护银行而非消费者利益的意图极为明显。根据该法，债务人在根据《破产法》第七章申请破产之前，必须通过经济状况审查并接受辅导；债务人若成功根据第七章申请破产，则可以免除大部分债务。经济状况审查决定债务人是否有能力偿还部分债务，若有就应该根据第十三章申请仅免除部分债务的破产。根据辅导要求，债务人必须在申请破产保护后六个月内接受信用辅导。但是，如果债务人接受辅导之后决定放弃申请破产并接受某种偿债方案，提供辅导的公司通常可以从放款人那里得到回扣。也就是说，这些提供辅导的公司有极强的动机利用强制性的辅导要求引导借款人放弃申请破产，转为接受可能历时数十年的还款方案。

针对《破产法》第十三章规定的改革，使还款期内的借款人受到更严格的监督。例如它禁止借款人的奢侈品消费，而借款人借钱购买的东西（例如汽车和电子产品）也不可以重复购买。支持该法的说客认为这些是阻止不负责任财务行为的必要措施，完全忽略银行浮滥放贷的问题，也忽略银行的获利模式如何仰赖陷入债务困境的借款人。说客和立法者将面临破产的美国人形容为无知、不择手段或两者皆是的人，借此把信用卡业务的社会成本转嫁到一般民众身上。这种"改革"不成比例地伤害黑人债务人，他们往往被引导去依据第十三章而非第七章申请破产。

这些显然偏颇的规定立即引起反对。众议员纳德勒（Jerrold Nadler，民主党籍，纽约州）替该法贴上"妈妈对抗大银行"的标签，借此凸显该法如何为企业图利。他在作证时表示，该法是信用卡公司为自己设计的，并公开表示："这项法律处理的是一个假危机，是大银行和信用卡公司花了4 000万美元游说和宣传炮制出来的。"参议员肯尼迪（Ted Kennedy，民主党籍，马萨诸塞州）在证词中呼应此一说法："一年来，国会一直与信用卡业者的说客合作，推动立法，使消费者、美国劳工阶级更难从压垮人的沉重债务中得到解脱。"

推动这场立法动员的关键人物之一，是美国银行内部游说团队领导科林伍德（John Collinwood）。投身金融业之前，科林伍德曾担任联邦调查局的国会联络员，因此非常了解国会内部运作。其他银行则大力资助旨在证实银行业主张有理的研究活动，借此为游说取得学术支持。2002年，当时担任哈佛大学法学院教授的伊丽莎白·沃伦（Elizabeth Warren）揭露了消费信贷业如何资助华顿计量经济预测公司（Wharton Econometric Forecasting Associates）、安永（Ernst & Young）和乔治敦大学信用研究中心（CRC）所做的经济研究。信用研究中心的研究报告特别赋予金融业界的说辞以可信性。尽管这个中心发表的研究报告不过是随声附和信贷业的意见，政治说客、记者、参议员和众议员仍然广泛散播这份研究报告，报告结论甚至出现在美国国会记录中作为支持法案的证据。

信用卡产业的规模和势力不断扩大，使它得以成功游说国会议员，并控制能影响他们政策立场的证据。虽然克林顿总统否决了这项法律，但在2004年选举之后，共和党赢得了更多国会席位，赋予该法新的动能。最后小布什总统于2005年签署该法。2005年的《防止滥用破产制度和消费者保护法》（Bankruptcy Abuse Prevention and Consumer Protection Act）导致次年个人破产申请量大跌（见图3-6）。但是，尽管施加了新限制，个人破产率在经济衰退期间再度急升，回到1990年代的水平。这次改革对缓解许多美国人的经济困难显然毫无帮助。

学生贷款

美国大学生背负的债务愈来愈重，是私营放款机构借由操纵法规获得空前利润的另一个例子。2015—2016年，联邦政府向接受高等教育的学生提供了879亿美元的贷款。2016年毕业的大学生平均欠债37 000多美元。如今美国每十名大学毕业生中就有七人借了学生贷款，其中五分之一借了私营放款机构的贷款——这些贷款成本高昂，对借款人没什么保障。2016年，学生贷款未偿还余额达1.3万亿美元，而且仍然不断增加。

如何改革政策以减轻学生的债务负担,是美国近年重要的公共议题之一。有人甚至认为学生债务很可能造成金融危机的"下一个泡沫"。华尔街投资人已经开始押注很大一部分未偿还的学生贷款将会违约,政策制定者则正集思广益,为一个可能造成重大灾难的经济和社会问题寻找解决方案。

50多年前,倡导自由市场的著名经济学家弗里德曼(Milton Friedman)就指出,金融可以也应该被用于促进国民教育。他有力地论证了教育投资可增加人力资本,造福劳工、未来的雇主和整个经济体。一反他偏好市场方案的作风,弗里德曼认为弱势人士接受教育以改善经济前景所需要的资本,最好是来自政府,因为教育投资的报酬率很难预测,而且很可能因人而异且差别很大。此类高风险、高行政成本的贷款将很难吸引私人资本。即便有人愿意投资,必然的高利息与费用一般学生也负担不起。

弗里德曼建议教育融资采用政府股权投资的形式,而不是补贴贷款,以避免过度投资于人力资本。具体而言,他设想的投资方案为政府每借出1 000美元,借款人未来就业时就拿出一定比例的收入偿还。根据弗里德曼的计算,"接受培养的个人实际上将承担全部成本"。他认为这种投资可为弱势人士提供接受高等教育的机会,有助于促进机会平等和社会流动。

但是,1965年《高等教育法》引入的却是联邦助学金和一个担保贷款计划。政府利用这个计划鼓励私营放款机构协助执行教育政策。因为政府愿意担保学生贷款,私营放款机构可以不管学生未来是否有能力偿债,而在法律容许的范围内尽量发放贷款。美国大学学费在1980年代开始上涨时,学生贷款需求增加。这一制度内含的道德风险此时就成为严重的问题。2000年代出现了一连串的丑闻和不负责任的放款方式,而私营放款机构也展开政治游说。

在这场风暴中,处于中心位置的是美国最大的学生贷款提供者沙利美(Sallie Mae)。沙利美成立于1972年,前身为学生贷款营销协会(Student Loan Marketing Association),是一家政府资助企业,成立宗旨是扩大可以获得联邦学生贷款资金的渠道。因为有联邦政府在背后支持,沙利美可以用较低的成本借贷,然后向私营放款机构购买它们的学生贷款,借此刺激更多放贷。截至1990年,沙利美持有市场上近一半的未偿还的联邦学生贷款。

随着美国政府转为倾向直接提供学生贷款,沙利美从1997年起开始切断与联邦政府的关系,2004年成为完全私有化的上市公司。在这个过程中,该公司扩大持有未获政府担保、由私营机构提供的次级学生贷款,从2000年的165笔增至2006年的43 000笔。虽然这些次级贷款收取的利息比政府担保的学生贷款高得多,但占比高达50%~92%的这些借款人最终无力偿债,因此这些次级贷款并未带给沙利美利润。

但是,沙利美每年还是继续推销更多次级学生贷款。这是因为美国教育部规定，一所学校学生支付的学费，源自联邦资金的比例不得超过90%。沙利美利用私营贷款满足那10%的要求，让它可以向学校推销更多的联邦担保贷款。对沙利美来说，高利次级贷款对借款人造成的伤害，是该公司增加联邦担保贷款业务量的必要之恶。许多借款人来自低收入家庭，而违约通常让他们的财务状况跌入深谷。但对沙利美来说，这一后果毫不重要。

大专学院，尤其是专门营利的学校，受惠于这种安排，不只因为许多学生都仰赖贷款支付学费，愈多贷款也代表它们可以收愈多学费。有些学校甚至补贴沙利美的"吃小亏赚大钱"模式，同意将由私营贷款支付的学费回赠20%~25%给沙利美。有些放款机构则直接贿赂负责处理学生补助事宜的行政人员。纽约州检察总长2007年开展的一项调查发现，摩根大通向学生补助事务主管提供好处，以获得"推荐放款人"地位。2 000多名负责学生补助事务的主管甚至被邀请到纽约港参加耗资7万美元的游轮派对，庆祝他们非凡的推销才能。

学生贷款银行也积极影响国会。1999—2005年，沙利美在游说工作上花了900万美元，并向负责修订破产法规的国会议员提供了超过13万美元的竞选捐款。结果2005年的《防止滥用破产制度和消费者保护法》规定政府担保的以及私营机构发放的学生贷款都无法通过宣告破产免除债务。学生贷款因此成为法定的"安全"投资，因为法规消除了这种贷款的违约风险。

与此同时，来自纽约州的前联邦众议员拉齐奥（Rick Lazio）2004—2008年领导摩根大通的游说工作。摩根大通向他和其他人支付数以百万美元计的金钱，让他们替这家银行游说国会反对限制私营学生贷款。光是2007年，摩根大通就花了544万美元进行政治游说。这有效地阻挠国会立法将200亿美元从用于补贴私营放款机构转为用于提供直接联邦学生贷款。提出该法的加利福尼亚州众议员米勒（George Miller）在摩根大通的活动受到调查之后表示："2007年的学生贷款丑闻终于暴露了一件事：放款机构花数以百万美元计的金钱来犯法。非常明显的是，这些放款机构从纳税人那里得到太多补贴，而且这些钱实际上是在资助放款人的不良行为。"因为这些不良行为，非联邦学生贷款的比例增加至25%，较2000年的12%大幅提高。

有心人数度尝试减缓学生贷款危机。在1990年代，老布什和克林顿政府因为希望尽可能降低学生和政府承受的成本，将经费转为直接提供贷款。私营放款机构的不良行为愈加泛滥，加上经济衰退期间学生贷款违约率愈来愈高，最终导致国会通过《学生补助和财政责任法》（Student Aid and Fiscal Responsibility Act），完全取消了担保贷款。自此之后，沙利美和摩根大通显著改变了它们的放款方式。2007年，沙利美首席执行官菲茨帕特里克（Thomas Fitzpatrick）辞职，该公司也因为违约率不断上升而停止提供次级贷款。沙利美2014年分拆为两家独立的公司，它的问题资产则转移到新成立的Navient。与此同时，摩根大通宣布于2013

年停止发放学生贷款。从这些转变看来，这些放款机构此前能靠学生贷款赚钱，完全是倚赖政府的补贴。

虽然政策终于改变，但长年的劣质放贷已经造成了很难弥补的损害。截至 2018 年，学生贷款总额已攀升至 1.5 万亿美元。布鲁金斯研究院最近一份报告指出，就某些借款人而言，累计违约率可能高达 40%。黑人大学毕业生大规模违约的问题尤其严重，他们的违约概率是白人大学毕业生和辍学者的 5 倍。

**金融从业人员的薪酬**

破产法改革和学生贷款危机这两个例子阐明了金融业的市场势力、政治影响力以及执行政策的中介角色如何相辅相成，帮助金融机构从经济弱势群体处掠取高额报酬。结果不只是金融企业利润大幅增长（见图 1-1），其从业人员的薪酬也大幅增加。图 3-7 比较金融从业人员与其他产业人员的年薪。它们在 1970 年代大致同步变动，但在 1980 年代出现显著的差距，而且差距在接下来 30 年间急剧扩大。近年，金融从业人员平均比其他产业人员多赚 35%~40%。即使我们将人口特征、教育程度、地域和其他差异纳入考虑，金融业的薪资"红利"仍然可观。条件相当的人从事金融业，最多的时候可比从事其他工作多赚四分之一。

除了薪资差异之外，图 3-7 显示，金融从业人员的薪资红利并非源自金融业雇用高技术的劳工,而是因为异常高的薪酬吸引资历出色的人进入金融业,而这些人的资历再反过来证明他们的昂贵服务收费是合理的。事实上,最近关于"常春藤联盟－华尔街快线"的研究显示,在哈佛大学、耶鲁大学和普林斯顿大学的毕业生中,约30%的人立即投入金融业。相较之下,只有10%的毕业生选择公职或到非营利组织服务。另一项研究显示,快毕业的哈佛大学生里,高达70%的人会向华尔街和顾问公司求职。

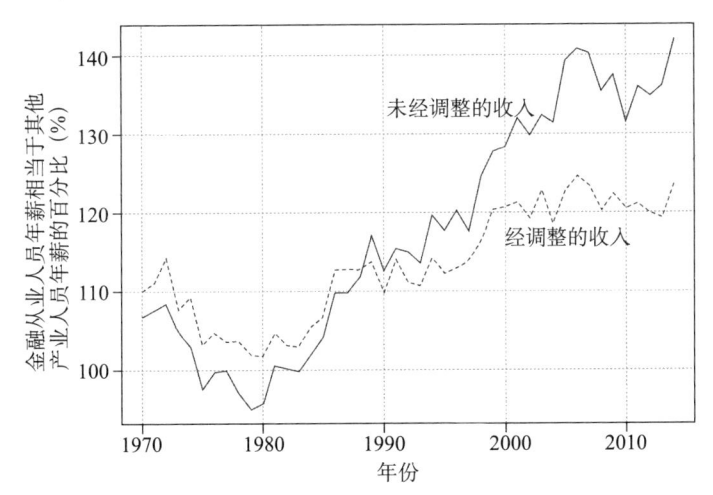

**图3-7 金融从业人员年薪相当于其他产业人员年薪的百分比**

注:数据样本包括25~65岁的全职、全年工作者。金融业是指银行和证券业。收入调整考虑的因素包括年龄及其平方项,地区与都会区地位的互动,种族,教育程度,以及性别、婚姻状态与有无子女之间的三方互动。

资料来源:当前人口调查。

金融业 10 万美元以上的起薪对这些即将毕业的学生无疑有相当大的吸引力，除此之外，社会学家宾德（Amy Binder）发现，金融业者通过夸大华尔街生活的美好积极招聘这些"胜利组"。为了吸引具有精英背景的新人才，这些金融公司采用多种手法，包括付费成为学校就业服务计划的"白金"会员、共同举办招聘会，以及用广告信轰炸学生的收件信箱。这些公司向精英院校的学生不断灌输到金融业上班等于步入上流人生。这种制造出来的高贵感让许多大学生以到金融业工作为志愿，特别是那些没有清楚志向或者面临学生贷款偿还压力的年轻人。

除了金融业整体快速增长的利润与薪资之外，我们需要注意金融业内部也有许多不平等。巨型全国性银行寡占了金融业大部分盈利。2015 年，美国前十大金融综合集团盈利占整个产业总盈利的 60%，显著高于它们的资产占比。最大的四家银行盈利占整个产业总盈利的 45%。

这种"赢家通吃"的情况也呈现在金融从业人员的薪酬分配上。图 3-8 呈现 1970 年以来不同层次金融从业人员的收入变化，从中可见底层金融从业人员（收入第 10 百分位数）的"金融红利"在 1970 年代相当可观。出纳员和簿记员等低薪金融从业人员的收入比从事其他行业但条件相当者高 20%~30%。考虑到金融业（或一般服务业）低薪劳工很少加入工会，这种现象似乎出人意表。但是，这很可能是因为金融业远比其他行业担心内部盗窃和欺诈伤害，老板因此可能愿意付基层员工较高的薪水好吸引比较诚实的员工与鼓励良好行为。然而，随着计算机科技进步以及自动柜员机在1970年代日益普及，低薪金融从业人员享有的金融红利从逾30%降至约10%。

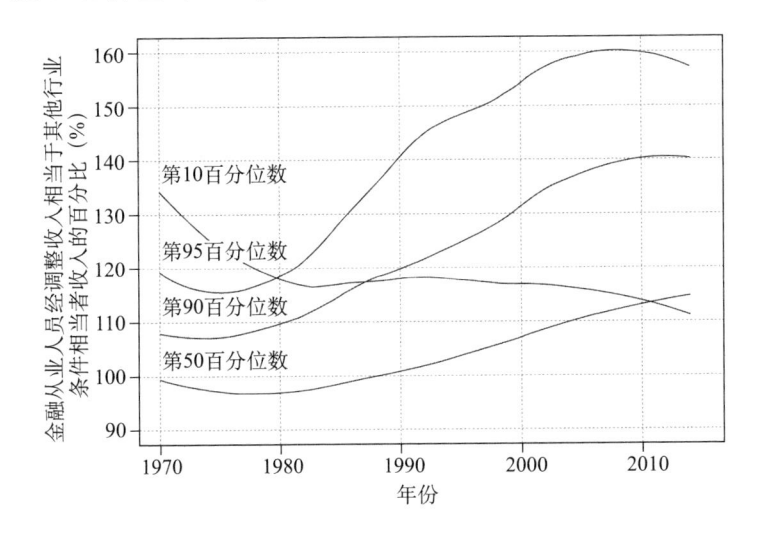

**图 3-8　金融从业人员经调整收入相当于其他行业条件相当者收入的百分比**

注：数据样本包括25~65岁的全职、全年工作者。金融业是指银行和证券业。收入调整考虑的因素包括年龄及其平方项，地区与都会区地位的互动，种族，教育程度，以及性别、婚姻状态与有无子女之间的三方互动。年度估计值以局部多项式回归做平滑处理。

资料来源：当前人口调查。

那多赚的钱都跑去了哪里？只有一小部分流向收入处于中间的金融从业人员。第50百分位数的金融从业人员的收入在1990年代开始稳步增长，最后增至比其他行业条件相当者高15%左右。金融红利的扩张，主要流向金融从业人员中的精英，包括证券经纪人、交易员、分析师和投资组合经理。在1970年代，这些人只比其他人多赚约10%。随后数十年间，此一差距扩大为先前的4倍，2010年时这一数字达到40%。在所得分配金字塔的更高处，金融红利更为惊人。第95百分位数的金融从业人员的金融红利从1970年的18%扩大至2000年代末的60%，年收入差额达9万美元。

金融业精英如何取得他们异常丰厚的薪酬？社会学家戈德肖（Olivier Godechot）在金融机构进行田野调查研究时发现，金融业区隔化的运作方式，加上对某些领域或资产的独家控制，使金融业精英能够可信地宣称这些利润是他们亲手赚来的。换句话说，特定"职位"产生的利润全都私人化，被视为属于担任该职位的人。极少有人质疑：这个职位如果换人做，公司是不是可以赚一样的钱？中间层与基层员工的贡献是否被抹杀？能赚大钱到底是因为经理明智还是金融业本身就是摇钱树？只有在出现亏损时，这些精英才开始检讨别人。

相对于图3-7呈现的平均金融红利，图3-8呈现了一种相似但有所不同的情况。金融从业人员的薪酬随着时间的推移而增加，但薪酬显著上涨的只有位居所得分配中上层的从业人员。底层的薪酬相较于1970年代反而下跌了。此外，虽然平均金融红利在2000年代开始进入高原期，但金融业精英享有的红利却在金融危机前继续扩大，加强了美国整体所得集中的趋势。

除了赢者全拿之外，一些针对金融公司的田野调查也发现，即使是比较绩效和资历相当的员工，男性与女性在薪酬和升迁机会方面的差异仍非常显著。这与产业问卷调查结果一致。这些调查显示，金融服务这个高薪行业是男女薪酬差距最大的行业之一。

社会学家罗思（Louise Roth）认为，讲求绩效、强调社会背景（social similarities），以及缺乏友善家庭、性骚扰和多样性政策，都是造成高级金融业者男女差异的原因。她记录了所谓基于绩效的奖励制度如何让偏见、误解和歧视决定薪资。管理层为了讨好多为男性的大客户，通常安排男性员工与他们交涉，而且让男性员工有比较多的机会建立社会资本和客户关系。而即使许多华尔街公司在1990年代采用友善家庭政策，罗思发现，金融业仍期待员工全力投入工作而忽略女性员工在平衡家庭责任和事业发展方面的负担。

当然，主导高级金融业者的故旧网络（old-boy network）也是另一个追求两性平等的障碍。在强调信任和关系的金融业，男性往往垄断了最有价值的关系，女性则往往难以利用非正式网络晋升。女性即使成功建立专业关系，这些关系带来的好处也不如男性同业者，因为女性的网络受限于工作区隔，可用的社会资本因此也受限。

金融业的男女不平等会因为亲职而扩大。相关研究明确指出，雇主对待成为母亲的员工与成为父亲的员工大不相同。相较于没有子女的男性员工，当了爸爸的员工常被视为更成熟、有责任感，而且雇主愿意付这些员工更多薪水好让他们养家。相较起来，当了妈妈的员工常被视为不像无子女的女性员工那么投入工作，因此应该被转移到次要职位。基于信任和忠诚的领导制度进一步确保性别区隔和男性统治在华尔街延续下去。借由雇用、训练和种子投资（seed investing）等做法，一代精英白人男性培养另一代的白人男性金融家，这两代人的学历与社会经济背景通常非常相似。

种族不平等在金融业也相当严重。一些研究显示，少数族裔男性和女性一样，无法从基于绩效的薪酬制度中得益。通过分析种族歧视诉讼中的专家报告，社会学家比尔比（William Bielby）发现即使在基于绩效的薪酬制度中，黑人金融专业人员也无法获得与白人相同的薪酬，这是因为他们通常被指派去与黑人客户交涉，而没有机会与富有的白人家族建立私人关系。黑人财务顾问的收入因此比白人同事少三分之一至40%，而且这种劣势通常在他们的职业生涯中不断累积。

图3-9比较按人口特征划分的精英劳工年收入，证明从事金融工作的报酬因种族、性别和有无子女而呈现显著差异。有子女的白人男性是华尔街的大赢家，年收入高达约60万美元。有子女的亚裔男性也享有巨大的金融红利，在金融业工作比在其他行业工作多赚1.5倍。相较之下，女性在金融业工作一般未能获得显著的薪酬优势。种族隔离的社会网络造成许多金融业黑人男性薪酬比白人男性低许多。然

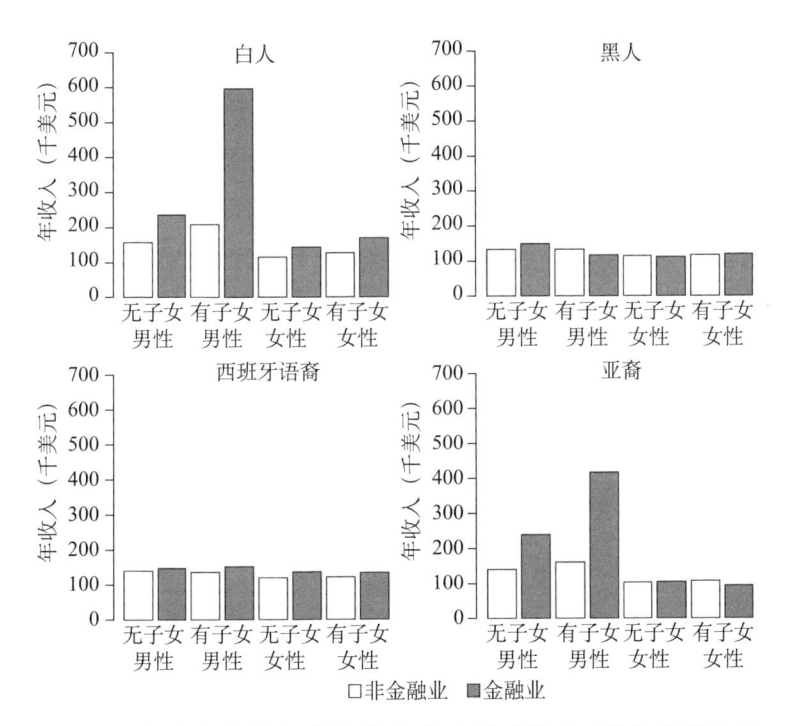

**图 3-9　金融和其他行业精英从业人员（第 95 百分位数）的年收入**

注：数据样本包括 2010—2015 年 25~65 岁的全职、全年工作者。估计值在收入分布的第 95 百分位数产生，采用再中心化影响函数（RIF）回归。金融业是指银行和证券业。收入调整考虑的因素包括年龄及其平方项、地区与都会区地位的互动、教育程度以及婚姻状态。

资料来源：当前人口调查。

而，很多黑人男性似乎仍然认为自己比女性容易进入这些白人男性主导的网络。

这种认知与现实之间的明显矛盾，可能源自美国金融业内不与同事分享薪酬信息的惯例。这种惯例导致实际薪酬差异通常大于从业人员所想象的水平。虽然有些人还是愿意分享自己赚了多少，但白人同事可能仅与最亲近的友人分享薪酬信息，而被排拒在外的黑人员工因此不了解他们的薪酬比白人同事低得多。此外，虽然黑人男性表示他们可以进入公司的男性内部圈子，但如果他们试图将自己在公司里的网络扩展至业界，就可能遇到种族歧视，因为业界仍受白人男性支配。例如在社会学家特科（Catherine Turco）的研究中，美国黑人男性表示，商务谈判期间与其他公司的白人高层互动常使他们感到相当挫败。因为高级金融业者的收入主要与掌握销售和投资机会有关，这种劣势可能导致显著的薪酬差异。

## 总结

2008年金融危机让人们体会到金融体系稳定的重要性，但一般人却常忽视一个稳定的金融业仍然可以伤害经济并损害中产和劳工阶级的生计。美国金融业在过去40年经历了许多变迁，从众多业者各有各自的"领地"变成由少数企业集团支配全国甚至全球市场。维持稳定和限制金融权力曾是政府管理金融业的主要原则，但随着1970年代出现银行业危机，解除管制成为看似可行的解决方案。自由市场信念的兴起，进一步削弱了监管机构执法、管控的正当性，使金融业者得以在法律的灰色地带寻求利润。在这一转变中，与客户保持良好的私人关系对银行业的成功愈来愈不重要。

法规松绑和科技发展并未提高金融业的运作效率，让大公司、小企业和家庭等客户享受较便宜的金融服务。反之，金融业因为这些"改革"与进步得以开始从其他经济部门吸取愈来愈多经济资源。这些公司的利润和其员工的薪酬之所以能不断增长，是因为在过去40年巨型金融公司的市场势力不断扩张，它们的政治影响力逐渐加强，以及美国许多公共政策仰赖这些私人银行中介执行。

在1980年代，金融法规松绑确实导致竞争加剧，并破坏传统业务模式，但金融业在地域和业务方面随即经历了快速的整合。新的巨型金融机构崛起，不只在美国各地都有分公司，还一条龙经营存款、贷款、资产与财富管理、交易、投资银行、创投、保险和房地产业务。它们因为规模庞大，通常能不受市场机制约束而自行定价，并利用一个业务部门取得的私人信息嘉惠另一个部门。因此产生的寡头垄断方便大银行彼此串通，借由欺诈、违反反垄断法规和其他不良行为获利。

同时，这些以银行为核心的金融集团不断通过选举捐款与政策游说增强它们的政治影响力。脚踏民主党与共和党两条船，这些集团大力支持愿意维护金融业利益的政治人物。过去20年里，金融业在政治活动方面的开销远超过其他所有产业，包括医疗和能源业。这些政治投资让金融业者得以不顾后果，在几乎不受监管机关监督的情况下，借由高风险甚至掠夺性的活动获利。政治投资甚至使金融业者能为了自身利益扭曲法规和压制改革。

美国政府对金融业在协助其执行经济、社会和外交政策上的倚赖也助长了金融业的实际影响力。从维持金融体系稳定到促进农业、购房、教育和退休储蓄，以至制裁外国政府，美国政府都依赖与私营金融机构的合作来达成政策或战略目标。政府因此以应急基金、保险、担保、免税等形式设置各种对私人金融公司的补贴，鼓励金融机构执行公共职能。公共政策仰赖私营中介执行制造出委托－代理问题：金融机构在达成这些政策目标时，通常将自身利益置于公共利益之上。

随着金融业掠取愈来愈多的资源，金融从业人员的薪酬也迅速增长（即便薪资所得因种族和性别有异）。1980年代之前，金融业平均薪酬与其他行业大同小异，但随后迅速出现巨大的差距。在其高峰期，金融业平均薪酬比非金融业多了40%。重要的是，金融业的薪资"红利"出现在其从业人员的教育程度显著提升之前，而非之后。由此看来，这些红利不是因为人才涌入金融业，而是因为既有的丰厚薪酬吸引了高学历毕业生。

金融业理应将资本分配到生产力最高的用途上，借此为经济服务。但在现实中，它已经化为一条无情贪食自己尾巴的蛇的蛇头。金融化将经济资源不断吸收到金融业，利于一小撮金融业精英，导致美国的不平等加剧。这些钱来自哪里？谁是受害者？在接下来的章节里，我们将检视美国企业界和家庭经历的变迁。

# 第四章　美国企业的金融转向

金融从辅助性质的次要活动升级为公司的主要利润来源,导致这些公司可投资于生产性资产和就业的资源减少。

随着美国经济金融化将利润和薪酬大量转移到金融业，这项趋势也广泛影响非金融产业的所得分配和就业增长。华尔街的逻辑——其衡量成败的标准——成了各行各业的"游戏规则"。对许多企业来说，最重要的客户不再是自家产品的消费者，而是自家股票的投资人。

在本章，我们将焦点转向理应是"非金融"的部门如何金融化，以及这一变化如何扩大不平等。如同本书先前提到的，过去40年许多非金融企业逐渐增加了对金融市场的参与。这些企业减少对厂房、机器、商店、研发和员工的投资，而持有愈来愈多的金融资产（见图2-6）。因此，即使是非金融产业，许多企业借由利息和股息而非销售产品获得相当大部分的利润（见图1-3），而这些利润又借由配发股息和回购股票，直接流回金融市场（见图1-2）。为了尽可能提高股东的报酬，企业背负规模空前的债务，财务状况因此恶化，长期增长随之放缓。

这些变化全都将珍贵的资源从其他经济活动转移至金融业（及其投资人的口袋）。得益者往往是已经拥有不少财富的上层或中上层阶级（见第6章），此一变化显示金融化侵蚀了二战之后确立的劳资协议，提高了股东和管理层的议价能力，同时削减了企业对劳动力的需求。股东和企业高层得到的报酬随之飙升，多数劳工的薪水和就业保障却受到损害。

这些变化是如何展开的？此章将说明美国非金融企业为何在1960年代末1970年代初出现金融转向。我们关注两个方面的金融化：非金融企业开始积极从事放贷业务和证券买卖，以及股东至上的管理模式兴起。最后我们指出这些变化导致哪些"赢家和输家"，以及如何恶化美国劳工的经济生活。

## 汽车生产商变为金融中介

美国非金融企业自20世纪初以来一直有提供某一程度金融服务的传统。身为第一家提供贷款的汽车制造商，通用汽车1919年成立了通用汽车金融服务公司（GMAC），为顾客和经销商购买汽车提供融资服务。当时汽车在美国被视为奢侈品，而多数银行业者认为汽车贷款是高风险生意。因此，几乎所有顾客购买汽车都必须用现金一次付清，而这严重限制了通用汽车和其他汽车制造商的市场规模。交车时必须付清现金也限制了经销商的数量和它们能拥有多少辆汽车。GMAC提供新的金融服务大获成功。在最初40年里，GMAC的融资服务帮通用汽车多卖了4 000万辆汽车。该公司在报纸杂志上广泛宣传其"分期付款计划"，承诺美国家庭可以利用这种计划提早购买新车。其融资服务也包括汽车保险和借款人寿险，避免一旦出了意外，消费者无法偿债。这些广告也审慎警告顾客"切勿过度借贷"，而且应该"在能力范围内尽可能多付首期款，然后尽快付清余款"（见图4-1）。由此可见，GMAC的主要目的是促进汽车销售，而不是借由提供贷款来赚取利息或滞纳金——通用汽车的金融部门是为了辅助汽车销售业务，而不是靠放款赚钱。

**图 4-1　1957 年 GMAC 的平面广告**

GMAC 成功利用金融服务促进汽车销售，促使福特汽车于 1959 年成立福特汽车信贷公司，克莱斯勒则于 1964 年成立克莱斯勒信贷公司。提供信贷成为美国汽车制造商的标准做法。虽然这些子公司违反了《格拉斯－斯蒂格尔法》和《银行控股公司法》有关金融与实业分离的规定，但因为它们借出的资金并非民众存款，而且它们的活动是辅助汽车销售业务，监管机关也就睁一只眼闭一只眼。这些借贷业务所做的正是金融业应该做的事：稳定和促进商品的生产与消费（在汽车业的例子中，商品是汽车）。汽车业的成功让其他产业也迅速跟进：通用电气 1943 年成立通用电气资本（GE Capital），为购买该公司的收音机、冰箱和电视机的消费者提供贷款，也为购买发电机、引擎和其他工业机械的商业客户提供贷款。

在 1960 年代美国企业重组时期，二战之后快速的经济增长显著放缓。欧洲和亚洲的重工业已经重新站稳脚跟，而在美国，以厄尔·沃伦（Earl Warren）为首的最高法院扩大了反垄断法的适用范围，禁止产业之内的合并（最高法院认为经济力量过度集中有碍社会公正）。为了维持增长和赢利能力，美国大企业开始转型为跨产业的综合集团，同时涉足许多没有相互关系的业务。

在企业经营多元化的过程中，金融逐渐从一门会计和预算编制技术升级为一门决策"科学"。因为这些企业不再专注于某项特定产业，金融专业人员开始取代特定产业专家成为企业高层。相较于过往的企业高层与在一线生产商品和提供服务的员工，这些金融专业人员往往对企业或相关产业认识有限。不过他们深信不管是哪个产业，企业的绩效都可以借由精细的成本效益分析加以优化。在他们眼中，企业的每一个单位都是可买卖的金融资产，应根据其赢利能力加以评估，据此决定扩大业务或裁员卖出。

在 1960 年代日益壮大的去中介化（disintermediation）趋势中，美国大企业开始自行发行和买卖大量商业本票，不再需要银行当中间人。而伴随着股东价值管理模式（包括重视短期绩效和股价表现）日渐主导企业策略，这些金融化趋势在1970年代的货币动荡时期和1980年代加速发展。此时，里根政府推动的金融法规松绑不但放松了政府对金融业的控制，也模糊了长期以来的金融与实业疆界。1982年，美国全国性银行的主要监理机关货币监理署正式批准非金融企业经营"非银行的银行"（nonbank banks）。只要这些非银行金融机构不同时提供商业贷款和接受活期存款，它们就不会被视为正式银行，因此不受银行控股公司法规和美联储的管制。

随着金融人员主导企业管理层，加上股东价值运动导致企业更渴求获利，这些法规松绑提供了"在缓慢增长的经济中快速发展"的新方向。许多企业因此在1980年代扩大金融业务范围。1985年，GMAC进入房贷市场，推出与汽车产品完全无关的金融服务；福特则收购了第一全国金融公司（First Nationwide Financial Corporation），进入储蓄和住宅贷款市场。在随后十年里，GMAC和福特汽车信贷皆扩展业务至保险、银行和商业放款领域。

在韦尔奇领导下，通用电气的跨界发展极为积极：通用电气资本从为客户提供分期付款扩展至小企业贷款、房地产、房屋抵押贷款、信用卡和保险等业务（稍后再细论）。美国零售业巨头西尔斯（Sears）1981年进入房地产经纪和证券业务，1985年发行名为"发现卡"（Discover Card）的信用卡，提供包括储蓄账户在内的一条龙金融服务。美国电话电报公司（AT&T）同年成立金融部门，1992年进入小企业贷款市场，很快成为全美最大的非银行放款机构之一。

银行业务对这些绩优公司来说有利可图是因为它们拥有庞大资产以及最高的AAA级信用评级，能借此以低于家庭、小企业或甚至银行的利率借入资金。这些企业的金融部门再以较高的利率将这些资金借出去，不只用钱生钱，而且风险很低。这是因为这些企业已经与它们的消费者和其他企业有所互动，它们能比银行接触到更多潜在客户。而且这些金融机构不是银行，它们不受规范银行跨州分行的法规限制。有人甚至认为，这些企业因为熟知产业内幕和民众消费模式，比银行更有能力准确评估各种业务的潜在报酬。

毫不意外，"非银行的"银行激增使美联储感到困扰，也使传统银行备受威胁。美联储担心愈来愈多金融活动发生在其管辖范围之外，传统银行则担心它们的市场占有率萎缩和不公平的新竞争环境。为了限制非银行放款机构进一步扩张，美联储1984年扩大了对"活期存款"和"商业贷款"的定义。但是，两年后，此举遭到最高法院否决。社区银行强烈敦促国会阻止更多非银行金融机构创立，但对于应该如何修订银行法却很难取得共识。这显然不是银行业者希望看到的那种金融法规松绑。

1987年颁布的《银行业公平竞争法》是多重妥协的产物。它扩大了"银行"的定义，将联邦存款保险公司承保或接受活期存款并提供商业贷款的所有金融机构纳入其中，但明确豁免产业贷款公司（ILC）、信用卡银行、有限目的信托公司、信用合作社和储蓄协会。一些已经在金融市场建立稳固基础的非银行机构得以沿用旧法规，它们的金融活动因此不受影响（如果适用新法规，这些活动会遭禁止）。

《银行业公平竞争法》对产业贷款公司的豁免特别值得注意，因为它实际上为非金融企业进入银行业开了一扇窗。美国在20世纪初就已经有产业贷款公司，而它们最初的目的是为产业工人提供贷款。这些工人有稳定的收入，但往往无法提供抵押品以取得银行贷款。随着银行逐渐进入此市场，产业贷款公司把业务扩展至其他银行业务，但美国国会起草《银行业公平竞争法》时，产业贷款公司在金融业的运作规模微不足道（1987年时，整个产业贷款业仅控制42亿美元的资产，商业银行控制的资产则高达3.5万亿美元）。但在《银行业公平竞争法》颁布后不久，通用汽车公司取得产业贷款经营执照。其他许多非金融企业紧随其后，希望借此进入金融市场。到了2007年，产业贷款业总资产膨胀至2 703亿美元。2000年代初，零售商塔吉特（Target）15%的总利润来自信用卡业务——难怪这家公司的所有收银员都接受了推广"红卡"的培训。宝马（BMW）、大众汽车（Volkswagen）、哈雷戴维森（Harley-Davidson）、优比速（UPS）快递公司和高档百货公司诺思通（Nordstrom）全都提供银行产品，包括商业贷款、房屋净值贷款（home equity loan）、信用卡和支票账户。零售业巨头沃尔玛在1999年和2005年两度打算取得产业贷款经营执照，但因为社区银行业者、工会和其他零售商的强烈反对而未能成功。

在诸多发展中，一般消费者最常接触到的是联名信用卡。早期的分期付款方案方便消费者购买高单价商品如汽车和钢琴，商家提供的信用卡服务与此不同——它们向消费者承诺会提供购物折扣、积分和顾客忠诚方案，借此说服消费者使用信用卡来购买服饰、家具、电器和电子产品。这些福利远远低于这些信用卡的高昂利率——有些联名信用卡的利率高达一般信用卡的两倍。2016年，折扣零售商科尔百货（Kohl's）的信用卡收入贡献了35%的公司利润，梅西百货（Macy's）的信用卡收入更是高达总利润的近40%[①]。由于信用卡业务极其重要，梅西百货与其说是一家百货公司，不如说是一家信用卡和房地产公司，因为这两项业务贡献了这家公司一半以上的年度营业利润。梅西百货的收银员经常敦促顾客办信用卡（他们坚称"好处多多"），因为他们的生计十分仰赖他们推销信用卡的能力。

航空公司也间接受惠于它们的联名信用卡。持卡人用这些信用卡购物时，合作的银行会从中抽成（它们向店家收取事务处理费），然后利用此收入的一部分向航空公司购买里程，作为"奖励"回馈给持卡人。业务产生的收入，可以高达航空公司总营收的12%。消费者实际上通过他们的日常消费，自掏腰包购买这些里程，但往往认为这些里程是他们对某个品牌忠诚而得到的奖励。

1999年的《金融服务业现代化法》消除了一些企业用

---

① Corkery, Michael and Jessica Silver-Greenberg, "Profits From Store-Branded Credit Cards Hide Depth of Retailers' Troubles," *New York Times*, May 11, 2017.

来建立金融子公司的储贷机构漏洞（但产业贷款公司这个漏洞不受影响），暂时强化了金融与实业的分隔。但这些限制并未能抑制非金融企业利用金融活动获利的野心。一些企业开始模仿对冲基金，动用资金投资于金融市场。试图重塑零售业的兰珀特（Edward Lampert）就是一个好例子。西尔斯与凯玛特（Kmart）2005年合并后，兰珀特将公司的零售业务产生的现金流拿来进行投机交易。在2008年金融危机的前一年，西尔斯三分之一的税前利润来自金融投机交易。在当时，兰珀特因为他看似高明的金融操作被誉为下一个巴菲特。

同样，安然（Enron）在2001年破产之前，与其说是一家能源公司，不如说是一家大宗期货和衍生工具交易公司（我们稍后会再讨论）。安然创立了电力交易市场，它的交易大厅每天处理25亿~30亿美元的大宗期货交易。一名华尔街分析师2000年估计，标准普尔500指数成分股近40%的盈利来自放款、交易、创业投资和其他金融活动，当中的三分之一由非金融企业赚取[1]。

金融化使美国企业的焦点从生产和销售转移到其他方面，损害了核心业务的稳定性和增长潜力。在西尔斯，因为许多零售业务产生的现金流被导向金融活动，可用于店面装潢和广告宣传的资金显著减少。在兰珀特的管理下，西尔斯每平方英尺店面的维护费用仅为1.5~2美元，远低于零售业

---

[1] https://gregip.wordpress.com/2002/06/10/credit-window-alternative-lenders-buoy-the-economy-but-also-pose-risk/.

6~8美元的标准。这些做法和其他成本削减方案推高了员工的流动率，导致服务质量低下。消费者自然开始把在西尔斯和凯玛特购物视为可怕的体验，逐渐改去其他商店。

更可怕的是公司内部劳资关系的恶化。金融化提供了一种不用实际生产就能获利的手段，因此削弱了资本与劳动之间的相互依赖关系。专门的产业知识、经验丰富的劳工、生产性投资和产品创新曾经是造就一家龙头企业的关键因素，但在财务工程和金融交易人才崛起之后，这些基本功不再被看重。这种颠倒的金融化世界在2004年尤其突出，当时通用汽车公布其13亿美元的季度盈利高达66%来自GMAC。此前一天，福特汽车宣布汽车业务出现亏损，但净利润仍达11.7亿美元（主要来自金融子公司）。最"有价值"的员工不再是制造和销售汽车的人，而是那些负责金融操作的人。

## 一场奉股东之名的革命

美国企业的金融转向与公司治理的快速转变同时发生。随着美国企业的全球市场占有率和利润在1970年代降至空前的低点，美国企业界和学术界均开始质疑：为什么相较于外国竞争对手，美国的阶层式大型企业集团表现如此不济？管理者和学者亟欲找到一种效率较高的治理模式来阻止帝国崩溃。

代理理论最终成为解释美国公司弊端的主流说法。在他们1976年发表的经典论文中,金融经济学家詹森(Michael Jensen)和梅克林(William Meckling)指出,公司存在的唯一目的是为股东服务,而1970年代美国公司效率低下的根本问题源自所有权与控制权不契合。因为当时公司"错误地"以公司的规模和稳定性作为标准奖励管理层,即使扩张业务导致整体投资报酬率降低,管理层往往仍致力扩张营业规模和发展多元业务。此外,因为这些经理人花的是"股东的钱",他们愿意支付员工过高的薪资福利、做慈善捐款、建造奢华的公司总部、乘坐公司私人飞机,以获得同侪、员工和社区的钦慕,而这一切全都严重浪费公司的资源。

詹森和梅克林提出的解决方案,是重新确立股东在公司治理中的核心地位,并且调和经理人与股东的利益冲突。具体来说,他们建议公司高层的薪酬要增加股权激励,借此使经理人更倾向站在股东的立场行事。综合企业集团应缩小业务范围,集中资源发展最赚钱的业务;此外,公司的支出应该更仰赖举债融资,以确保所有投资的报酬率皆高于市场利率。管理层应受独立的董事会密切监督,并在公司股价表现不佳时予以撤换。这些建议全都鼓励公司放弃追求增长和稳定,不惜代价追求股东报酬。

如果说代理理论确定了公敌并提出战略,那么退休金改革则是提供了弹药。1974年的《雇员退休收入保障法》(ERISA)希望分散风险,建立以市场为中心的退休体系,要求退休基金持有的雇主发行的证券不得超过投资组合的10%。这引发大量退休资金外流至金融市场。《雇员退休收入保障法》有关保护员工的规定也大大提高了这些退休基金的营运成本，促使许多公司将它们的退休基金外包给金融服务业。

为了应对围绕着现金或递延给付计划（CODA）的不确定性，1978年的《岁入法》在美国税法第401条加入新的（k）项，容许从员工薪资扣款，提拨至退休金计划。没人预料到，美国的一些大型企业迅速支持这项新法规。1982年，强生、百事、彭尼百货和休斯飞机等公司开始实施401（k）退休储蓄计划。1986年，美国联邦政府也实施退休改革，以一个不大慷慨的确定给付计划和一个较为慷慨、类似401（k）计划的确定提拨计划取代联邦退休金计划。这增强了公众对确定提拨计划的信心与兴趣。1985年，确定给付计划与401（k）计划参与者的比例为三比一，但到了2010年代初，这个比例已经逆转为一比三。

大量退休储蓄涌入金融市场，在股票市场催生了共同基金这种新的巨型投资机构。共同基金是专业管理的金融公司，集合大量个体投资人的资金投资于证券。这种基金迅速成为401（k）和个人退休账户等确定提拨计划最常用的工具。图4-2呈现了美国共同基金总资产规模相较于GDP的百分比。我们从中看到，共同基金管理的资产在过去35年间稳步增长，从1980年相当于GDP的5%左右，大增至2010年代的100%左右。

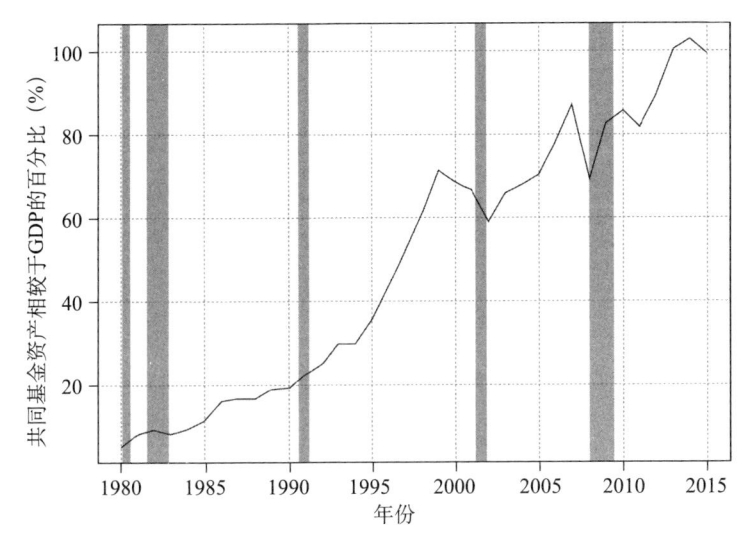

**图 4-2 美国共同基金总资产规模相较于 GDP 的百分比**

注：共同基金是一种专业管理的集体投资计划，将许多投资人的资金集合起来购买证券，是确定提拨计划和个人退休账户最常用的工具。

资料来源：世界银行、圣路易斯联邦储备银行、美联储经济数据（DDDI07USA156NWDB）。

除了共同基金，州与地方级别的公共退休基金也增加投资于股市（见图 4-3）。1960 年之前，这些公共退休基金几乎仅投资于低风险的固定收益证券，例如美国国债、政府和企业债券以及房贷。在 1960 年代，它们的投资组合开始发生巨大变化：这些退休基金通过直接持有公司股票或投资于对冲基金和私募股权进入股市。整体而言，这些风险较高的投资从 1957 年仅占公共退休基金总资产的 3% 大增至近年的逾 75%。

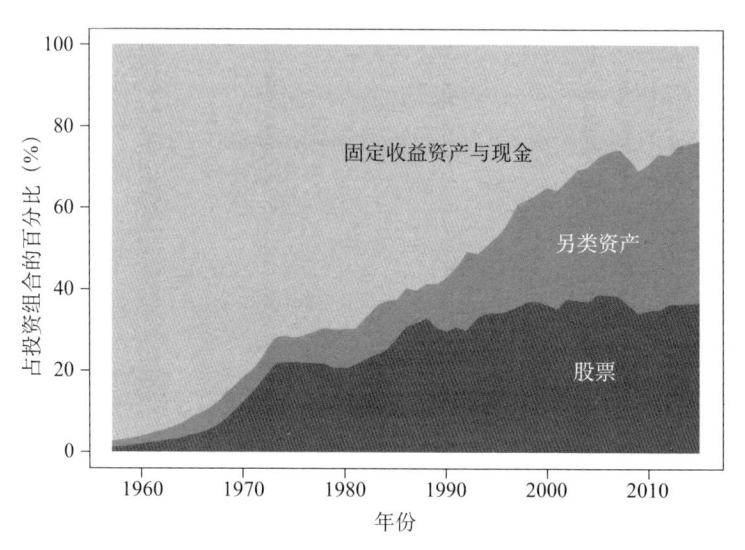

图 4-3　州与地方公共退休基金的资产配置

注：固定收益资产包括政府证券如美国国债和市政债券、公司债和抵押贷款。股票是指直接持有公司股票。另类资产包括投资于私募股权和对冲基金、外国证券、房地产和其他投资。

资料来源：1957—1992 年的数据源自公职人员退休金制度历史数据库，1993—2015 年数据源自公共退休基金年度调查。

这些变化的直接后果之一，是许多上市公司的董事席位逐渐落入机构投资人的代表手上。自现代公司面世以来，所有权与控制权之间一直存在紧张关系，但所有权的集中赋予了机构投资人与管理层谈判的空前优势。退休基金大量投资于股市，也改变了谁是股东的说法。基金经理现在可以义正词严地宣称他们努力保护的是勤劳老百姓的退休储蓄，而并非代表有钱人或"贪婪的资本家"。谁能与老百姓作对呢？

就这样，我们有了股东革命的理由（代理理论）和弹药（大型机构投资人），那么战场在哪里呢？厮杀通常发生在企业的董事会议里。1970年代的高通胀、股票空头市场加上低利率，为基金经理提供了一门新生意：他们利用债务融资大量购买股价表现疲软的公司的股票，以此取得控制权，再把公司的个别资产以高价变卖。1970年代末1980年代美国出现新一波并购潮，有些收购是在未得到目标公司同意下发生的，而银行业者往往协助（甚至鼓励）这些交易，例如提供"过渡贷款"，也收取顾问费。这些银行业者早于公众知道市场上将出现怎样的公开收购要约，因此可以在股市提前建立仓位，并在合并消息宣布时获利了结。

为了维持控制权，企业高层开始采用"毒丸防御"和"黄金降落伞"等策略避免公司被外人恶意收购。前者容许既有股东以折扣价格购买更多股票，借此提高外部收购的成本。后者则保证最高层在失去公司控制权时可以得到丰厚的离职补偿。在若干备受瞩目的案例中，管理层甚至与企业掠夺者达成赎回安排，以较高的价格买回掠夺者之前买进的股票。为了抵挡收购威胁，管理层开始让公司大量负债以降低资产净值。管理层也密切监控和操纵公司的股价，这进一步助长了举债和股票回购。

当然，收购只是股东行动主义的一种极端形式。较为常见的情况是，基金经理直接向管理层或经由媒体表达他们的不满和要求较高股利。因为他们影响力巨大，大公司于是开始投入大量资源来管理股东关系。如同政治人物常耗费大部分精力取悦金主，现今的企业高层同样非常努力地与机构投资人保持良好关系。无法适应这种新环境的经理人逐渐被比较重视股东的经理人取代。

必须澄清的是，股东崛起并不意味着以长期发展为重的强势首席执行官已经绝种了。企业创始人和家族企业往往会限制可以对外销售的公司股份，或建立投票权不一的双重股权结构，借此维持对公司的控制权。双重股权结构在科技业尤其普遍。例如谷歌2004年股票上市时，创造了A、B两类股票：A股对公众发行，每股有一票的投票权（可用来参与董事选举和公司重大决策的表决），B股则由三名创始人和若干高层持有，每股有十票的投票权。2014年，谷歌推出C股，经济权利与A股和B股相同（也就是每股可获得的股息与A股和B股相同），但没有任何投票权。这种分层的股权设计将控制权集中在高层手上，可以防止外部投资人干预高层决策。脸书也在2012年发行两类股票，然后在2016年发行无投票权的股票，借此维持该公司以创始人为核心的领导方式。从这些负面案例看来，即使是最成功的首席执行官，也必须设法抑制机构投资人的影响力。

美国企业报答股东的花费倍增证明了股东价值革命大获全胜。二战之后数十年间，美国企业每年动用20%~40%的盈利配发股息给股东。然而在1982年，首位出任证券交易委员会主席的华尔街高层夏德（John Shad）决定收缩股票操纵的定义之后，企业向股东发放的现金随后大增。夏德的做法为股票回购打开了闸门。因为回购可以减少发行在外的股份而提高股价，即使公司财务状况没有实际的改变，回购仍可制造绩效较佳的假象。1984年，股息和股票回购总金额跳升至相当于企业总盈利的80%左右，1986年更是超过100%（见图1-2）。如今美国企业经常动用大部分盈利报答股东，甚至不惜为此举债。

股东主义的胜利在股票市场也显而易见（见图4-4）。美股从1970年代初到1980年代初低迷了十年之久，随后开始飙升。直到1980年代末，标准普尔500指数的起伏并未大幅偏离GDP的增长。两者脱钩始于繁荣的1990年代，美股随后的飙升速度超过美国经济增长（2008年金融危机期间除外）。美联储在主席格林斯潘（Alan Greenspan，1987—2006年在任）领导下维持低利率政策，以及2009—2014年为了刺激经济复苏而推行量化宽松政策，也将储蓄从债市推向股市，进一步促使美股价格偏离经济基本面。

为了具体解释金融转向如何改变美国的大企业，我们接下来要比较仔细地审视两家公司。它们一度被视为企业龙头，是金融化时代的成功典范。其中一家公司在2000年代初的一场大灾难中关门大吉，另一家则仰赖政府和私人援助，勉强度过2008年的金融危机。但两者都显示了企业的金融化发展。

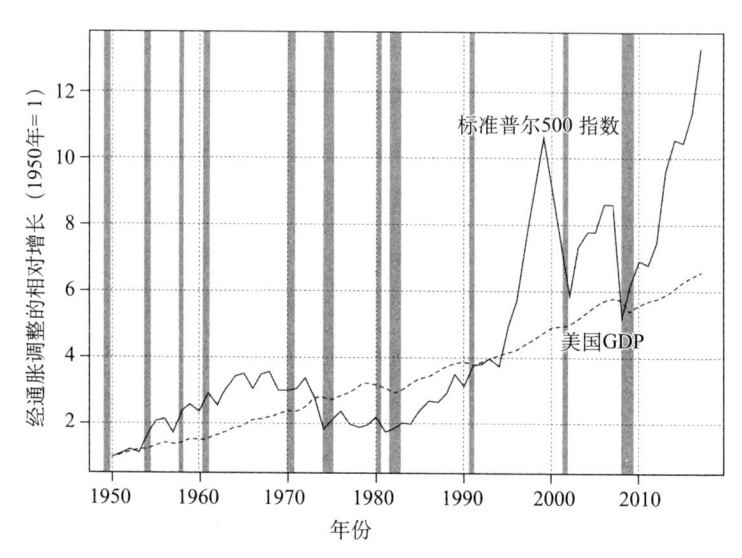

图 4-4 经通胀调整的美国股市表现

注：标准普尔500指数以每年12月第一个交易日的收盘价为准。与道琼斯工业指数不同的是，标准普尔500指数是市值加权的指数，而且成分股较为多样，更能代表美国股市。图中两个趋势均采用消费者价格指数做通胀调整，并以1950年的数值做标准化处理。

资料来源：标准普尔；美国经济分析局，国民经济统计，表1.1.5。

## 通用电气：闪亮的山巅之城

通用电气成立于1892年，由多家公司合并而成，包括爱迪生灯泡公司、爱迪生机械公司和爱迪生电灯公司等。七年后，通用电气股票上市，成为道琼斯工业指数最初的十二只成分股之一。通用电气成长迅速：1955年《财富》500强排行榜面世时,通用电气是美国第四大企业。1981年,传奇人物韦尔奇成为通用电气首席执行官,当时该公司是美国战后经济的典范企业。它提供劳工梦寐以求的雇佣合约:终身雇佣、高工资、医疗和退休福利一应俱全。通用电气的员工在整个职业生涯享有稳定的工作、固定加薪和许多晋升的机会。这些做法不只造福员工也振兴美国经济,这是因为截至1980年,通用电气是美国第四大企业雇主。

作为通用电气史上最年轻的董事长暨首席执行官,韦尔奇开创了一种重视追求利润甚于对员工忠诚的新企业范式。韦尔奇早年对通用电气内部的官僚主义深感挫折,因此自然倾向支持股东价值管理模式。他认为建立精干而灵敏的组织、大砍多余的层级和公司的繁文缛节,对提高效率和利润至关重要[1]。韦尔奇的口号是"修好它,关掉它,不然就卖了它"(Fix it, close it, or sell it)。在他领导公司的头五年里,韦尔奇出售了71个业务部门并裁减掉超过10万名员工。这为他赢得"中子弹杰克"(Neutron Jack)的绰号——中子弹是一种战略核武器,可以大规模杀伤敌方人员但不怎么破坏建筑物和设施。

在韦尔奇领导下,通用电气的盈利增加了78亿美元,但当中50亿~70亿美元来自缩编。虽然公司员工对他心存畏惧,韦尔奇却在金融圈广受赞誉。1981年,他在纽约市对投资人发表题为"在缓慢增长的经济中快速增长"的演讲,正

---

[1] 有关韦尔奇年代通用电气日常内部运作的详情,可参考 Bloomberg News,"How Jack Welch Runs GE," June 7, 1998。

式宣告了股东价值管理模式是企业王道。1999年，他被《财富》杂志誉为"本世纪最杰出的经理人"。通用电气市值从1981年的120亿美元大增至2001年的近3 000亿美元，人们认为韦尔奇对此厥功至伟。1989—2001年，通用电气在48个季度中有46个季度达到或超越分析师的业绩预测，但这个空前的纪录在韦尔奇退休后被发现是财务作假的结果。

通用电气的非凡增长源自韦尔奇的不择手段。在他领导下，通用电气实施被称为"活力曲线"或"考绩定去留"的年度绩效考核，强制要求经理人推荐表现最好的20%员工接受更多栽培，而表现最差的10%员工则马上被解雇。韦尔奇将接受栽培的员工称为"产品"（products），而"产品开发"由经理人负责。韦尔奇并不允诺终身雇佣，但认为公司为通用电气员工提供的培训可以确保他们将来一定有工作——即使那是在其他公司。通用电气的竞争对手迅速采用韦尔奇的这种"适者生存"制度。

在革新雇佣条件的同时，韦尔奇重用哈佛商学院毕业生文特（Gary Wendt），将通用电气的金融部门改造成一部"赚钱机器"①。如同其他大型制造商，通用电气很早就设立了金融部门：早在1932年，通用电气就设立通用电气契约公司（General Electric Contracts Corporation），在大萧条时期为通用电气许多产品的顾客提供小额贷款。随着金融业

---

① 在韦尔奇领导下，通用电气确立了出售资产以填补工业部门利润缺口的做法，虽然韦尔奇后来批评一种过度重视短期利润的企业管理方式。"Losing Its Magic Touch," *The Economist*, March 19, 2009.

务自1970年代起愈来愈有利可图，继承通用电气金融业务的通用电气资本扩大信贷业务范围，不再仅为购买通用电气产品的顾客提供融资。在韦尔奇和文特领导下，通用电气资本的增长速度超过了通用电气的制造业务。此外，数十年来以小幅差距屈居第二的通用电气资本，在1992年超越通用汽车的GMAC，成为全美最大的非银行放款机构。

到了1990年代末，通用电气大部分的收入有赖通用电气资本贡献。《财富》500强排行榜开始把通用电气称为"多元化金融公司"，以反映该公司在商用不动产、住宅抵押贷款、保险、飞机、铁路车辆和信用卡融资方面的业务规模。通用电气资本与300多家零售商签约，提供的信用卡比美国运通还多。在2008年金融危机前夕，通用电气资本管理的资产多达6 960亿美元，是银行业以外最大的金融公司，全美只有四家银行的资产规模超过它。

虽然通用电气资本的金融交易提高了通用电气的整体利润，但这项业务也吸走了通用电气的工业根基的可用资源。在韦尔奇领导下，通用电气的研发支出与收入比下降了一半。公司在金融市场承担的新风险也使通用电气更容易受市场动荡冲击。2001年网络泡沫破灭时，通用电气面临了数十年的稳定增长之后前所未见的危机。通用电气的股价在三年内下滑逾60%（从2000年的近60美元跌至2003年的22美元）。

到了2007年，通用电气已经收复部分失地。金融危机爆发前夕，通用电气的股价回到41美元。但是，随着2008

年信贷迅速紧缩，通用电气资本的预期盈利大幅滑落，通用电气的股价再次跳水，2009年初跌至7美元的低点，跌幅高达83%。若不是因为政府和私人企业的援助，这家美国百年老牌企业早已破产。随着危机不断升级，通用电气要求奥巴马政府为通用电气资本的1 390亿美元债务提供担保，代价则是该公司愿意接受联邦存款保险公司的监管。除了通过公开发行股票筹集120亿美元，通用电气当时的首席执行官伊梅尔特（Jeffrey Immelt）还主动联系巴菲特，请求巴菲特个人拿出30亿美元帮通用电气止血。

金融危机之后，通用电气资本被金融稳定监督委员会（FSOC）认定为"大到不能倒"。它因此成为一家"系统性重要金融机构"（SIFI），而根据2010年的《多德－弗兰克华尔街改革与消费者保护法》，它必须接受美联储最高规格的严密监督，包括每年做压力测试、准备破产方案（也就是所谓的"生前遗嘱"），以及满足较高的资本要求。这些要求有望增强"系统性重要金融机构"的稳健性，但也意味着相较于不具有这种地位的竞争对手，"系统性重要金融机构"的赢利能力较弱。

因为这种特殊地位带来的种种限制，加上金融危机期间暴露出来的财务风险，通用电气开始逐步缩减放贷业务。2014年，通用电气借由规模高达29亿美元的首次公开募股，让信用卡融资部门Synchrony Capital成为一家独立的公司。随后其又出售通用电气资本管理的资产，把其中265亿美元的房地产资产转卖给富国银行，160亿美元的顾客存款卖给高盛。整体而言，自 2008 年之后，通用电气资本占通用电气总营收的比例有所降低，从 42% 降至 28%。这些决定让通用电气在 2016 年成功摆脱了系统性重要金融机构的身份。

通用电气终究回归到了原本的工业根基。充当通用电气集团火车头 30 年之后，通用电气资本开始被视为阻碍公司发展的负累。随着能源成本降低和外国劳动力成本上涨，制造业在美国再度有利可图。在十年里，通用电气开设了超过 20 家新工厂，增聘 16 000 名工人，而且伊梅尔特将通用电气的研发支出翻倍，并投入资金将通用电气厂房的硬软件同时升级。

至少在通用电气这家公司，金融化似乎已经走到了尽头，但金融化的幽魂还是在公司里徘徊不去。该公司董事会在 2017 年 6 月赶走了伊梅尔特，理由是他没有像韦尔奇那样积极奉行股东价值模式。新任首席执行官弗兰纳里（John Flannery）为了和前任有别，迅速宣布自己打算削减 20 亿美元支出、提升利润和提高股息。此外，虽然通用电气在伊梅尔特的监督下出售了大部分金融业务，但某些资产和负债因为没有买家愿意接手而还留在账簿上。2018 年 1 月，通用电气承认过去高估了再保险业务的赢利能力，必须认赔高达 75 亿美元的损失，并得大幅增加保险准备金。2018 年 2 月，通用电气宣布，公司可能因为在 2006 年和 2007 年违反联邦放款法律而遭受美国司法部调查。这些消息导致通用电气股价跌回金融危机时的低点，并动摇了人们以为这家公司能重现

第四章　美国企业的金融转向　*147*

江湖的信心。在叱咤风云百年之后，通用电气于 2018 年 6 月被踢出道琼斯工业指数。

**安然的完美风暴**

与通用电气不同的是，安然未能从自己的金融冒险中幸存下来。在 2001 年申请破产时，这家公司名下的资产达 660 亿美元，是当时美国史上最大的破产案。但是，一直到公司不得不宣告破产（和因此引发的调查）前夕，业界领袖仍以为万事太平，时常赞赏安然在天然气和电力产业的创新。作为一家长期健在的能源公司，安然于 1980 年代末 1990 年代初迅速发展，获得投资人和业界领袖的赞誉。1990 年代末，一连串的失败交易导致安然盈利萎缩，但其股价在财务操作支撑下仍然高涨。随着这些操作在破产过程中曝光，安然的种种"创新"看起来比较像是欺诈。政策制定者将安然描述为受贪婪和腐败驱动的"害群之马"，在抨击安然肆意妄为的同时，人们时常忽略金融化在其中的关键角色。

从一开始，安然就自认是一家"新型公司"，完全支持股东价值。公司创始人雷伊（Kenneth Lay）是一名浸信会牧师的儿子，专业背景为经济学。雷伊有两大信仰：自由市场和基督教价值观。1970 年完成博士学位后，雷伊在尼克松政府的内政部担任主管能源事务的副部长，在任内负责为企业解除管制的工作。他的公职生涯相当短，回到能源业后利用自己的内幕知识和人脉，从能源市场法规松绑中获利。雷伊很快就成为休斯敦天然气公司的高层，然后与总部设在奥马哈的北际（InterNorth）公司达成合并协议，1985年因此诞生的公司就是安然。

1991—2001年短短十年，安然的收入因为金融化从135亿美元膨胀至1 010亿美元。1989年，安然创立天然气银行（Gas Bank），这个部门保证生产商和批发买家能以固定的价格买卖未来的天然气供给。这个金融部门由哈佛商学院毕业生、前麦肯锡顾问斯基林（Jeffrey Skilling）领导，为安然带来巨额利润。天然气银行很快扩展为安然资本与交易（Enron Capital & Trade），成为能源商品与衍生工具最大的造市商，涉足的衍生工具包括电力、煤、钢铁和水的掉期合约、期权合约或期货合约[①]。在网络泡沫高峰期，安然甚至进入宽带电

---

① 掉期（swaps）合约是指缔约双方约定在未来某个时候交易，而交换的是目标资产的市价和某个固定价格。期权合约是买方取得以约定价格买进或卖出目标资产的权利（而非义务）。期货合约则要求缔约者在未来某天以约定的价格买入或卖出目标资产。为了说明安然或其他公司如何锁定未来的价格，我们以一家航空公司为例：这家航空公司担心燃料成本上升，希望锁定油价。它可以购买石油的期权，获得在未来约定的日子以约定的价格购买石油的权利（而非义务）。因此，如果2017年4月时一桶石油的价格为49美元，该航空公司可以买进期权，获得在2018年4月以每桶50美元的价格购买石油的权利。如果那时油价已升至每桶100美元，该航空公司将会行使权利，以每桶50美元的价格购买石油，借此稳定营运成本。但如果油价跌至40美元，该公司就不会以50美元的价格购买石油，而是会以40美元的市价购买石油。简而言之，期权之类的金融衍生工具使动荡市场中的行为者得以尽可能降低未来的风险。

信市场,打算像买卖其他大宗商品那样买卖网络带宽。

1990年代,安然的金融转向使它的身份从能源生产商转变为交易商,而该公司也因重心转移卖掉了北美逾5 000英里的油气管道。前银行家斯基林的本领并非仅限于买卖和做交易,他还非常擅长"安排"安然的盈利。他采用证券业的主流做法,在安然实施按市价评估(mark-to-market)的会计方式,借此抬高安然的总资产价值。按市价评估这种会计方式并非根据资产的历史成本衡量其价值,而是以资产的"市价"作为评估基础。斯基林声称这种做法可以更准确反映安然的资产额,"舍此别无他法"。但是,由于安然持有的许多资产并没有公开的市场,按市价评估往往变成按模型评估(mark-to-model),也就是基于盈利预测评估资产的价值。安然因此得以宣称它从尚未产生任何收入的资产获得了利润——而且是以最为乐观的盈利预测作为评估基础。这种会计方式予人安然快速增长的印象,尽管最后成功的投资项目其实很少。

为了将这些赔钱资产隐藏在安然的资产负债表之外并维持高额股价,斯基林找来了西北大学凯洛格管理学院的工商管理硕士和前金融业人员法斯托(Andrew Fastow),帮忙建立了数千家特殊目的公司(SPE)[①]。许多这些地下公司隶属于"猛禽"计划(Project Raptor)——猛禽象征视力敏

---

① 当时美国财务会计准则委员会(FASB)的准则仅要求外部投资人拥有公司3%的股权。这种低门槛使安然可以轻易建立名义上独立的子公司。

锐、专门猎食地表鼠类的肉食者。这些没列在资产负债表上的"伙伴"被命名为猛禽一号、猛禽二号、猛禽三号和绝地（Jedi）一号、绝地二号之类，它们使安然得以秘密地从有违客户利益的交易中获利。猛禽计划也成为一道防火墙，使安然得以（至少暂时）与赔钱的交易区隔：光是在2000年，安然就在这些地下公司里隐藏了约5亿美元的损失，而等到计划曝光的时候，它总共已为安然掩盖了10亿美元的损失。在计划曝光的前夕，安然的高层早已把握机会，趁公司还没崩溃，悄悄将他们取得的股票期权套现。

斯基林之所以可以做这些财务操作，负责审计安然账目的安达信会计师事务所（Arthur Andersen）扮演了关键角色：因为安达信核准安然的财务报表，人们通常以为安然财务状况良好。2001年春，随着一系列的高风险投资开始损害安然的现金流，斯基林和法斯托的欺诈性信息披露方式开始令人起疑。投资人对安然的未来失去信心，纷纷抛售股票，导致安然股价从2月时的80美元左右跌至8月时的不到40美元。

因为多数特殊目的公司靠安然的高股价支持，安然股价重挫导致它必须额外发行5 800万股筹资，以免这些特殊目的公司破产。这导致安然的股价进一步下滑。安然最终决定在2001年10月结束猛禽计划，并将所有表现不佳的资产放回公司的资产负债表。这项决定也让真相大白：安然的交易业务实际上承担的风险比投资人看到的要大得多，而股价缩水恶化了这家公司的财务困境。整体而言，这次财务报表重编导致安然的损失增加5.91亿美元,债务则增加6.28亿美元,而受此影响,安然股价跌至10美元左右,信用评级则被降至仅高于"垃圾"级别。

到安然申请破产时,它已经骗了投资人超过700亿美元。参与该公司退休金计划的员工,一半以上的人损失了所有储蓄。美国劳工联合会－产业工会联合会估计,在安然倒闭后的一年里,28 500名雇员失去了他们在安然、世界通信(继安然之后爆发会计丑闻)和安达信的工作,而美国劳工则损失了1.5万亿美元的退休储蓄。安然前首席执行官雷伊和斯基林被判犯了证券和电信欺诈罪,22名安然员工被判犯了财务渎职相关的刑事罪。负责审计安然账目的安达信会计师事务所因为销毁证据(以碎纸机销毁安然相关文件),被判犯了欺诈罪,被迫结束营运。2002年,美国国会通过《萨班斯－奥克斯利法》(Sarbanes-Oxley Act),设立上市公司会计监督委员会,负责追究外部审计师的责任。这些应对措施虽然确实惩罚了少数罪犯,也改善了监督,但未能处理金融衍生工具对公司营运带来的空前风险——这种风险已经成为美国经济的一项特征。

安然这个名字如今代表企业肆意妄为的恶行,但除此之外,它也应该代表一家非金融企业金融化之后可能产生的一连串问题。安然运用衍生工具和特殊目的公司的方式,起初被视为创新和值得称道的行为,但它们实际上不过是偷鸡摸狗、饮鸩止渴的金融操作,最终导致一家龙头企业的崩溃。在这方面,安然反映了一种鼓励承担金融风险、迅速变化的企业模式的潜在陷阱，此外也说明了金融操作凌驾生产经济的潜在危险。

## 不平等的后果

谁是美国企业金融化的赢家？显而易见的赢家是金融专业人员：传统金融业以外的世界愈来愈需要他们的专业技能，也提供给他们相当丰厚的报酬。因此，随着金融成为美国企业的指导原则和主要利润来源，华尔街也就成为企业高层和其他关键人员的跳板。近年来，《财富》500强约有30%的首席执行官曾在金融领域度过他们的职涯成形期；对金融市场的敏锐度更成为企业高层的关键条件。

美国退休金制度市场化和股票价格飙涨，也使基金经理成为股东革命中的天之骄子，因为他们的薪酬是以他们管理的资产规模和创造的投资回报为计算基础。股东价值运动在美国企业界促成许多分拆、合并和收购交易，投资银行业者为此欢呼雀跃，从中获利甚丰。在《福布斯》杂志列出的美国400个富豪中，从事证券和投资业的人从1982年的24人大增至2015年的近100人。

这种金融转向最出人意表的一个结果，或许就是企业高层薪酬暴涨——照理说，他们正是企业挥霍背后的"坏人"。图4-5呈现1965—2015年美国营收最大的350家公司经通胀调整的首席执行官平均薪酬。1980年之前，这些首席执行官年薪约为100万美元。到了1990年代，美国企业开始流行以股票期权作为高层薪酬的一部分。到了20世纪末，美国最大型企业首席执行官的平均年薪达到2 000万美元，几乎是这些公司一般员工年薪的400倍。

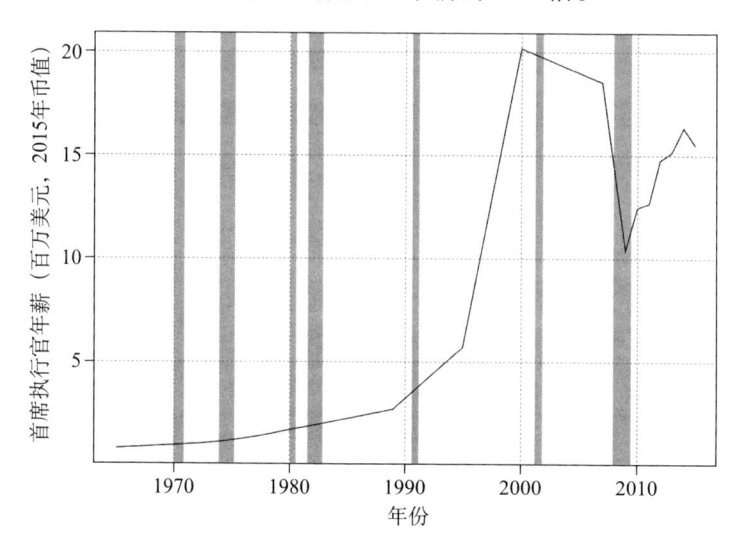

**图 4-5 美国最大型企业的首席执行官年薪**

注：首席执行官年薪采用"期权实现"（options realized）薪酬序列计算，包含美国营收最大的350家公司的首席执行官得到的工资、奖金、交易受限制的股份、已行使的期权和长期绩效奖金。

资料来源：Mishel and Schieder 2016 中的表1，利用 Compustat 的 ExecuComp。

因为股票期权使企业高层的薪酬与股市密切相关，在金融危机引发的经济大衰退期间，美国企业首席执行官的薪酬严重受挫，不过之后大幅回升。2009年，首席执行官的薪酬跌至不到一般员工薪酬的200倍，但仅仅三年间就已回升至300倍以上。2015年，这些首席执行官的平均年薪约为1 500万美元。他们不但比数十年前的首席执行官多赚超过14倍，收入也远高于其他发达经济体的同侪。彭博2016年的一项调查显示，美国企业首席执行官相较于一般员工的薪酬倍数远高于英国、加拿大、瑞士、德国、西班牙和荷兰。在瑞典、法国、新加坡和芬兰等国家，这个倍数仅在60~80区间[1]。

政治经济学家戈登（David Gordon）指出，股东价值运动并未削减管理层的权力，因为企业需要更多管理监督，才可以迫使已受挤压的劳动力产出更多价值。股东价值运动并没有使企业变得"精干高效"（lean and mean），反而借由扩大管理层的权力，使企业变得"臃肿刻薄"（fat and mean）。社会学家辛宅镇（Taekjin Shin）分析上市公司首席执行官的薪酬，发现首席执行官愈是呼应股东价值意识形态（无论是采用基于绩效的策略，还是公开表明自己的信念），董事会给他们的金钱奖励就愈多。此外，相较于没有金融背景的首席执行官，具有金融背景的首席执行官薪酬往往高得多。

管理人员的薪酬和权力提升，并非仅限于最高层。社会

---

[1] 详情参见 Lu, Wei and Anders Melin, "Ranking Where to Work to Be a Rich CEO or Richer than Neighbors," Bloomberg News, November, 16, 2016. 跨国比较本身相当困难，因为非金钱的企业福利难以追踪；因此，美国首席执行官得到的福利占总报酬比例较大的时候，薪酬差距会比较大，而这个比例较低的时候，薪酬差距较小。

学家戈尔茨坦（Adam Goldstein）检视 1984—2001 年的产业动态，发现合并与收购之类的股东价值策略与各级经理人薪酬增长正相关。企业收入分配给管理人员的比例从 1989 年的不足 17% 升至 2001 年的近 23%，而分配给非管理人员的比例则从逾 35% 降至 27%。

与此同时，一般民众并未受惠于美国企业的金融转向。虽然金融繁荣理论上会嘉惠家庭储蓄者，但在现实中，许多美国人并未投资于股市（第 6 章将再讨论这一点）。由公司提供退休福利的美国劳工比例，从 1980 年的 55% 跌至 2014 年的 40% 左右（见图 4-6）。所得中位数以下的美国劳工绝大多数并未获得任何退休福利。所得居最高五分之一的群体跌幅最为显著，他们获退休福利的百分比从 1980 年代初的 80% 降至 60% 左右。盖洛普最近一项研究显示，即使计入所有类型的投资，包括直接购买股票或间接投资于共同基金或个人退休账户，仍有一半的美国人并未投资于股市。

即使是有钱在股市里的另一半美国人，这些投资也不保证他们未来可以无忧养老。美国最大共同基金公司之一的先锋领航集团（Vanguard Group）指出，2013 年，55~64 岁客户的储蓄中位数仅为 76 381 美元，显然不够退休所用。许多储蓄账户里没什么钱，一部分原因是这些账户索取高额管理费，另一部分原因是许多家庭在经济不景气时得将价格大跌的股票变现好贴补家用。因此，美国退休保障研究所（National Institute on Retirement Security）的问卷调查显示 86% 的美国民众认为美国正面临退休危机、四分之三的人对自己的退休前景非常焦虑，也就完全不令人意外。

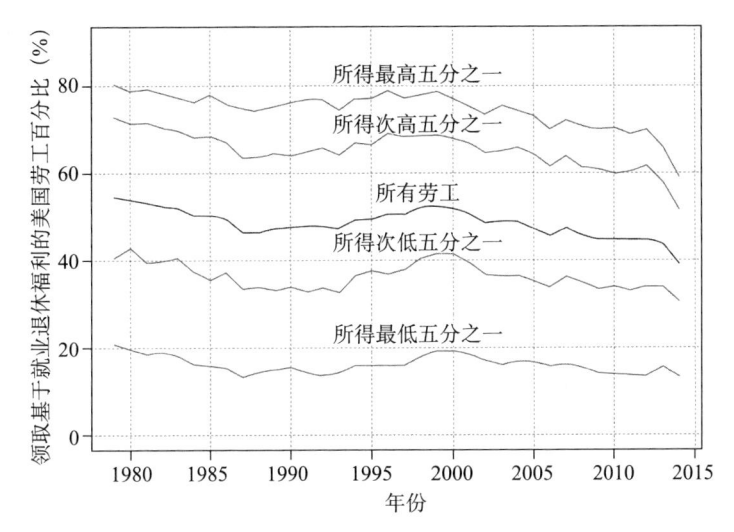

**图 4-6　领取退休福利的美国劳工百分比**

注：数据涵盖所有 25~65 岁的私人部门雇员。当前人口调查于 2014 年重新设计问卷，据称这是导致 2013 年和 2014 年数值较低的一个原因。

资料来源：美国劳工统计局、当前人口调查社会经济年度附录。

股东价值运动为何导致这些意想不到的后果？部分原因是：在处理代理问题的过程中，股东价值革命在基金经理与个人投资人之间制造出一个新的代理问题。社会学家多宾（Frank Dobbin）和郑智旭（Jiwook Jung）认为，股东价值管理实际上创造的是"基金经理价值"。因为基金经理的薪酬是以投资组合的年度报酬为评估基础，但若投资出现亏损却不需要自己掏腰包赔偿，因此他们有追求短期获利的诱因。此外，股市跌宕起伏对他们更有利，这鼓励他们助长而非刺破泡沫。同样地，分配到股票期权的企业高层在公司股价上涨时获利巨大，而如果公司股价跌破期权指定的认购价，他们也没有任何损失。加上他们任期不长，这种诱因结构鼓励企业首席执行官奉行高风险策略，而非致力于促进公司的长期持续发展。

除了危害数以百万计的美国退休人士的未来，金融化也摧毁了美国社会的"基本协议"——只要你愿意努力工作，你和你的家人就能过上小康生活。随着非金融企业开始仿效银行和投资公司，原本用于生产和销售商品的企业资源，转而投资于金融子公司和市场。更多资金投入到抵押贷款、信用卡债务、商业贷款和衍生工具交易中，对人力资源开发和业务创新的投资大幅减少。在金融危机引发经济大衰退之前，最依赖金融收入（如利息、股息和资本利得）的产业往往劳动所得占比较低、高层薪酬较高，而且所得不平等较严重。依赖金融收入造成盈余的多寡与本业脱钩，导致股东和管理高层能将公司赚的钱整碗捧去。

随着金融专业人员开始主导大企业的经营方式，压缩成本成为通往荣耀之路。除了工资停滞不前（见图 2-3），美国多数劳工如今面临更不稳定的就业状况。大规模裁员曾被视为管理失败的结果，如今却成了促进股东价值的当红策略。裁员的受害者已经从中西部的蓝领工人扩散至东西两岸的白领。为了保持利润导向的灵活性，许多企业取消稳定的正职工作，代之以能够随意解雇的兼职人员或临时工。

除了大规模裁员，美国最大型非金融企业的营业额与雇佣规模在 1980 年代开始分道扬镳。也就是说，随着产业龙头在美国经济有更大的影响力，它们雇用的劳工数量占全美劳工的比例反而降低了。这种脱钩在某种程度上受到金融化驱动。金融业务的高获利，以及华尔街文化主导美国企业界，皆促使企业高层涉足金融活动以寻求更高的报酬。与此同时，许多企业高层认为所有投资活动都应该用债务加以约束，而公司存在的目的是股东价值最大化，他们因此不再一心促进增长。如今他们不再致力于策划设计新产品，而是致力于借由债务融资和股票回购来操纵公司股价。原本用来创造就业的企业资源，愈来愈多转移到金融操作上，包括付钱给债权人和股东。

在私募基金这样极端的行业中，经济学家阿佩尔鲍姆（Eileen Appelbaum）与巴特（Rosemary Batt）也观察到类似情况。为了尽可能提高投资报酬，私募基金往往利用所收购的资产大量借贷，并实施严厉的成本削减策略，而这两种做法既牺牲了被收购公司的财务稳定性，也损害了员工的就业保障。最近一个例子是玩具反斗城破产：私募基金贝恩资本（Bain Capital）、KKR 和 Vornado Realty Trust 收购这家公司的时候在它的财务报表上加了超过 50 亿美元的债务。因此，即便玩具反斗城面对网络商家竞争仍保持稳定的收入，一大部分的收入也都被拿去偿债。最后，这家公司的 735 家门市在 2018 年全部关门大吉。33 000 名员工在没有遣散费的情况下失去了工作。然而此时首席执行官布兰登（Dave Brandon）早已逃离沉船，在公司完成破产申请前领取了上千万美元的"黄金降落伞"补偿。

除了削弱就业，金融化也助长了破坏劳资协议的其他变化。社会学家弗雷格斯坦（Neil Fligstein）与辛宅镇指出，在许多不同产业，并购之类的股东价值策略盛行，与计算机技术投资增加和加入工会的劳工比例降低有相关性。米尔贝格（William Milberg）则指出，金融化也助长了生产制造的全球分化（global disintegration of production）：为了在缓慢增长的经济中为股东创造利润，美国企业将生产活动迁移至发展中国家，这进一步损害了一般美国人的经济前景。

政治经济学家达西隆（Thibault Darcillon）也提出了重要的观点：金融崛起时常破坏用于保护劳工的劳动市场制度。他发现，在经合组织各成员国之间，金融化借由降低工会密度，瓦解集体设定工资的做法，以及缩减集体谈判协议的适用范围（导致非工会劳工较难享有与工会成员相同的就业条件），削弱了劳工的议价能力。金融化也削弱正式员工免受个别解雇的保障，放宽了对临时雇用的规范，并且让大规模裁员更为容易。其他学者则发现金融化常削弱集体工资谈判（coordinated wage bargaining）并创造低薪公司。这些研究共同显示，金融化不只将资源从非金融产业吸到金融业，还从根本上改变了经济结构。驱动美国战后经济繁荣的劳资协议在许多方面受到冲击：企业变得脆弱，替代劳动力的技术开始普及，外包盛行，工会受到打击，劳动保障受损。结果是流向劳工的国民所得比例降低，稳定的工作减少，经济资源集中在少数人手上（和钱包里）。

## 总结

除了将所得转移到金融业，金融化对实体经济的所得和就业动态也有广泛影响。着眼于1970年代以来美国大企业的金融转向，我们看到，非金融企业主动以及被动地扩大了金融市场参与，借由向家庭与小企业放款以及买卖股票和其他证券获利。与此同时，股东价值治理模式崛起将华尔街的逻辑和做法引入实体经济，使股票价格成为衡量企业表现的唯一标准。

虽然在20世纪上半叶，通用汽车和通用电气等大型制造商已经开始向它们的顾客提供金融服务，但这些服务的主要目的是促进公司产品如汽车和家电的销售。然而随着金融在1970年代成为有利可图的诱人生意，这些服务开始自行扩张。它们的顾客不再限于那些想购买汽车、钢琴和冰箱的人，而是扩大至需要信贷的所有小企业和家庭。提供金融服务的非金融企业快速增加，长期以来金融与实业的分隔因此变得模糊。

除了传统的银行业活动，一些公司也找到进入高阶金融领域的途径。2005—2008年，西尔斯利用大卖场产生的现金投资于高风险衍生工具，经营方式变得比较像对冲基金而非零售业者。在 2001 年倒闭之前，安然从能源生产商转型为各种商品（包括天然气和网络带宽）的交易商。金融从辅助性质的次要活动升级为公司的主要利润来源，导致这些公司可投资于生产性资产和就业的资源减少，而且往往因此承受巨大的财务风险。

在这些一般企业纷纷扩大金融业务的同时，美国的公司治理模式也出现巨大变化。20 世纪初以来主导企业界的管理主义在 1970 年代的危机中受到质疑，最终被股东价值模式推翻。在基金经理和企业管理顾问倡导下，这种新的治理模式认为企业存在的唯一目的是为股东提供财务报酬。

为了增强股东在公司治理中的核心地位，金融经济学家提出各种奖惩手段，包括提供基于股票的薪酬，鼓励公司高层奉行缩编和股票回购等策略以立即刺激股价。此外，企业广泛利用债务作为资本的来源和对收购的吓阻，导致企业承受沉重的财务压力。这种对股东价值的重视确实将股市推升至空前的高位。

但是，对股市有利的事，对多数美国人不一定是好事。在美国企业的金融转向过程中，受益者明显是基金经理和企业高层。基金经理的薪酬是以他们管理的资产规模和创造的投资回报为计算基础。蓬勃的金融市场即使并未反映经济现实，也使这些金融专业人士大发利市。而随着股票期权成为企业高层薪酬的主要部分，他们受惠于膨胀的股价。与此同时，只有不到一半的一般美国人拥有 401（k）或个人退休账户①，而在金融市场动荡时，他们也无法受惠于金融投资。当然，我们总是可以设想一些兼职和随时待命的劳工如何因为多头市场间接得益，但这些人的工作之所以不稳定，正是拜金融化所赐。

金融化不但辜负了一般美国劳工，还从根本上破坏了美国的劳资协议——根据这个协议，经理人完全控制企业，劳工则享有就业保障，并获得可以满足生活需求的工资。股东价值最大化成为最高要求，导致原本用于商品和服务的供应和开发的企业资源，转而投资于金融业务，加快了劳动在国民所得中的占比下降、所得差距扩大以及就业增长停滞等趋势。

非常重要的是，金融崛起也助长了不利于劳工的趋势，从而损害美国劳工的生计。为了追求股东价值，企业采用新科技，取代了加入工会的劳工（从而削弱在美国倡导劳工权益的主要组织）。外包出去的工作主要流向没有工会的公司和人力派遣业者，制造出大量剥削劳工的非标准工作。削减成本的使命也助长生产制造的全球分化，不但将工作转移到低工资国家，还为这些国家的劳工制造危险的工作环境。许多美国家庭如今要靠借钱生活也就不足为奇。

---

① 美国政府问责办公室（GAO）一项研究发现，即使在 55 岁以上的民众当中，仍有约一半的人没有退休储蓄，29% 的人既没有退休储蓄账户，也没有确定给付退休金计划：http://www.gao.gov/products/GAO-15-419。在这个群体中，41% 的人并不拥有房子。

# 第五章 背债的美国人

你想知道什么比在脱衣舞夜总会挥霍更重要吗?

信用额度。

——杰斯(Jay-Z),《O.J. 的故事》
(*The Story of O.J.*),2017 年

在前面两章，我们讨论了金融崛起如何扩大美国的经济不平等。这个过程当中，家庭债务大增是非常重要的一环（见图1-4）。1980年以前，美国家庭债务平均约为年度可支配所得的65%。随后20年间，家庭债务稳步增加，与可支配所得的比率在2002年升至100%以上。这种趋势于2000年代持续，并在大衰退爆发时达到132%的历史高点。不当放款当然是债台高筑的一个原因：例如次级房贷业者以低廉的最初还款额引诱低收入家庭借款购房，但几个月后实际利率生效，许多家庭就再也无力偿还房贷。

这种不顾后果的掠夺式放款行为无疑会造成伤害，但美国家庭背负的债务不断增加，对不平等有何影响并不是那么简单明确。

一方面，家庭债务增加可能代表经济状况的差异加深了：愈来愈多美国家庭入不敷出，必须举债度日。债务负担加重可能导致这些家庭的财务状况持续恶化，洞愈补反而愈大。信用扩张的得益者是现代高利贷者，他们以经济状况脆弱和财务不稳定的人为猎物。

另一方面，这种趋势可能意味着金融化使更多家庭负担得起中产阶级的生活水平，因此减轻了消费不平等。在金融化时代，美国家庭获得信贷的机会大大增加，他们因此得以购房买车、接受高等教育以及购买各种消费品。这些新出现的机会可能提高了一般美国家庭的生活质量，改善了他们的长期经济前景，并使贫者与富者有较平等的机会获得商品和服务。你甚至可以说，债务与可支配所得的比率①夸大了美国家庭债务负担的增长幅度，因为这些家庭的借贷利率比以前低得多，而这一切全都拜金融化所赐。

事实上，如果我们将关注点从美国家庭的负债总额转移到他们的偿债支出，整体趋势看起来便非常不同。图5-1呈现了美国家庭的债务负担，以偿债支出相对于个人可支配所得的比率为指标。相较于图1-4呈现的负债急增情况，我们看到美国家庭的债务负担大致稳定，而由此看来，负债增加主要是受到债务成本降低所驱动。美国家庭平均用10%~13%的收入偿债。

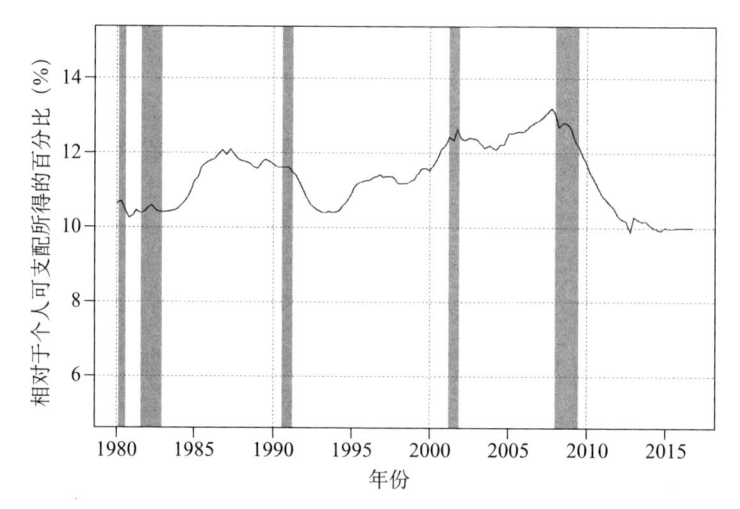

**图5-1　家庭偿债支出相对于个人可支配所得的百分比**

注：以美联储经济数据中的家庭偿债支出除以个人可支配所得得出。

资料来源：圣路易斯联邦储备银行、美联储经济数据。

---

① 家庭背负的债务与家庭年度税后所得的比率。

本章将指出，无论是对家庭债务增长乐观或悲观的解读，两者都未能充分理解这个现象。这是因为国家层面的经济数据掩盖了这个重要事实：负债总额和债务负担在美国家庭中的分布并不平均。必须注意的是，欠很多债的人，债务负担往往并不沉重。富裕家庭有大量债务，但这并不代表他们的财务岌岌可危，而是反映他们比其他人容易获得信贷和积累财富。房贷和学生贷款使这些家庭不必动用储蓄或投资，而相较于这些贷款的利息成本，他们的储蓄或投资往往可以为他们带来更多报酬或税务优惠。也就是说，对上层阶级家庭来说，欠债其实很划算。

中产阶级家庭的财富比有钱人少，但仍比穷人容易获得信贷，他们在金融化时代背负了更多债务——相较于他们的净资产，他们的债务增加了。因此，相较于净资产，这些家庭的债务负担也往往有所加重。可以取得信贷使这些家庭得以提升教育程度、改善生活方式以及维持"输人不输阵"的消费，但这些债务也使他们承受更大的财务风险。许多美国家庭因为没什么储蓄，只要一失业或生重病，就可能保不住自己的房子。

至于低收入家庭，他们并未因为信贷扩张而得到很多好处。这些家庭多数没什么机会可以从主流放款机构那里获得信贷。少数借到钱的人必须承受高昂的信贷成本，而这种负担可能会摧毁他们的财务状况。因此，除了那些原本已经拥有丰富资源的家庭，信贷扩张反而使多数美国家庭在经济上变得脆弱。这种情况非常讽刺，因为信贷一直被宣传为解决社会不平等的市场化方案。

在本章，我们要检视金融化如何借由家庭债务扩张而加剧了不平等。我们指出家庭债务扩大家庭间不平等的三个主要途径。第一，美国家庭获得信贷的机会并不平等。最需要信贷的家庭最不可能获得信贷；而如果有幸获得信贷，这些家庭将因此背负非常沉重的财务负担。第二，有钱人有大量机会获得成本低廉的信贷，他们也常利用借贷来增加财富。因此，有钱人把信贷当成一种资源，穷人则必须支付高昂利率。第三，尽管政策制定者长期以来一直倡导利用信贷来解决工资和劳动市场的不平等问题，但信贷扩张不足以解决经济困境。信贷虽然可以为有需要的家庭提供短期救济，但长期而言，它只会扩大经济差距。简而言之，信贷是治不好社会不平等的一个偏方。

我们首先回顾历史，说明消费金融如何在20世纪被视为不平等的解药和经济增长的催化剂，以及数十年来的政策如何增强消费金融在美国社会的影响。然后我们要检视信贷在美国家庭间的分配以及借贷的不平等后果。

## 美国家庭债务的历史

银行就是如果你能证明自己不需要钱，它就会借钱给你的地方。

——鲍伯·霍普（Bob Hope）

消费金融在美国有悠久的历史。这种活动起初背负污名，被视为与赤贫和轻浮有关，但随着时间的推移，最后被视为解决这些祸害的灵丹妙药。这种转变源自进步时代[①]两个经常互相竞争的利益集团出乎意料地结盟。制造商和零售商视信贷为刺激消费的手段，进步改革派则视消费信贷为能够帮助美国劳工阶级承受经济动荡的工具。两者都主张政府祭出政策，使大众有更多机会获得信贷。这种共识在整个20世纪持续，其间消费信贷和房屋贷款广受欢迎，因为这些服务能满足人们消费与购房的需求。在本部分，我们追溯消费贷款如何从一种不正当的活动变成一种广为接受的金融服务，然后在2008年金融危机爆发后成为公愤的焦点。

**信贷作为不平等解决方案的起源**

20世纪初，"好"债与"坏"债在美国有明确的道德界限。当时的卫道者大致上认为申请贷款购买农场或创业是有益的金融应用，而借钱消费则会受到谴责，被视为轻浮之举。1916年之前严格的高利贷法律将利率上限限制在6%~8%。这种限制使社区银行不愿意建立个人贷款部门，因为在低利率和没有抵押品的情况下，这种业务无利可图。需要救急的家庭没什么选择，许多人从朋友或亲人那里取得非正式小额借款，或是以赊账的方式在社区的商店购物。走投无路时，人们会求助于当铺或声誉不佳的放款人，他们愿

---

[①] 美国1890年代至1920年代的一段时期。——译者

意接受有价值的抵押品（例如手表或项链），以相当高的利率借出小额贷款。

一战之后，普通美国人可取得的信贷类型增加了。经济史学家海曼（Louis Hyman）指出定义了现代消费信贷的两项金融创新：分期付款与合法的个人贷款。分期付款使消费者得以购买高单价商品如汽车、钢琴、洗衣机、电视和冰箱。1911年，当时全美最大的零售商西尔斯开始为顾客提供分期付款方案，彭尼百货也很快就跟进。1919年，在斯隆（Alfred P. Sloan）领导下，通用汽车成为第一家成立金融子公司的美国汽车厂商；通用汽车金融服务公司为分期付款方案提供资金，借此帮助通用汽车扩大客户群。

与此同时，改革派认为，借贷是美国劳工阶级和穷人应付意外医疗费用或失业的必要手段。为了抑制掠夺式放款①，有心人设立了专门从事借款救急的非营利银行。1910年，莫里斯（Arthur Morris）在弗吉尼亚州创立第一家"莫里斯方案银行"（Morris Plan bank），向那些有可靠推荐人的劳工发放小额贷款，并安排一种特别的还款方案，以定期购买存款单的方式偿还贷款。莫里斯相信，他可以帮助借款人"借由系统性投资养成节俭储蓄的习惯"。此后，莫里斯方案银行扩展至100多个社区，成为慈善放款的典范。

为了进一步鼓励营利性金融机构进入消费金融市场，罗素赛奇基金会（Russell Sage Foundation）等进步组织开始

---

① 掠夺式放款是指针对欠缺其他信贷渠道的人提供高利率贷款。

为各州研拟信贷法律改革蓝图。它们认为贷款利率必须提高，这样银行才会愿意从事这种高风险业务。它们因此主张放宽对个人贷款利率的限制，同时规范适当放款方式。1916年，新泽西州成为第一个采用这种法律的州；到了1930年代，另外25个州也通过了类似的小额贷款法律。商业银行渴望进入这些新市场，在1920年代和1930年代开始设立个人贷款部门。截至1934年，向美联储注册的消费者放款机构多达13 000家。

随着公共福利计划和再分配政策在欧洲大为流行，许多美国的政治人物和实业家认为信贷可以在美国取代这些政策，发挥类似的功能。在快速转变的经济体中，私营金融机构可以成为经济救济的主要提供者，国家因此不必建立正式的公共安全网。但是，因为多数金融机构都想靠放款业务赚钱，上述改革的得益者主要是工作稳定的中产阶级白人男性。信贷改革对解决最弱势家庭的经济困难毫无帮助。

这种以金融为基础的零碎安全网在"咆哮的1920年代"还过得去，因为其间美国家庭可靠的收入使他们得以偿还债务，但随着美国陷入大萧条，这种体制的缺点就变得显而易见。惊人的高失业率不但导致许多美国家庭收入减少，还阻断了他们获得信贷的途径。小罗斯福政府因此推出一系列的社会计划，确保美国中产阶级和劳工阶级的生活不至于因为经济动荡而陷入绝境。其中1933年的《房主再融资法》（Homeowner Refinancing Act）和1934年的《国民住宅法》（National Housing Act）为建筑工人、房主和房贷放款业者提供了他们迫切需要的救济。

小罗斯福总统在签署这些法律的正式声明中表示："我觉得我们向结束通缩又迈出了重要的一步，通缩原本正迅速剥夺数以百万计的农场主和房主的财产所有权与权益。"[①]然后他呼吁放款机构在新法提供的再融资全面实施之前，先让还不上房贷的房主继续住在自己家里。因为当时几乎所有的房贷都在银行的资产负债表上，银行确实能够自己做这个决定。《国民住宅法》也规定设立联邦住宅管理局，为放款人发放的房贷提供保险，从而降低房贷利率和首期款，并延长还款期。

**二战之后的家庭信贷扩张**

根据美国一个流行的传说，"最伟大的一代"，也就是那些参加二战后回国创造了婴儿潮的人，是靠勤劳和节俭赢得生计。比较少人知道的是，消费信贷对于促进战后繁荣发挥了关键作用。随着军人荣归并在郊区展开家庭生活，他们得以借低利率贷款购房或创业，振兴战后经济。制造商也为消费者提供诱人的付款方案，借此刺激市场对它们产品的需求。经过20年的动荡之后，消费信贷似乎再度成为促进经济增长与维持社会平等的妙方。

---

① Franklin D. Roosevelt: "Statement on Signing the Home Owners Loan Act Is Signed," June 13, 1933. Online by Gerhard Peters and John T. Woolley, *The American Presidency Project*. https://www.presidency.ucsb.edu/documents/statement-signing-the-home-owners-loan-act-signed.

如同早年的改革派，劳工组织支持信贷扩张，因为这可以为劳工阶级提供他们急需的安全网。政治经济学家特兰伯尔（Gunnar Trumbull）指出："信贷似乎创造了一种良性循环，信贷支持的新消费助长了制造业规模扩张，因此成就的生产力增长使工资得以提高。"信贷因为使中产和劳工阶级得以提高生活质量而获得赞扬。

消费信用卡面世也助长了美国的家庭债务。西联汇款（Western Union）于1914年推出第一张签账卡（charge card），在1920年代连锁饭店、百货公司和石油公司陆续跟进。我们现在熟悉的多用途金融卡，则是在二战之后才进入主流。1950年面世的"用餐俱乐部卡"（Diners Club card，后来发展成为大来卡）为餐厅顾客提供信贷，引领潮流。这张卡收取7%的利息和年费，但极受经常光顾高级餐厅的富裕家庭欢迎。短短一年间，它就吸引了2万名新会员。其他放款机构很快开始提供类似服务，例如国民信用卡公司（National Credit Card Inc.）就提供一种针对商务旅行者的卡。美国运通公司于1958年加入信贷市场，向800万名潜在顾客发出信用卡申请表，产品设计模仿用餐俱乐部卡。提供信用卡的银行从1958年的27家增至1967年的1 500家，估计服务1 100万~1 300万个活跃账户。

尽管美国人所欠的债务比上一代显著增加，但因为工资快速增长，加上新政法律赋予的就业保障，多数美国家庭都能够偿还债务并累积储蓄。二战之后，美国家庭借款每年都增加，但还款额也增加，未偿还债务比率因此保持稳定。信贷容易取得，使住在郊区的劳工和中产阶级家庭至少看似平等（有钱人不必借钱消费，穷人则仍被排除在信贷市场之外）。虽然约有一半的白领和蓝领劳工住在郊区（符合那个时代的整体趋势），但他们负债的可能性是那些身为管理人员和专业人员的邻居的 1.5 倍。在某种程度上，这些趋势实现了倡导个人贷款的进步人士当初的目标：债务协助减轻了位于所得分配中间部分的家庭之间的消费不平等，创造出多数美国人是中产阶级的持久印象。

战后信贷体系的胜利，在 1959 年于莫斯科举行的为期六周的美国国家展（American National Exhibition）上一览无余。当时的美国副总统、美国资本主义首席大使尼克松展示了一个典型的美国郊区住宅，配置全套现代家用器具，包括电视、洗衣机、冰箱、炉灶和洗碗机。尼克松知道当时美国在太空技术方面落后于苏联，但他自豪地宣称，那个展出的住宅并非脱离现实的宣传工具，而是"典型"美国人负担得起的房子。他没讲的是：美国人必须借入房贷和利用分期付款方案，才买得起那样的房子和所有家用器具。

此外，尼克松也没指出：美国黑人家庭的信贷选择比较有限，为了过中产阶级生活他们得付出高昂许多的代价。歧视性的放款和雇佣安排导致美国黑人必须支付较高的利息，但他们的收入仅为白人同侪的一半左右。黑人家庭累积财富的能力因此弱了许多。因为储蓄和收入都比较少，他们需要用钱时比白人更仰赖借贷，而这导致他们容易陷入更深的财务困境。在负债的家庭中，有 24% 的白人家庭没有储蓄，但有高达69%的黑人家庭没有储蓄。种族差异在郊区最为显著，黑人家庭的债务负担是他们的白人邻居的两倍。

其他形态的制度性种族歧视更是加重了这种债务负担。在1930年代，联邦住宅管理局明确拒绝为有色人种和少数族群社区的其他借款人提供房贷保险。二战之后，因为金融机构认定非白人借款人的资本和信用记录不足，连黑人退伍军人也无法取得政府担保的房贷。例如在纽约州和新泽西州，在67 000笔获得担保的退伍军人房贷中，只有不到100笔是发放给少数族群借款人。

1940年代末，在全国有色人种协进会（NAACP）施压下，联邦住宅管理局启动一个计划，希望改善放款中立性和该机构在少数族群间的形象。但是，因为金融业者假定黑人社区对投资人构成更多风险，歧视性的放款和保险安排还是继续运作（在那段时期，整体而言，黑人社区的房屋价值上升，黑人财富也增长，可见那种更多风险的假设实为偏见）。后来，《房屋公平交易法》（Fair Housing Act），也就是1968年《民权法》第八章，规定任何住宅的销售、融资或租赁不得存在歧视。但是，早期的歧视对种族之间的财富差距仍有深远的影响，而向美国黑人和其他群体扩张信贷的运动将再度强化信贷可以解决美国不平等问题的信念。

这项社会运动始于1960年代末1970年代，其主要要求是促进弱势者（尤其是女性和少数族裔男性）获得信贷的机会，因为这些人长期被银行业者视为"不值得获得信贷"。20世纪上半叶由劳权团体带头倡导的目标，在20世纪下半叶由美国全国妇女组织（National Organization for Women）和国民福利权利组织（National Welfare Rights Organization）等倡议团体接力推动。这项运动促使美国制定一系列的新法律。1974年的《平等信贷机会法》（Equal Credit Opportunity Act）禁止基于性别或婚姻状态的歧视，1977年对该法的修订进一步禁止基于种族、宗教和民族血统的歧视。为了遏制"画红线"（redlining，歧视特定地区居民的做法），1975年的《住宅抵押贷款披露法》（Home Mortgage Disclosure Act）要求都市区放款机构按类型和地理位置披露其抵押贷款，避免居住在黑人区的民众无法获得贷款。1977年的《社区再投资法》（Community Reinvestment Act）要求银行为社区内收入较低的少数群体提供服务；而在克林顿时期的修订中，绩效测试取代了文件要求，以刺激低收入社区的放款。这些政策虽然致力于促进信贷机会平等，但它们也使政策制定者进一步将解决不平等问题的责任转移到金融机构身上。而这意味着不平等问题基本上没有得到解决。

### 1980年代的金融转向

家庭贷款方面的早期发展使某些美国人更容易获得信贷，但家庭债务并未因此显著增加，远低于现今的水平。截至1980年，消费信贷一直被视为支撑郊区生活方式的次要手段。但是从1980年代起，信贷出现显著的转变。金融法规松绑使消费者债务激增，消费信贷对于支撑美国人的物质生活的重要性变得与家庭收入同样关键。随着国家逐渐放宽大萧条之后为了促进稳定和约束金融势力的限制，"方便的"新金融产品诱使美国家庭背负更多债务。政府取消利率上限，使银行得以向家庭借款人收取在进步时代会被视为掠夺性的高利率和费用。与此同时，中产和劳工阶级家庭的工资停滞不前（见图2-3），导致美国家庭需要更多信贷。

证券化普及加快了贷款增长的趋势。放款机构将家庭贷款债权打包成可以买卖的证券，借此将放款卖给国内外投资人获得资金以提供新一轮的贷款。随着资本市场对这些债权的需求增加，担保债务凭证（CDO）、住房抵押贷款支持证券和信用违约互换（CDS）等金融工具蓬勃发展。20年间，对消费信贷的强劲需求（一方面是消费者需要信贷，另一方面是金融市场乐于购买这种债权）鼓励银行和其他金融机构以最快的速度大量放贷。此外，因为放款机构不再持有这些贷款，它们放款时重量不重质。政治人物和监管官员为金融机构的大肆放款欢呼雀跃，显然仍相信随手可得的信贷是解决贫困和不平等问题的最有效方法。

虽然家庭债台高筑主要源自房屋贷款，但其他类型的消费债务也迅速增加。图5-2呈现了过去50年间的美国人均非房贷消费债务。1980年代之前，家庭债务大致随着经济周期增减：美国家庭在经济繁荣时期增加借款用于消费，经济衰退时则减少这种借款。虽然同样的形态随后一直持续着，但消费债务增加的速度在1980年代开始超过还款速度。1982—2016年，因为信用卡债务、汽车贷款和（近年）学生贷款增加，美国人均消费债务从约5 000美元大增至

13 000美元（经通胀调整）。

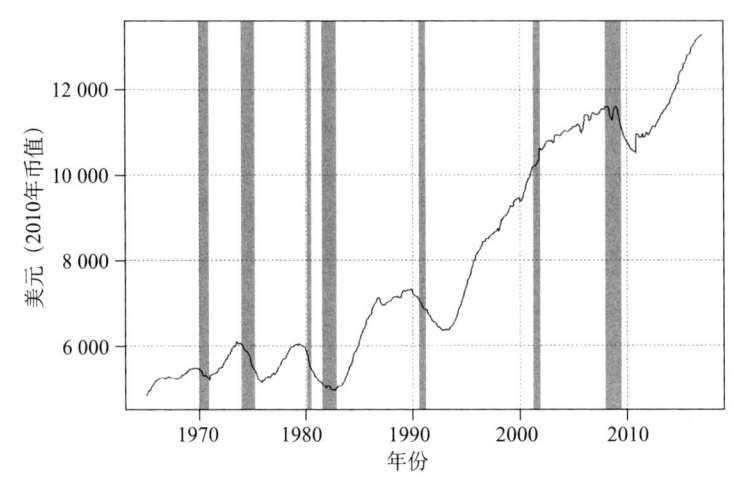

**图 5-2　美国人均消费信贷余额**

注：消费信贷余额为"美国所有项目总额"（CPALTT01USM661S），是非机构平民人口（CNP16OV）持有和证券化的未偿还消费贷款（TOTALSL），并利用消费者价格指数做调整。消费信贷包括信用卡债务、学生贷款、汽车消费贷款与用于购买商品和服务的其他计划，但不包括抵押贷款和其他投资贷款。

资料来源：圣路易斯联邦储备银行、美联储经济数据。

总的来说，1980年代标志着消费信贷进入新时代，由销售金融产品而非制造产品所驱动。消费信贷曾经主要是为了稳定和促进商品与服务的消费，如今变成为了自身而存在：金融机构将信贷当成一种商品贩卖，借由不断上升的利率、隐蔽的服务费、滞纳金以及在金融市场上打包出售消费贷款，靠发放贷款获利。

家庭信贷扩张最终导致了2008年的金融危机。奥巴马政府上任后推动数项改革以抑制崩盘：首先是在 2009 年通过《信用卡问责与信息披露法》(Credit Card Accountability, Responsibility, and Disclosure Act)，提高信贷条款的透明度并加强对放款人问责，为消费者提供更大的保护。然后是在 2010 年通过《多德－弗兰克华尔街改革与消费者保护法》，试图恢复"沃尔克规则"（Volcker Rule），禁止接受存款的金融机构投资于证券、衍生工具、商品期货和期权的自营交易。政府还设立消费者金融保护局（CFPB），加强监督房贷放款机构和经纪商，以保护房主及其家庭。消费者金融保护局致力于提高房屋贷款、信用卡和学生贷款条款的透明度，但最近被大幅解除权力。理论上，这些政策应该可以借由规范放款方式和控制高风险投资的后果，来减少消费和房贷债务的潜在负面影响。但这些干预措施的实际影响至今仍不明确，尤其是因为特朗普在任期间积极缩减这些干预措施。

这些在经济衰退后推行的改革或许可以改善借款人的处境，但它们完全没有改变一个世纪以来的政策模式。在这个模式中，不平等问题被误解为周转的问题：政策制定者、改革派和银行业者不去探究为什么穷人和劳工阶级家庭没有办法靠收入负担中产阶级的生活（或无法向上流动过这种生活），而是着眼于如何帮助穷人获得信贷。政府并不提供真正的安全网，而是试图用金融蜘蛛网来保护美国人。也就是说，联邦政府经常补助金融业和授予金融业者放款任务，但并没有提出完善的教育、居住、退休和福利政策来缩小阶级差距。而因为私营放款机构一心追求利润，最弱势的家庭仍不大可能获得信贷，除非他们愿意支付可能会摧毁他们长远财务状况的高昂费用和利息。

克林顿政府的政策最明确暴露了认为信贷可以解决不平等问题的错误观念。为了确保银行为中低收入社区的家庭提供贷款，克林顿总统推动监管和法律改革以加强《社区再投资法》。与此同时，《个人责任与工作机会法》（Personal Responsibility and Work Opportunity Act）打破了新政政策，规定福利领取人得有份工作或者认真在找工作，并为政府援助设定五年的期限。这些要求将单亲妈妈和其他弱势人士导向低工资、低保障的工作，而雇主知道这些美国人需要工作才有资格获得福利（同时也知道因为政府提供福利，所以工资不必高到可以满足基本生活需求）。整体而言，这些政策巩固了美国是信贷国家而非福利国家这个核心观念。

### 信贷的分配

但是，扩张的信贷到底落到哪些人手上？数十年来，当局致力引导信贷流向低收入和边缘化社区，这些努力有效吗？金融法规松绑是否已经使信贷"民主化"？本部分利用美联储的消费者财务调查（Survey of Consumer Finance）以回答这些问题。这项三年一次具有代表性的抽样调查搜集美国家庭的财务和人口特征数据。我们的分析剔除户主年龄小于 25 岁或大于 65 岁的家庭，这有助避开教育、退休和与人生历程有关的其他变化造成的干扰[①]。然后我们根据家庭总收入，将美国家庭分为六组。第一组为收入居所得分配最高 10% 的家庭，第二组为收入次高的 10% 家庭，余下的家庭根据他们的收入水平平均分为四组。

图 5-3 呈现家庭信贷在这六个美国家庭群组中的分配情况。或许并不令人意外的是，信贷分配非常不平均。一大部分信贷流向收入最高的 10% 家庭。1989—2016 年的每一年，这十分之一的家庭获得约 30% 的家庭信贷。如果加上收入次高的 10% 家庭，则收入最高的五分之一家庭过去 30 年间获得近 50% 的家庭信贷。相较之下，底层的五分之一家庭只拿到一点点。他们获得的信贷比例从 1989 年的 2.7% 增至 2010 年的 6.4%，但到 2016 年时降至 3.9%。

图 5-4 按房屋、信用卡、教育和运输工具这四个主要债务类别剖析信贷分配情况[②]。在这四个市场，富裕家庭在获得信贷方面皆居于主导地位，但程度不一。信贷在房屋贷款市场的分配最不平均；在这个市场，借钱通常需要可获得优惠利率贷款的信用分数（prime credit score）和大量储蓄，但这种贷款直接有助于借款人累积财富。在过去约 30 年间，

---

① 年轻和年老的家庭往往收入较低，因此在我们的分析中，这些家庭即使收入潜力较大或拥有大量财富，仍会被归入贫困家庭中。
② 房屋债务包括房屋抵押贷款和房屋净值贷款（以房屋为抵押、套取现金的贷款），教育贷款纳入延迟还款期和还款期内的债务，运输工具贷款包括所有类型运输工具的分期付款计划。

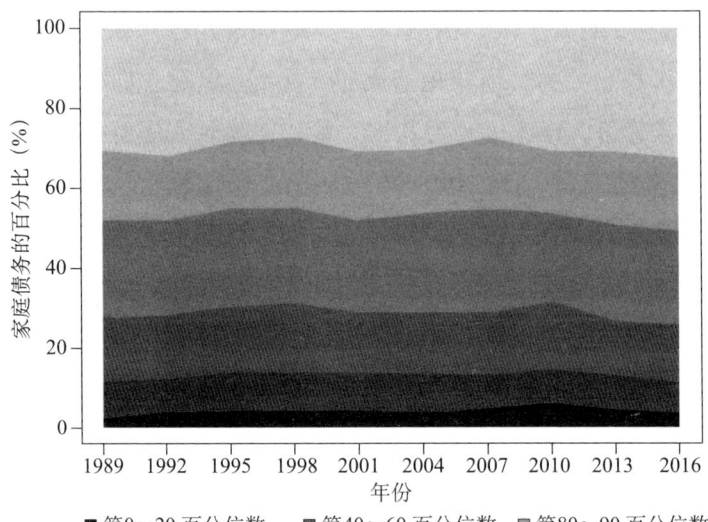

**图 5-3 家庭信贷在各收入阶层的分配情况**

注：每一个收入阶层的家庭债务百分比，是根据该阶层的家庭当年度背负的债务总额计算得出，并利用样本权重纠正富裕家庭的过度抽样问题。收入包括上一年度所有来源的家庭收入。数据样本剔除户主年龄小于 25 岁或大于 65 岁的家庭。

资料来源：美联储 1989—2016 年消费者财务调查。

房贷集中在富裕家庭身上的程度仅略有变化。底层五分之一家庭的房屋债务比例从 1989 年的 1.6% 增至 2016 年的 3.1%，而顶层五分之一家庭的比例则从 49% 升至 52%。

信用卡债务的利率相当高，而且对累积财富没有帮助，富裕阶层的信用卡债务比例随着时间的推移有所降低。顶层 20% 的家庭曾背负逾 35% 的信用卡债务，但随着中产和劳工阶级家庭更容易取得信用卡，这个比例在 2016 年已降至 31%。信用卡债务扩张主要发生在收入居第 60~80 百分位

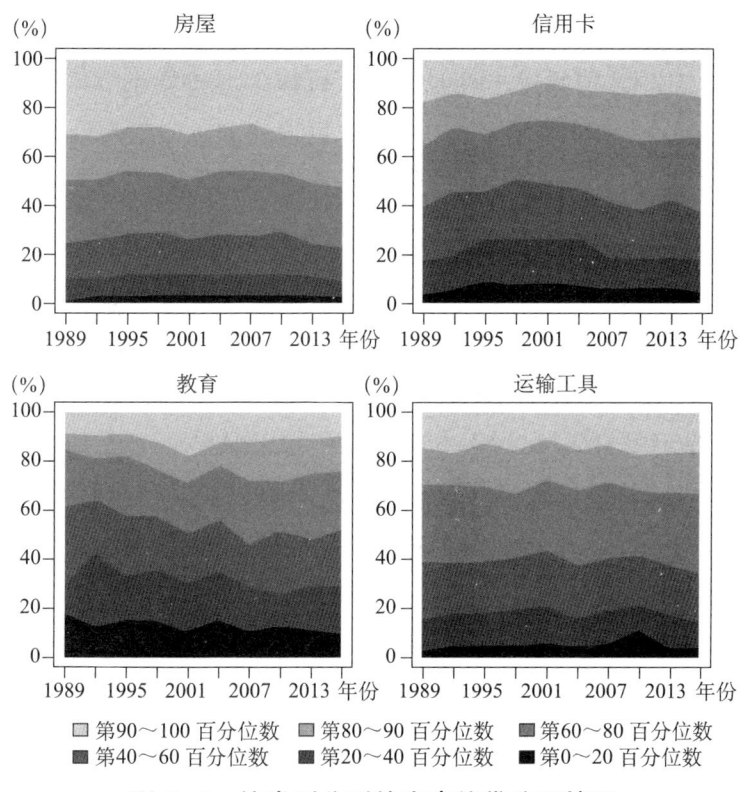

**图 5-4　按类型分列的家庭信贷分配情况**

注：每一个收入阶层的家庭债务百分比，是根据该阶层的家庭当年度背负的债总额计算得出，并利用样本权重纠正富裕家庭的过度抽样问题。收入包括上一年度所有来源的家庭收入。数据样本剔除户主年龄小于 25 岁或大于 65 岁的家庭。

资料来源：美联储 1989—2016 年消费者财务调查。

数的家庭，他们的信用卡债务比例从 25% 增至 31%。底层 60% 的家庭的信用卡债务比例在 1990 年代有所上升，然后在 2000 年代下降。

教育债务是四类信贷中分配最平均的。联邦政府提供的补贴和担保使底层40%的家庭获得约35%的学生贷款。近年来，随着利率降低，中上层家庭取得的学生贷款开始增加（教育债务可说是变"便宜"了许多）。收入居第80~90百分位数的家庭的教育债务比例从1989年的6.6%大增至2016年的14%。

运输工具贷款（包括房车、卡车、运动型旅行车、摩托车、船只、飞机等）的分配大致上跟随经济周期起伏。富裕家庭在经济繁荣时期的运输工具债务比例较高（通常用于购买豪华汽车），低收入家庭在经济衰退时期的汽车贷款比例较高。顶层10%的家庭的比例为10%~16%，底层20%的家庭的比例为5%左右。

图5-3和图5-4共同显示，信贷的实际分配显著偏离刻板印象。虽然债务常使人联想到贫困，但大部分信贷是上层阶级家庭在利用。劳工阶级和穷人仅获得一小部分信贷。信贷分配不均不仅是因为低收入家庭借贷少于富裕家庭，还因为他们常常完全无法借钱。近年来，在收入最低的五分之一家庭中，只有约60%的家庭表示有欠债，而富裕家庭则是超过90%有欠债。

因此，家庭信贷扩张主要是嘉惠有钱人，他们借钱以利用低利率和租税奖励，即使他们不需要借钱也买得起想买的东西。例如房主为自己主要住宅的房屋抵押贷款和房屋净值贷款所支付的利息，可以用来扣除自己的应税所得。此外，理财顾问经常建议富裕家庭借入联邦学生贷款，因为借贷成本十分低廉，再将自己的资金用于投资以赚取较高的报酬，同时把握机会争取优等生奖学金①。中低阶级家庭的信用卡债务比例显著上升，但这种债务不但成本高昂，对累积财富也没什么帮助。

图5-5按收入和种族地位划分，呈现过去五年曾申请贷款被拒或担心被拒的家庭比例。并不令人意外的是，相较于低收入家庭，高收入家庭需要借钱时比较不会遇到困难。令人意外的是，信贷扩张对缩小这种差距没什么帮助。过去30年里，中低收入家庭仍不容易获得信贷：30%~40%的白人家庭在受访之前的五年里，申请贷款曾遇到困难。相较之下，收入居最高10%的白人家庭似乎愈来愈容易获得信贷：他们申请贷款被拒的概率从1989年的约15%降至2016年的低于10%。

种族地位对当事人能否获得信贷有重要影响。在各个收入阶层，黑人和西班牙语裔家庭遇到借贷困难的概率远高于白人家庭。在所得分配的中间部分，这种差异尤其显著，少数族裔家庭总是较难获得信贷。不过，在所得最高的10%家庭中，这种差异看来已经消失：高收入的黑人和西班牙语

---

① 与此同时，许多州立大学已经将财务援助从基于需要（need-based）改为基于表现（merit-based），结果是教育资源进一步流向有钱人。这是因为表现往往是看学生的SAT分数和高中成绩，而来自富裕家庭的学生通常表现较佳。在此情况下，每五个来自高收入家庭的学生就有一个获得基于表现的援助。详情可参考Rampell, Catherine, "Freebies for the Rich," *New York Times Magazine,* September 24, 2013。

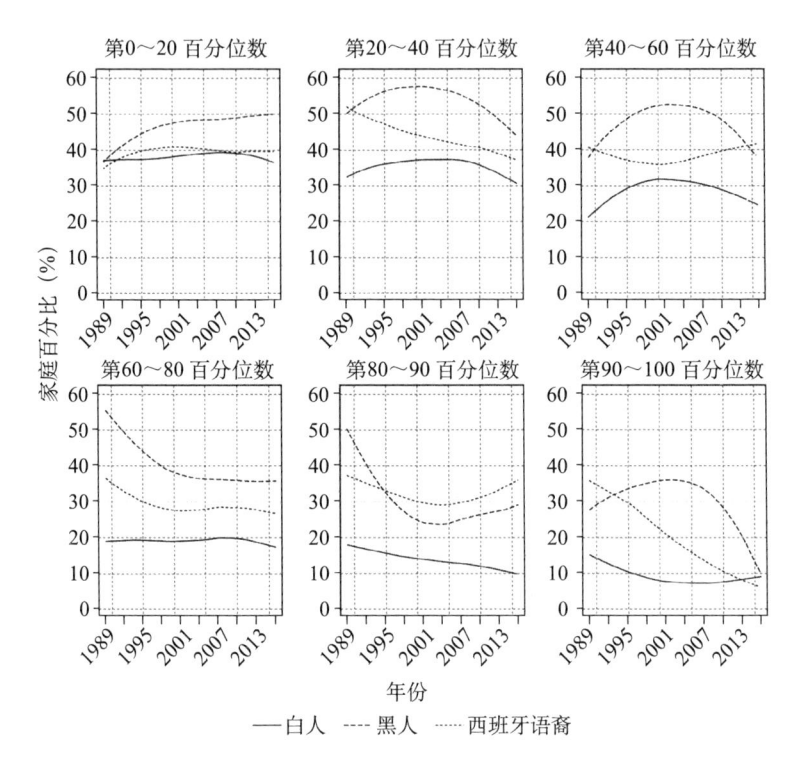

**图 5-5　过去五年曾申请贷款被拒或担心被拒的情况**

注：白人是指非西班牙语裔白人。数据样本剔除户主年龄小于 25 岁或大于 65 岁的家庭。趋势以局部多项式回归做平滑处理。

资料来源：美联储 1989—2016 年消费者财务调查。

裔家庭近年获得信贷的机会，与白人家庭大致相同。

这些种族差异很可能是放款歧视加上财富差异造成的，而财富差异是系统性种族歧视的结果。虽然美国已经实施了许多政策以减少放款歧视，但各种形式的"画红线"行为仍然存在。例如最近的研究显示，即使条件相当，黑人和西班牙语裔申请人获得房贷的概率仍低于白人。在成功的案例中，研究人员发现，少数族裔家庭比较可能获得利率和费用较高的次级贷款。

基于种族的放款歧视并非仅限于房贷市场。即使考虑信用和其他因素，黑人小企业申请贷款被拒的可能性仍高达白人企业的两倍。此外，观察研究和实验研究显示，在同侪借贷（peer-to-peer lending）网站上，黑人获得资金的可能性低于信用状况相当的白人。

除了歧视，财富差异也阻碍少数族群借款人获得平等的信贷机会。因为财富是多代人累积的结果，黑人与白人的财富差距显著大于其他经济不平等指标所呈现的情况。一项估计显示，白人家庭的净资产中位数是黑人家庭的12倍，是西班牙语裔家庭的10倍[①]。巨大的财富差距意味着少数族群借款人支付首期款或提供抵押品的能力较低。因此，即使他们有足够的能力偿还债务，仍有可能无法获得贷款。

整体而言，美国家庭债务迅速增加与某些人承诺的信贷"民主化"完全不同。过去30年间，信贷分配一直非常不平均，集中流向最富裕的家庭：收入最高的20%家庭占家庭总债务一半以上。低收入和少数族裔家庭至今仍很

---

① 皮尤研究中心发现，在大衰退之后的几年里，种族财富差距有所扩大。2013年，白人家庭的净资产中位数分别为黑人和西班牙语裔家庭的13倍和10倍。Kochhar, Rakesh, and Richard Fry, "Wealth Inequality Has Widened Along Racial, Ethnic Lines Since End of Great Recession," Pew Research Center, December, 12, 2014.

难获得信贷。底层的20%美国家庭最多仅占所有家庭贷款的5%。黑人和西班牙语裔家庭最有可能被排斥在信贷市场之外。

对那些无法从传统渠道获得信贷的美国家庭来说，高利率贷款是唯一的选择。"边缘放款业"满足了20%美国家庭的需求，这些家庭无法从商业银行或信用卡公司那里获得信贷。常见的边缘放款形式包括费用高昂的汇票、支票兑现、先租后买（rent-to-own）服务、汇款、发薪日贷款、当铺贷款、退款/退税预期贷款和汽车所有权贷款。许多提供此类信贷的机构承诺"现金快速到手""无须审核信用""六个月无须还款"。为了吸引现金短缺的家庭借入高利贷，航海家金融公司（Mariner Finance）和其他消费者分期放贷机构（consumer installment lender）甚至会主动寄支票给低收入家庭，希望他们需要用钱时兑现支票，因此欠下高利贷。这些看似宽松的商业模式，只有在放款人可以指望多数借款人无法按时还款时，才会有利可图。换句话说，边缘放款人希望借钱给那些证明自己无力还债的人。

发薪日贷款是最常见的短期借贷形态，信用分数偏低的劳工可以利用他们未发的工资取得这种贷款。每年约有1 200万美国人利用这种贷款服务。对许多借款人来说，发薪日贷款不是一次性的，而是循环的。这种小额贷款通常在500美元以下，利率和费用相当高。平均而言，发薪日贷款的借款人每年借八笔贷款，每笔375美元，一年支付520美元的利息。多数借款人是25~44岁的白人女性，但整体而言，最有可能利用发薪日贷款的人为教育程度较低者、租房者、收入较低者，以及离婚或分居者。相较于其他种族和族群，美国黑人借发薪日贷款的比例特别高。

## 债务的后果

> 创作者经常陷入的困境，其实没有穷人的生活那么令我感受深刻。找到钱付房租和为孩子提供衣食，需要勇气、梦想、耐心与急躁、纯真与谋略，需要的才华不比创造一件杰作少。
> 
> ——克里斯琴·博班（Christian Bobin）

随着消费金融去污名化，其对社会的影响仍不明确。有些人认为信贷扩张是令人担忧的发展。随着家庭债务规模扩大（见图1-4和图5-2），美国家庭承受的财务压力加重了。有些人则认为，家庭债务增加大致上是一种健康的趋势。在他们看来，美国家庭因应利率下降和其他诱因增加借款是合理的。金融创新也使放款机构得以更准确地评估风险，并可以开始向高风险人群提供信贷。最重要的是，美国家庭的债务负担看似大致稳定（见图5-1），可见家庭债务并非某些人所想象的噩梦。

但以上所述是美国的总体情况，然而每个家庭却得在高度不平等的社会中打理自己的财务状况。高收入者极少支付高昂的利息，高负债者未必背负着沉重的债务负担。本部分检视债务如何影响收入水平不同的家庭。我们将看到，债务的影响因家庭收入不同而大有差异，不了解家庭背景就无法充分理解。高收入家庭获得大部分信贷，但中低收入家庭的债务负担最重。

从一开始，低收入和少数族裔家庭就必须承受较高的借贷成本。图5-6呈现按收入水平和种族地位划分的每100美元债务的平均每月偿债额。为了偿还相同金额的债

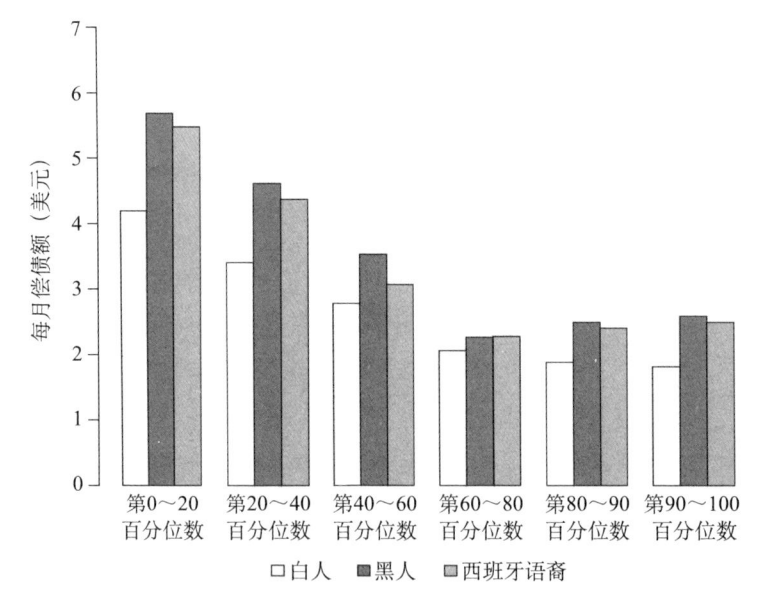

**图5-6 每100美元债务的平均每月偿债额**

注：数据样本剔除完全不欠债的家庭。白人是指非西班牙语裔白人。数据样本剔除户主年龄小于25岁或大于65岁的家庭。

资料来源：美联储1989—2016年消费者财务调查。

务，收入最低20%家庭的每月偿债额高达顶层10%家庭的2~3倍。这种差异主要是因为高收入家庭借钱时能够拿出抵押品，可以获得较低的贷款利率和较长的还款期。在收入相当的家庭中，黑人和西班牙语裔的每月偿债额高于白人。例如在收入居中间水平（第40~60百分位数）的家庭中，黑人平均每月必须为100美元的债务支付3.56美元，白人则只需要支付2.78美元。在收入最低的20%家庭中，这种差距最大：黑人支付5.68美元，白人支付4.18美元。

低收入家庭不但必须为相同金额的债务承担较高的每月偿债额，他们的偿债支出也占收入较大的比例。图5-7呈现六个收入组别每月偿债额相对每月收入的比率。针对每一个收入组别，我们根据债务负担水平将所有家庭归入五个类别。第一类是完全不必还债的家庭，通常是因为他们没有机会获得信贷。第二类是债务负担相当轻的家庭，他们的偿债支出不到收入的10%。第三类是债务负担中等的家庭，他们的偿债支出为收入的10%~25%。第四类是债务负担沉重的家庭，他们动用25%~40%的收入偿债。第五类是债务负担极重的家庭，他们动用超过40%的收入偿债。

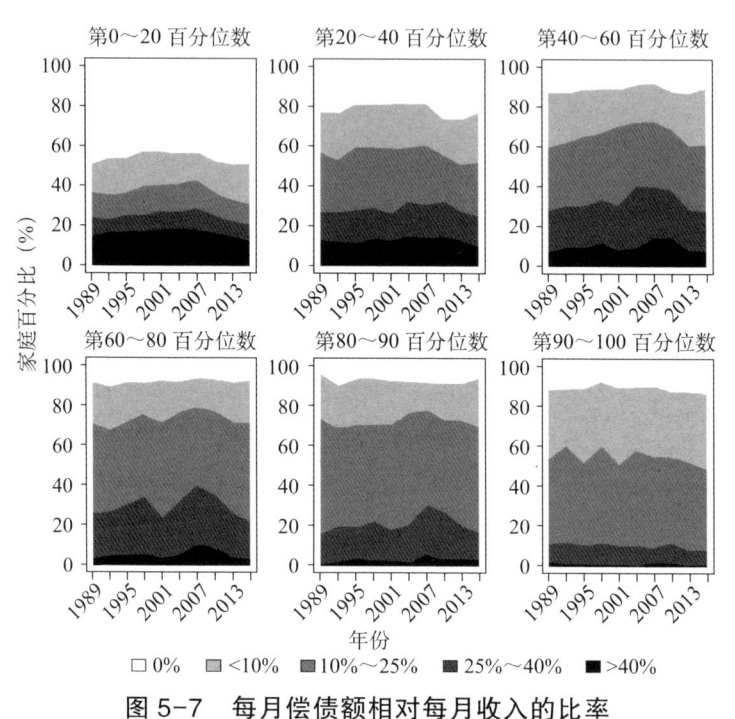

图 5-7 每月偿债额相对每月收入的比率

注：收入包括上一年度所有来源的家庭收入。数据样本剔除户主年龄小于 25 岁或大于 65 岁的家庭。

资料来源：美联储 1989—2016 年消费者财务调查。

在收入最低的五分之一家庭这个组别，债务负担最为两极化。这些低收入家庭约有一半完全不必还债，但同时有超过 15% 的家庭面临沉重或极重的债务负担。事实上，这些家庭虽然获得信贷的机会有限，但他们比其他所有收入组别的家庭更有可能面临极重的债务负担。因为这些家庭本来就收入微薄，偿债额相对收入的比率非常高往往意味着他们很难支付食物、水电和房屋等必需品的账单。

随着收入逐渐升至中等水平，债务负担极重的家庭减少，能够获得信贷的家庭增加。但是，动用颇大比例收入偿债的家庭也增加了。例如在收入居中间水平这个组别，约30%的家庭动用超过四分之一的收入偿债。在2000年代的信贷膨胀时期，这个比例曾上升至接近40%，随后降至略低于30%。

收入最高的五分之一家庭显然是金融化时代的赢家。如同中等收入家庭，这些富裕家庭多数都借入贷款，但他们极少背负难以长久持续的沉重债务。例如在收入最高的十分之一家庭中，只有约2%的家庭动用超过40%的收入偿债，而收入居中间的五分之一家庭则有约10%是这样，收入最低的五分之一家庭则有约17%。多数高收入家庭都达到债务上的"最适点"：他们得以运用债务，但不必动用颇大一部分收入来偿债。

债务的不平等后果也反映在拖欠债务的可能性上。图5-8呈现过去一年曾拖欠债务60天或以上的债务人比例。相较于偿债额相对收入的比率，逾期还款是反映家庭陷入财务困境比较极端但也比较明确的指标；拖欠债务会产生额外的利息和费用，而且会损害债务人未来的借贷能力。图5-8显示，收入较低的家庭若有欠债，比较可能会拖欠还款，而且这种差异随着时间的推移而扩大。在收入最低的五分之一家庭中，拖欠还款者的比例从1995年的15%增至2013年的20%以上。而且恶化趋势并非仅限于这个组别：即使是中等收入家庭，按时偿债也愈来愈困难。

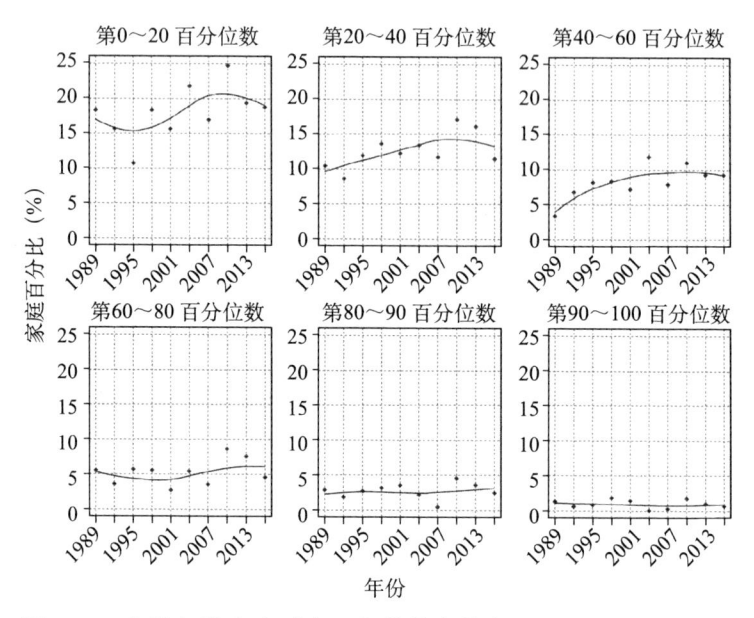

**图 5-8 有债务的家庭过去一年曾拖欠债务 60 天或以上的情况**

注：数据样本剔除完全不欠债的家庭。趋势以局部多项式回归做平滑处理。收入包括上一年度所有来源的家庭收入。数据样本剔除户主年龄小于 25 岁或大于 65 岁的家庭。

资料来源：美联储 1989—2016 年消费者财务调查。

随着中低收入家庭的债务像滚雪球那样增加，他们的财富开始萎缩。图 5-9 呈现各收入组别当中资产净值为负数的家庭比例，这些家庭所欠的债务超过了他们拥有的资产。我们可以看到，金融化导致美国家庭的财富普遍受到侵蚀。随着时间的推移，愈来愈多家庭"资不抵债"——他们的房屋、车辆、储蓄、生意、退休账户和其他资产的总价值低于他们所欠的债务总额。这种情况在中低收入家庭中极为显著：中等收入（第 40~60 百分位数）家庭的负净值比例从

7%增大至15%,中低收入(第20~40百分位数)家庭的负净值比例则从10%增至接近20%。2005年的破产改革(见第3章)使这些家庭的财务状况变得更难控制。

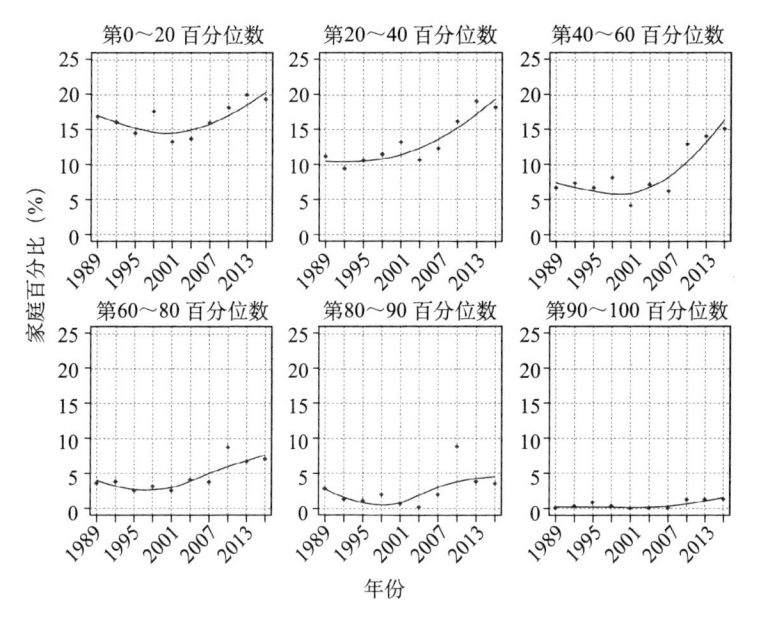

**图5-9 资产净值为负数的家庭**

注:资产净值为负数,是指家庭的债务总额超过资产总值。趋势以局部多项式回归做平滑处理。收入包括上一年度所有来源的家庭收入。数据样本剔除户主年龄小于25岁或大于65岁的家庭。

资料来源:美联储1989—2016年消费者财务调查。

## 但他们是成年人了

有些人认为,某些美国家庭的债务负担过重是需求面而非供给面的问题——太少借款人具备足够的理财素养。事实上，最近一项全美调查显示，25%的美国人不大懂得计算利息支出，另有40%的人不理解通胀的概念。根据这种观念，理财素养不足是美国家庭入不敷出的原因，显而易见的补救措施应该是针对消费者进行教育而不是政府的管制借贷。政府设立财务教育办公室（Office of Financial Education）和理财素养与教育委员会（Financial Literacy and Education Commission）等机构以提升民众的理财技能，并将每年4月定为"全美理财素养月"（National Financial Literacy Month）。甚至连家得宝（Home Depot）和达美航空等企业也为员工提供财务健康计划，以改善员工的"财务体质"。

　　理财素养的倡导者相当成功，但其成功不在于增加美国人的理财知识，而是在于为金融产品设定了不同的标准。消费者日常生活中使用的多数产品，从玩具、食物、电器、汽车、家具到不断增加的各种电子产品，制造商和零售商都必须对产品安全负责。厂商知道自己的产品有缺陷或有危险时，我们期望它们自愿召回产品并向消费者退款。政府甚至设立了消费品安全委员会、食品药品监督管理局（FDA）和国家公路交通安全管理局等监管机关，确保这些产品在正常使用的情况下不会伤害消费者。消费者如果因为这些产品而受伤害，绝不会因为他们的化学、机械、电子或木工素养不足而被斥责。

　　因此，如果我们将金融产品与医药产品并列比较，就会发现强调理财素养显得特别奇怪。对一般消费者来说，这两类产品的内容都难以理解，也都该审慎和适度使用，但它们的销售方式却截然不同。制药公司若想推出新产品，必须进行大量的实验和反复的临床试验，以确定产品有效以及没有严重副作用。然后食品药品监督管理局会评估产品是否利大于弊，并仅在产品达到食品药品监督管理局高标准的情况下批准上市。消费者若想购买可能有害的药品，必须去看医生，由医生检查诊断并选择合适的药品，然后开出处方。然后药剂师会独立评估药品是否合适，并向消费者说明使用须知和可能出现的不良反应。消费者如果受到伤害，医疗从业人员、药剂师和药厂必须向食品药品监督管理局报告情况；而情况如果非常严重，药品会被要求停售。

消费金融市场的运作方式几乎恰恰相反。虽然美国也有法律和政府机构旨在防止歧视性、掠夺性或诈欺性的消费金融运作方式，但当局实际上很少介入市场。当局如果执行法规，通常是临时性的，而且是在金融产品造成广泛伤害之后。金融服务业者可以发明和销售"创新的"产品，不必考虑产品可能造成的后果，也不必确保产品利大于弊。令问题更严重的是，金融业者有强烈的诱因推销有害或甚至令人上瘾的产品，因为这些产品利润最丰厚，而且许多契约隐藏的强制仲裁条款使受害者无法集体起诉。至少在2008年金融危机爆发之前，传统观念认为劣质金融产品经不起市场的考验。因此，多数法规的重点在于提高金融产品的透明度，并鼓励消费者货比三家。但是，只有财力雄厚的消费者才可以获得独立专业人士的协助。现行制度期望多数人成为自己的"医师",在面临巨大困难时自己决定应该选择什么金融"药品",而如果出了问题,受责怪的通常是"病人"。

此外,将理财素养提升到金融监管之上,可以规避如今许多家庭收入非常不稳定的现实。贫困或接近贫困的家庭本来就捉襟见肘,加上汽车抛锚或水管爆裂造成的意外开销,他们往往很难制定预算并为长远目标储蓄。这些家庭想出巧妙的应对策略以增加收入、减少支出,以及保护储蓄。如果这些措施不足以维持生活,他们就会向亲友或高利贷业者紧急借款。

## 总结

美国经济金融化并非只能从华尔街和大公司的董事会看到,在美国家庭的财务状况也一清二楚。本章检视1980年代以来美国家庭债务的起源、分布和后果。我们对比了两种主要观点:一种认为借由大幅增加家庭债务来处理工资停滞和不平等加剧的问题不是长久之计,而且可能会造成严重后果;另一种认为这是一种有益的改变,显示更多美国家庭正利用不断下降的利率和愈来愈多的金融服务,来提升自己的生活水平。

这些笼统的说法忽略了一个重要事实:债务和债务负担的分布非常不平均,债务的意义和后果对不同的家庭因此截然不同。在金融化时代,富裕家庭仍拿走大部分信贷。信贷扩张使他们有更多机会取得成本低廉的资金用于投资,或满足短期财务需求。与此同时,中低收入家庭背负最重的债务负担。因此,扩大家庭债务的政策已经创造出一种累退的分配机制,嘉惠有钱人并伤害穷人。

我们追溯美国消费金融的演变至20世纪初,当时进步改革派、实业家和政界人士开始认为,消费信贷是缓和经济快速变化造成的财务困难和政治动荡的必要手段。这种信念在战后时期得到巩固:政府、制造商和工运人士开始视信贷为帮助更多人过中产阶级生活和刺激经济增长的手段。在这段时期,虽然金融在美国人的生活中发挥愈来愈重要的作用,但家庭债务水平还是大致保持稳定。

1980年代是美国消费金融发展的分水岭。利率管制放宽和债务证券化流行,为银行和其他放款机构创造了扩张信贷业务的有利条件。外国资本流入和美国工资停滞助长了信贷增长趋势。美国家庭开始增加利用债务,举债规模增长,使用的信贷产品类别也增加,并且获得两大党政客的热切支持——他们坚持已有百年历史的信念,认为提供流动资金可以解决不平等问题。

事实上,金融化提高了低收入家庭的债务比例,但并没有实现信贷"民主化"的理想。美国一大部分家庭信贷仍落在收入最高的十分之一家庭手上。房屋贷款的分配最不平均,收入最高的五分之一家庭获得约一半的房贷。虽然在教育贷款市场,低收入家庭借款获得补贴,但底层的40%家庭仅获得约35%的学生贷款。完全没有证据显示,随着时间的推移，低收入和少数族裔家庭变得比较容易获得贷款。

信贷是有钱人的游戏：他们借得最多，借贷成本最低。相较于高收入家庭，低收入家庭必须为相同金额的债务付出更多，而少数族裔会受到额外的惩罚。因此，低收入家庭虽然借贷能力最低，却最有可能承受极重的债务负担。在收入最低的家庭之外，我们看到中产阶级家庭的债务负担稳步加重。本来就财力雄厚的家庭没什么偿债困难，但无法按时偿债的美国人则显著增加。在此情况下，愈来愈多美国家庭资不抵债，拥有的资产少于所欠的债务。整体而言，家庭债务扩张多年来不但未能解决不平等问题，还加重了不平等。

# 第六章 谁投资？谁致富？

金融化快速发展，将越来越多的资源从劳工手上转移到华尔街。

金融化快速发展，将越来越多的资源从劳工手上转移到华尔街。然而华尔街不只是一个抽象概念，而是捍卫美国富裕家庭经济利益的公司与专业人士。随着资源从金融圈外人重新分配到圈内人手上，有形资产和经商利润对有钱人创造财富的重要性逐渐不如建立多元的金融资产组合。只要可以成为金融圈内人，就可以替自己累积财富。虽然中产阶级家庭在股市的获利远低于上层阶级，但他们的经济安全也与股市息息相关。对其他人来说，赌注太高了——他们被排除在这场巨型金钱游戏之外。投资于股市如今对美国家庭累积财富至关重要；投资于股市的机会不同，是美国家庭之间财富差距巨大的主要原因。

上一章检视了美国家庭债务的起源和近期趋势。我们指出，1980年代以来消费信贷迅速扩张，其实恶化而非缓解了不平等问题。信贷扩张给予富裕家庭财务操作弹性，中低收入家庭却因此承受更重的债务负担，难以维持收支平衡，遑论改善财务状况和累积财富。

在本章，我们着眼于硬币的另一面，关注金融化如何改变家庭财富——此一趋势对社会阶级不平等如何变得根深柢固有长远的影响。我们首先回顾美国财富分配不均的情况。自20世纪最后25年以来，美国的财富不平等显著加剧。现在愈来愈少的美国家庭有能力长期累积财富，而资本集中在少数人手上扩大了富豪与其他人的差距。这并非只是钱的问题：财富与教育、婚姻、健康和寿命都密切相关，有钱往往可以享有许多优势。因为财富可以转移，这些优势可以代代相传，我们因此重新关注这个重要事实：美国人的人生起跑点差距悬殊。

金融资产无疑是财富差距巨大的主要原因。股票和债券占富裕家庭资产组合的比例愈来愈大，而且其他金融资产的重要性也随着时间的推移而提高。居财富分配上半部分的其他家庭也出现类似的趋势，但程度低得多。至于居财富分配下半部分的家庭，他们的财富并没有金融化；他们如果有任何财富，通常只是像房屋和汽车这样的有形资产，而不是金融资产。

因此，如同信贷分配，股票市场民主化，也就是迈向所谓的"有产社会"（ownership society），基本上是宣传口号而非真实的转变。如果只计算美国人拥有的股票，财富最多的10%家庭拥有市场上约80%的股票。过去30年间，这方面的种族差距扩大了，白人家庭配置在股市的资产比例高于黑人家庭。管理这些资产的金融公司因为财富高度集中和家庭之间财富差距巨大而得益。与此同时，新兴的全球金融与法律服务网络，使富裕家庭得以借由合法避税和非法逃税手段留住更多财富。

本章也检视财富分配如何跨世代改变。婴儿潮世代的财富状况与千禧世代差别很大。因为财富累积是一辈子的事，我们特别关注成年不久和临近退休的家庭。我们发现当代美国多数年轻成年人拥有的财富少于以前的年轻成年人。财富显著增加的，主要是临近退休的家庭（底层家庭除外）。我们发现，多个世代以来，这两组家庭内部的财富不平等一直在扩大。这些事态发展显示，劳资之间的紧张关系被转化为精英劳工与边缘化劳工之间和新旧世代之间的紧张关系。

**家庭财富**

如同所得不平等，财富不平等在过去一个世纪的演变呈现明显的 U 型曲线。20 世纪初的财富不平等非常严重：美国 1% 的顶层家庭拥有全国约四分之一的财富。1929 年的大崩盘以及两次世界大战的大规模破坏，缩小了贫富之间的财富差距。1950—1970 年代，财富不平等保持在较低的水平；在此期间，底层 90% 的家庭在全国财富中的占比从 20% 增至 35%。这种趋势在 1980 年代逆转。虽然美国全国的财富继续增加，但经济增长的成果几乎全都落入最富有的 20% 家庭手里。其他家庭的财富不增反减，在绝对和相对基础上皆是如此。

财富日益集中在有钱人手里，并非只是意味着有些人买得起豪华汽车，玩得起豪华游艇，或住得起豪宅。电视和电影渲染这些"富贵名流的生活方式"，但事实上，最富有的 10% 的家庭并没有花很多钱在奢侈享受上。财富不平等与其说是关于奢侈享受，不如说是攸关人生机会。随着最富有的家庭累积更多财富，而非把钱花在奢侈品上，他们囤积财富，并将财富和财富造就的更好人生机缘传给子孙后代。所谓"人生机缘",是指一个人获得的资源和机会,它决定了这个人的生活质量和改变生活质量的能力。

因此,人一出生,家境好坏就已经非常重要。儿童时期家里有钱,对当事人未来一生的财务状况非常有利[①]。富裕的父母为照顾、教育和培养年幼的孩子投入更多资源。事实上,自1970年代以来,有钱人在这些方面的投资已经是原本的3倍。他们每个月花在每个孩子身上的支出(经通胀调整)从1972年的约700美元增至2012年的逾2 500美元。经济资源较少的家庭根本追不上,贫富家庭幼儿的发展因此出现显著的差距。所得不平等助长了此趋势。在所得不平等较严重的情况下,高收入家长可能更愿意增加育儿投资,因为在一个极端不平等的社会里,在竞争中落败的后果更为严重,而且社会经济地位不同的家庭更常居住在不同的社区。对富裕家庭来说,"输人不输阵"已经变成"赢人又赢阵"。

孩子就学后,这种贫富之间的差距继续扩大。有钱人家的孩子上资源较多的公立或私立学校,同学多是社会经济背景相似的人(这些学校所在的地区税收较多,学校往往因此享有较多资源)。学龄儿童的认知发展,尤其是数学成绩与家境有关;富裕家庭的孩子因此更有可能进入著名学府并在这些大学取得学位。虽然家庭财富与教育结果的关系,有部

---

① 研究文献一致显示,童年时期的家庭财富与当事人一生中享有的机会密切相关。有关代际财富流动的研究回顾,可参考 Keister and Moller 2000; Killewald, Pfeffer, and Schachner 2017; Schneider, Hastings, and LaBriola 2018; Spilerman 2000。

分是因为上一代将有利于求学和累积财富的特征遗传给下一代，但即使学者考虑这些因素并据此调整研究，他们仍然发现财富本身的效应相当显著。

成年子女开始建立自己的事业和家庭时，有富爸爸还是穷爸爸会让结果大为不同。社会学家夏皮罗（Thomas Shapiro）发现，在这个阶段，富有的家庭常借由协助子女支付购房首期款或大学学费而转移财富，但这些子女很少意识到这是一种"继承"或自己因此占了不公平的优势。他们往往轻描淡写地表示，自己只是得到父母的"一点帮助"。夏皮罗称呼以这些形态继承的财富为"转化性资产"（transformative assets），因为这种财富对当事人未来的阶级地位至关重要，影响他们能否组织家庭、拥有房子或租房、住什么社区，以及孩子上什么学校之类。

财富一代传一代，是黑人家庭与白人家庭经济状况持续不平等以及被分隔在不同社区的部分原因。继承的财富和随之而来的教育与居住优势，使白人在购房和就业方面表现优于黑人。因为白人成年人往往在年轻时获得上一代赠与财富，他们更有能力也更有可能投资于金融资产，而这种投资将持续为他们创造更多财富。相较之下，黑人年轻成年人承受的债务比年轻白人重得多，这严重限制了他们拥有房屋或组织家庭的能力。

美国财富不平等为何持续加剧？所得日益集中，显然是经济资源愈来愈集中在少数人手上的一个重要原因。除了可以过舒适的生活，高薪家庭还有能力将30%~50%的收入存起来做投资。他们可以将收入转化为赚钱的资产,而许多美国家庭却必须努力避免入不敷出。金融化大大提高了这些投资的报酬率,使有钱人得以进一步改善子女的人生机会。所得不平等因此导致财富不平等一代比一代严重,最终是贫富两极化。

1970年代以来的一系列减税政策加速了贫富两极化。20世纪中期,顶层的1%群体的有效税率约为42%,最近已降至36%左右。另外,财富转手的税负也大幅减轻了:遗产税免税额从1976年的每名继承人27万美元(经通胀调整)大幅提升至2018年的1 118万美元,最高税率也从77%降至40%。你可能知道这种税被称为"死亡税",而它会影响到直接继承;免税额提高意味着继承者可以保留更大比例的财富。此外,一生中赠与超过500万美元的现金原本必须纳70%的税。如今这项税率已经降至40%。这种减税使高收入者得以在家族内保留更多经济资源,并使富有的父母或祖父母得以将大部分(甚至是全部)财产传给他们的子孙。

### 借由财务操作增加财富

拜这些减税措施所赐,顶层的1%群体可以投资更多金钱于金融市场,进而加剧财富不平等。社会学家凯斯特(Lisa Keister)认为,财富进一步集中在有钱人手里,部分原因在于中上阶层的投资方式与众不同。富裕家庭可以承受金融市场的波动，他们因此更有可能投资在高风险、高报酬的金融资产上。金融化时代开始以来，股市兴旺（见图4-4）带给这些家庭非凡的报酬。另外，中产阶级将他们的大部分财富放在房地产上，而美国房产的报酬率低于股票，而且较难变现。

财富不平等加剧的同时，资产配置的差异也扩大了。图6-1呈现美国家庭1989—2016年的资产配置情况，分为顶层的1%、随后的9%、再随后的40%和底层的50%四个组别。在最富有的1%家庭中，商业利益平均占总资产的37%。也就是说，开公司做生意仍是最富裕家庭的关键财富来源。但是，自1990年代中期以来，金融资产已经超过商业利益，从1989年占最富裕家庭总资产的32%增至2016年的42%。在此期间，股票所占的比例倍增，从占总资产的12%增至25%，而汽车和房屋等非金融资产的重要性则显著降低，从占总资产的30%降至20%。

10%的顶层家庭当中的其他9%家庭也呈现类似趋势，虽然他们在生意上的投资远少于最富有的1%家庭。1989年，股票占这些家庭总资产的10%，后来大增至28%；总金融资产所占的比例则从36%增至51%。汽车和房地产之类的有形资产同样变得没那么重要，从占总资产的45%降至34%。

往下看会发现，接下来的40%家庭也呈现类似趋势：1989—2016年，股票占这些家庭总资产的比例从6%增至

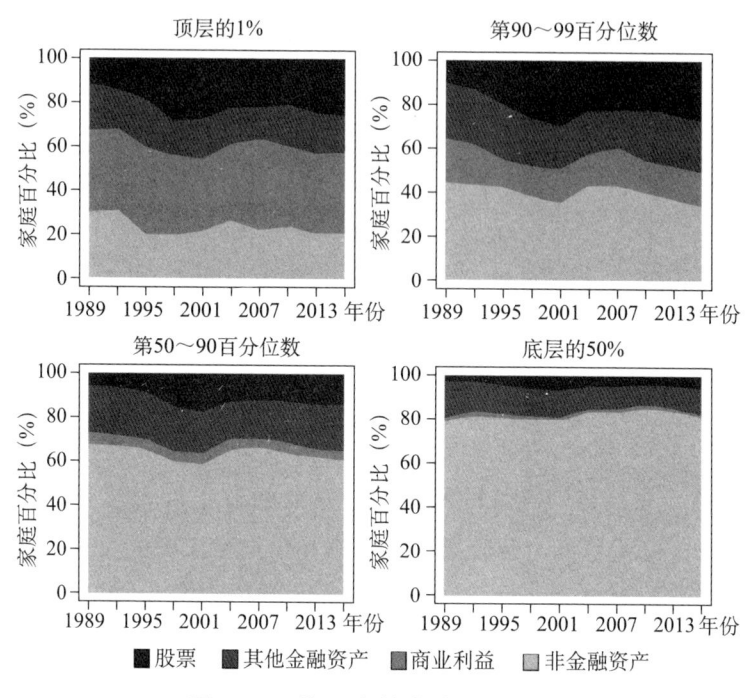

**图 6-1 美国人的资产配置情况**

注：股票包括直接持有的股票、股票共同基金、退休账户、年金和信托。针对组合资产和金融工具（例如股票加债券），消费者财务调查估算出每一项资产中的股票价值。其他金融资产包括其他所有金融资产，例如账户和债券。商业利益包括积极管理和非积极管理的生意。非金融资产包括车辆、主要住宅的价值、其他住宅的价值和非住宅房地产的权益净值。

资料来源：美联储1989—2016年消费者财务调查。

15%，总金融资产所占的比例则从27%增至35%。但居于底层的一半家庭的情况就大不相同。

不同于比较富有的一半家庭，居于底层的一半家庭并未出现财富金融化的趋势。在我们着眼的那段时期，股票占这些家庭总资产的比例从 2.5% 增至 5.3%，但总金融资产所占的比例不升反降，从 20% 跌至 18%。非金融资产仍占这些家庭财富的绝大部分——高达 80% 左右。换句话说，较穷的 50% 家庭没有盈余可用来投资于家庭的未来；如果有钱，他们通常先买一所房子或买一辆车来维持生活。在美国这些资产是有助于稳定家庭生活的必需品，但是对累积财富没什么帮助。

尽管美国人的整体持股有所增加，但参与股市的程度仍然高度不均。研究发现，相较于白人，黑人家庭较少投资于高风险、高报酬的资产。图 6-2 呈现 1989 年和 2016 年黑人与白人家庭估计拥有的股票价值。如同图 6-1，它显示持股规模与财富规模正相关，而且在 1989—2016 年相关性有所增强。尽管如此，相较于白人家庭，富裕的黑人家庭配置较少资产于股市。1989 年显而易见的种族差异随着时间的推移而扩大，尤其是在财富分配的高端。这些数据显示，白人与黑人家庭之间的金融资源分配不但没有往比较平等的方向发展，还可能在大金融时代恶化。

种族差异源自许多因素，包括金融业的歧视以及亲朋好友理财的方式。持久的歧视性做法，例如上一章探讨的高利贷和"画红线"行为，事实上可能导致少数族裔家庭不信任金融机构。营销活动中的种族歧视，也可能导致黑人家庭比较不了解和比较缺少投资的机会。如同上一章指出，即便 1968 年的联邦《房屋公平交易法》和 1988 年的《房屋公平交易修正法》禁止各式各样的歧视，放款机构仍然继续基于种族而锁定某些潜在借款人。2016年，脸书被揭发帮助房屋广告公司用种族筛选广告的观众，因而激起公愤，但这当然不代表这些广告公司在脸书提供这种服务之前没有做这种事。即便被歧视的实际经验有时显得遥远，这些痛苦的经验常借由朋友、同事或邻居之间彼此分享而成为鲜明的共同记忆，让许多黑人家庭至今仍不愿跟金融机构多有交涉。

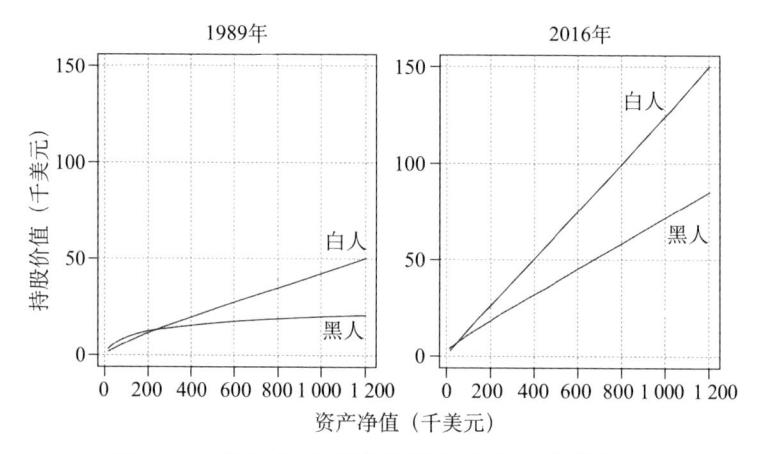

**图 6-2　按种族和财富规模划分的持股估计值**

注：样本包括资产净值为正数的所有家庭。股票包括直接和间接持有的股票。估计值考虑了户主的性别、家庭结构、记录的家庭收入、教育程度和年龄。这些特征维持在人口的平均水平。估计值因此低估了高净值家庭的持股规模，同时高估了低净值家庭的持股规模。

资料来源：美联储1989—2016年消费者财务调查。

退休储蓄是财富差距持续存在的另一个关键因素。将财务风险转移到个别劳工身上的确定提拨退休金计划，已经成为美国劳工的主要退休金方案（取代了为许多战后家庭提供经济保障的退休金计划）。但是，许多劳工无法参与这些自愿的退休金计划，因此不但失去参与金融市场的机会，还损失了退休福利（见图4-6）。社会学家坦博里尼（Christopher Tamborini）与金昶焕（ChangHwan Kim）分析税务记录，发现许多符合资格的劳工没有参加确定提拨退休金计划，因为他们根本负担不起每个月的提拨款。相较之下，高收入者的参与率非常高，而且选择较高的提拨金额，充分享受提拨款免税和雇主提供配对提拨（matching contributions）的好处。他们这么做不但使他们得以建立退休储蓄，还意味着他们的总薪酬实际上比从时薪或薪资差异中所得的高。

事实上，相较于财富的整体分配情况，股票集中在少数人手上的程度更为严重。图6-3呈现居财富分配顶层的1%、随后的9%、再随后的40%和底层的50%家庭拥有的股票比例（包括直接持有的股票，以及借由共同基金、对冲基金、退休账户和其他投资工具持有的股票）。美国最富有的1%的家庭控制着美国人拥有的约40%的股票，随后的9%的家庭同样拥有约40%。底层的90%的家庭总共仅拥有约20%的股票。更重要的是，近年来股票进一步集中在有钱人手上，而非像某些人所讲，401（k）和个人退休账户等退休投资工具让股市更为民主化。现实显然又一次与有心人宣传的截然不同：投资公司所促进的，主要不是勤劳的美国中产阶级的储蓄，而是最富裕家庭的财富。

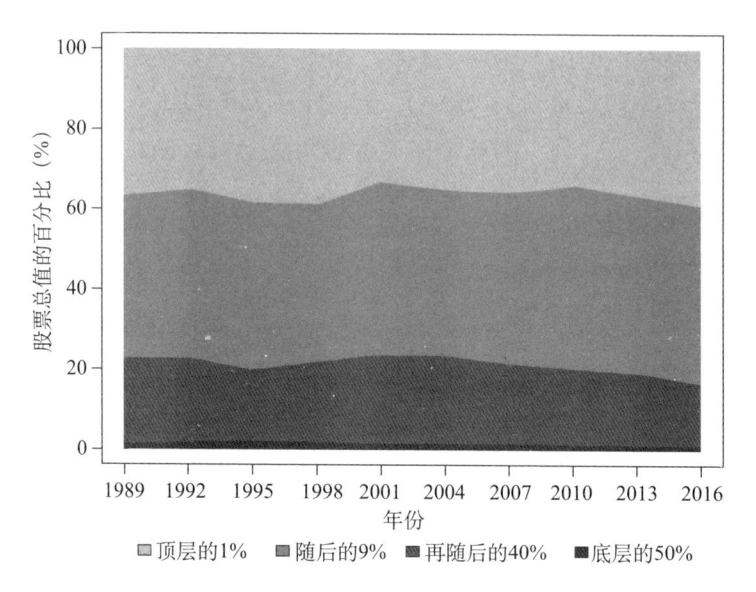

图 6-3　股票资产在四个财富组别的分布情况

注：股票包括直接持有的股票、股票共同基金、退休账户、年金和信托。针对组合资产和金融工具（例如股票加债券），消费者财务调查估算出每一项资产中的股票价值。

资料来源：美联储 1989—2016 年消费者财务调查。

值得注意的是，金融机构日益介入美国家庭参与股市的方式。图 6-4 对比了美国家庭直接持有股票的比例和通过管理机构（例如共同基金和对冲基金）持有股票的比例。在每一个财富组别，美国家庭直接持有股票的比例都有所降低，变得比较仰赖专业人士替他们管理股票投资。最富有家庭的股票投资规模巨大，他们持续将愈来愈大比例的股票投资交给基金经理管理。过去 30 年间，专业管理的股票占富裕家庭总持股的比例从 40% 大增至 75%；另外，底层 90% 的家庭的直接持股比例2016年时徘徊于10%左右。从这些趋势看来,"市场民粹主义"——愈来愈多美国人主动选股投资——只不过是业余投资人小圈子里的现象;大部分的民众都是将股票投资交由经理人管理。

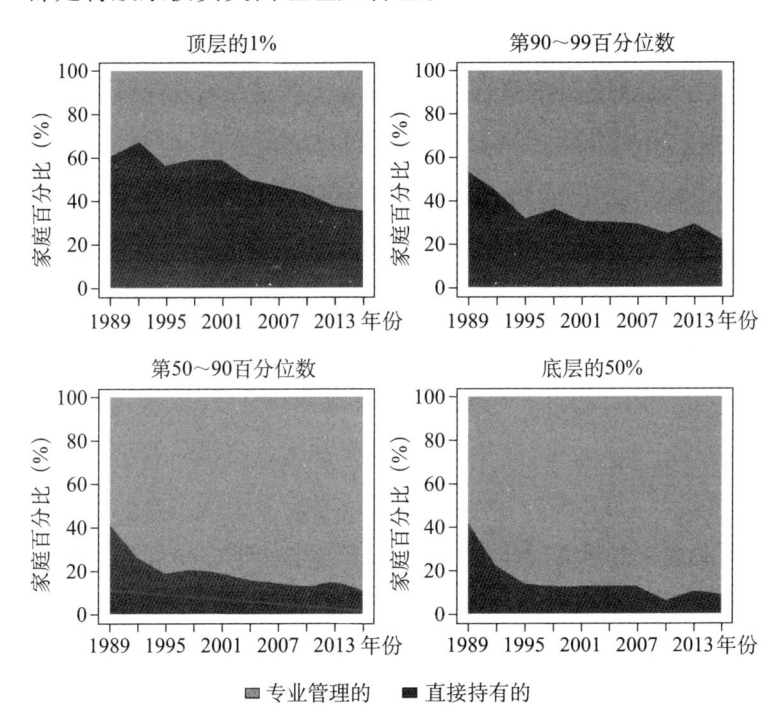

**图 6-4 四个财富组别直接持有和专业管理的股票比例**

注:股票包括直接持有的股票、股票共同基金、退休账户、年金和信托。针对组合资产和金融工具(例如股票加债券),消费者财务调查估算出每一项资产中的股票价值。

资料来源:美联储1989—2016年消费者财务调查。

全球财富管理业不断壮大,除了为经济精英创造更多的投资回报,还保护他们的财富,同时帮助他们逃避责任。社会学家哈灵顿（Brooke Harrington）花了超过八年的时间研究全球财富管理业，发现财富经理人大多像金融建筑师。他们设计了一套复杂的金融法律结构，借此防止客户的财富因为赋税、债务、费用、罚款和赡养费而流失。他们利用离岸银行账户、空壳公司、基金会和信托来分隔控制财富的权利与义务。除了帮助有钱人掩盖财富所有权、逃避纳税义务和不法行为的罚款，个别的财富经理人和他们的同业公会借由游说修改国际税法和相关法律以维护客户的利益，将贫富悬殊合法化。

有多少财富隐藏在公众视线之外？经济学家祖克曼（Gabriel Zucman）探究记录在案的负债与可辨识的资产之间的差异，估计超过4.5万亿美元（或全球金融财富的6%）追溯不到所有人。如果纳入贵金属、古董、艺术品和房地产等实物资产，这个数字会是2~3倍。光是美国的家庭就把超过1万亿美元的金融财富放在海外，当中接近一半放在加勒比海地区的避税天堂。官方统计数据时常低估了财富不平等的程度，以及资源实际外流（而非下渗）的程度。

随着少数人的财富不断增加，美国银行、摩根大通和富国银行等大型银行争相迎合高净值客户的需求和要求。为了从最富有的客户身上赚钱，银行为特定客户提供全面的服务，包括投资组织者、遗产规划、税务和法律咨询。这些服务往往以替客户管理的资产的某个百分比计算费用。近年来，财富管理为美国银行贡献约21%的总收入，税前利润率高达27%；摩根大通则有超过12%的总收入来自财富管理

（利润率更高）。这些服务的社会成本仍无法计算。

## 世代之间和世代内部的财富不平等

迄今为止，我们讨论了不平等的整体趋势，以及金融化如何助长财富集中在最富有的少数人手上。然而，我们还未谈到财富多寡是一个累积的过程，而财富的重要性也因个人所处的人生阶段而异。"富者"可能是即将退休的家庭。财富代表的不是这些人可以奢侈享受，而是这些人在退休后、晚年医疗照护费用不断增加之际，可以有经济保障。另外，许多"贫者"可能是事业刚起步的年轻人。他们之前放弃赚钱，选择接受教育以累积人力资本，因为他们知道，这种无形资产日后可以带给他们较高的收入和较多的财富。换句话说，财富不平等加剧可能只是反映财富在人生不同阶段的累积加速，而每一个世代中的财富差异可能相对稳定。

为了解不同世代之间和世代内部的财富差异是否有所改变以及如何改变，本部分聚焦于户主年龄为30~34岁的家庭之间以及户主年龄为60~64岁的家庭之间的财富差异。前一类家庭处于成年初期，通常已经完成了正规教育，并刚开始累积财富，可能是买进了第一所房子或参加了某个退休储蓄计划。后一类家庭已经退休或临近退休，接近其财富积累的高峰期。我们以六年为一个出生世代，追踪这些家庭的财富变化情况。借由考虑特定人生阶段的财富状况，我们得以更加了解财富不平等如何影响美国家庭的生活。

**千禧世代财富大减**

我们先来看户主年龄为30~34岁的家庭之间的财富分配，其中包括千禧世代最早期的那部分人。图6-5呈现1959—1982年出生的四个不同世代第95、90、75、50、25和10百分位数的资产净值。为了比较不同年代的财富，我们将所有金额调整为反映2016年的美元币值。因应美国人延后结婚的情况，我们将已婚或同居伴侣的资产净值除以2，得出人均财富[①]。

图6-5显示，在1970年代中期之前出生的三个世代中，年轻家庭的财富一代多于一代，但1980年前后出生的那个世代出现了财富显著萎缩的情况。就第95百分位数而言，1971—1976年出生世代的财富有323 000美元，但1977—1982年出生世代的财富已降至252 000美元。第90百分位数则是从187 000美元降至155 000美元。财富萎缩的情况在财富分配的中下层更明显：财富中位数从28 000美元减半至14 000美元，第25百分位数从4 500美元锐减至800美元。在底层，最年轻世代比以前的年轻人背负更重的债务——这一代人有10%在他们的职业生涯开始时欠债多于12 000美元。

---

① 在此我们是遵循学术惯例，虽然我们知道研究显示，在许多不同的情况下，男性对家庭财富的控制能力往往大于女性（Bessière 2013; Pahl 1983）。

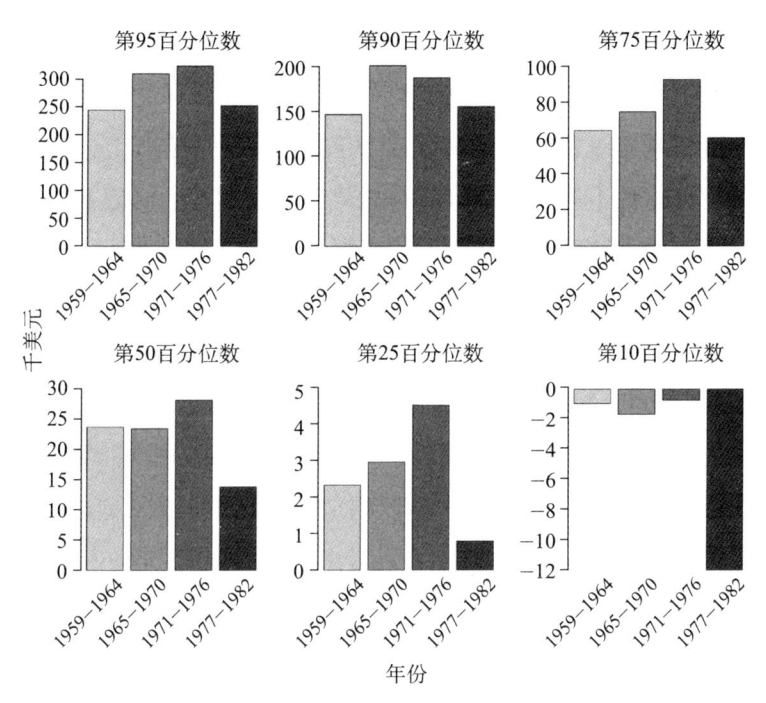

**图 6-5　户主年龄为 30~34 岁的家庭按出生世代分列的人均财富**

注：数据样本仅限于户主年龄为 30~34 岁的家庭。所有金额皆经通胀调整以反映 2016 年的美元币值。因应美国人延后结婚和离婚增加的情况，我们将已婚伴侣的资产净值除以 2。

资料来源：美联储 1989—2016 年消费者财务调查。

千禧世代财富大减有许多原因。相较于职业生涯始于 1990 年代经济繁荣期的世代，千禧世代是在二战之后最严重的经济衰退期进入劳动市场。许多人难以找到与自身教育程度匹配的工作，因此被困在低薪工作中。这种工资降低的情况可能持续十年之久，且可能降低他们的终身收入和累积财富的能力。千禧世代背负的教育债务也是美国历史上所有世代当中最重的。放款机构、教育工作者和政策制定者都告诉他们，投资于教育可提高未来的收入——这点在此之前的每个世代其实没错。但千禧世代的巨额学生债务实际上推进了财富分配的下限，并在这些年轻成年人规划自己的职业、组织家庭并开始为未来储蓄时，影响了他们有哪些选择。

图6-6显示，学生贷款在四个世代中愈来愈普遍。在1959—1970年出生世代中，借了学生贷款的家庭比例约为20%；1971—1976年出生世代的这一数字已增至约30%，1977—1982年出生世代的这一数字更是超过40%。每一个世代的借款人都愈借愈多。若将金额调整至反映2016年的美元币值，1959—1964年出生世代背负的学生贷款中位数只有3 000美元，1965—1970年出生世代的这一数字增至5 500美元左右，随后一个世代的这一数字已增至超过9 000美元，而1977—1982年出生世代所欠的学生贷款中位数更是超过11 000美元。

教育贷款的报酬并没有随着贷款金额增加而同步增长。比较借款人与非借款人的年收入，我们发现1970年或之前出生的人几乎没有差别。这是意料中事：1960—1986年，接受大学教育的相关费用保持稳定，许多中产家庭都负担得起[①]。

---

[①] Nation Center for Educational Statistics, Digest of Education Statistics, Table 330.10. Average undergraduate tuition and fees and room and board rates charged for full-time students in degree-granting postsecondary institutions, by level and control of institution: 1963–1964 through 2015–2016 (https://nces.ed.gov/programs/digest/d16/tables/dt16_330.10.asp).

(a) 借了学生贷款比例

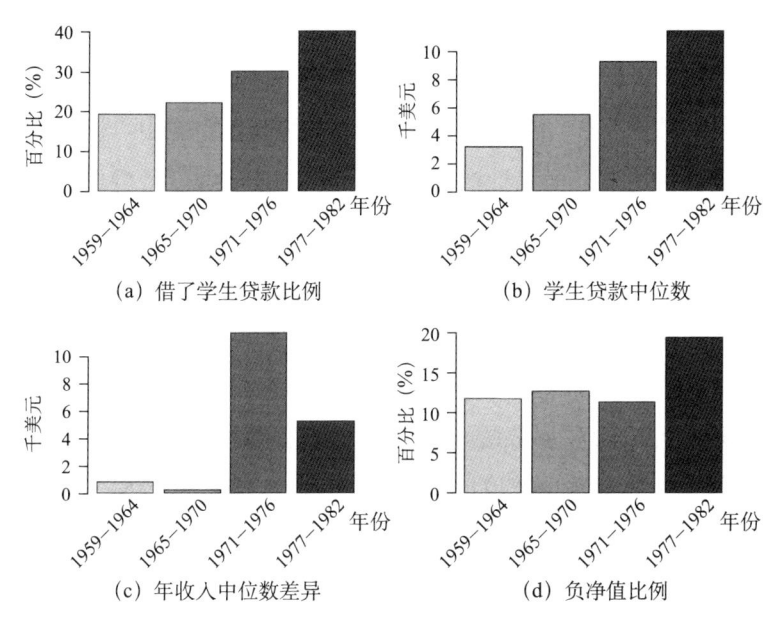

(b) 学生贷款中位数

(c) 年收入中位数差异

(d) 负净值比例

**图 6-6　户主年龄为 30~34 岁的家庭按出生世代分列的财富特征**

注：数据样本仅限于户主年龄为 30~34 岁的家庭。所有金额皆经通胀调整以反映 2016 年的美元币值。学生贷款中位数的数据样本仅包括那些目前有学生贷款未还清的人。因应美国人延后结婚和离婚增加的情况，我们将已婚伴侣的资产净值除以 2。

资料来源：美联储 1989—2016 年消费者财务调查。

1971—1976 年出生者是遇到学费显著上涨的第一个世代，借入学生贷款的好处在这一代人身上变得显著：借入学生贷款者的年收入中位数比没借学生贷款者高接近 12 000 美元。但是，下一个世代就没那么幸运：在这一代人当中，借入学生贷款者的年收入中位数只比没借学生贷款者高 5 000 美元。差距显著缩小，很可能是因为遇到经济大衰退，加上当局致力于使贫穷家庭的学生比较容易获得贷款。此外，未取得学位就辍学的学生贷款借款人增加了。学生贷款金额增加，加上借贷的报酬降低，使千禧世代成为美国近代史上最穷的一代。这个世代有五分之一的人在30岁出头时仍处于"水深火热"之中（仍有学生贷款未还清，而且资产净值为负数）。之前的三个世代只有约12%的人是这样。

整体而言，对千禧世代中的"老人"来说，财富积累变得比较困难，而我们预计，千禧世代中较年轻者将更难累积财富，因为他们是在经济衰退期间进入劳动市场，而且背负更多债务。除了那些能从父母那里获得财富的顶层幸运儿，这一代人的财富少于以前的世代，而且背负较多债务。金融业造成的经济衰退和学生贷款大幅增加，共同导致这一代人财富大减。这个世代的学生贷款借款人仍比没借学生贷款者赚得多，但借学生贷款的好处相较于之前的一代人已经显著减少。受此影响，这个世代有20%的人在30岁出头时没有财富。

**从共享繁荣到命运迥异**

现在来看已退休或临近退休的家庭之间的财富分配情况。与图6-5类似，图6-7呈现1929—1952年出生的四个世代在他们60~64岁时，第95、90、75、50、25和10百分位数家庭的资产净值。我们看到，前三个世代普遍出现财富一代多于一代的情况。第95百分位数家庭的财富从1929—1934年出生者的110万美元增至1941—1946年出生者的230万美元，相同时间段甚至第10百分位数家庭的财富也增加（从 4 400 美元增至 6 000 美元）。这种财富增长反映二战之后持续近 30 年的经济繁荣期所出现的多方面发展。许多农民从农村迁往城镇，从事收入较高的工作。参与劳动市场的女性比例日渐升高。劳工的教育程度和生产力均有所提升。而或许最重要的是，强大的工会确保经济增长的成果相对公平分配。这个时代被誉为共享繁荣的时期，虽然并不是人人都平等得益。

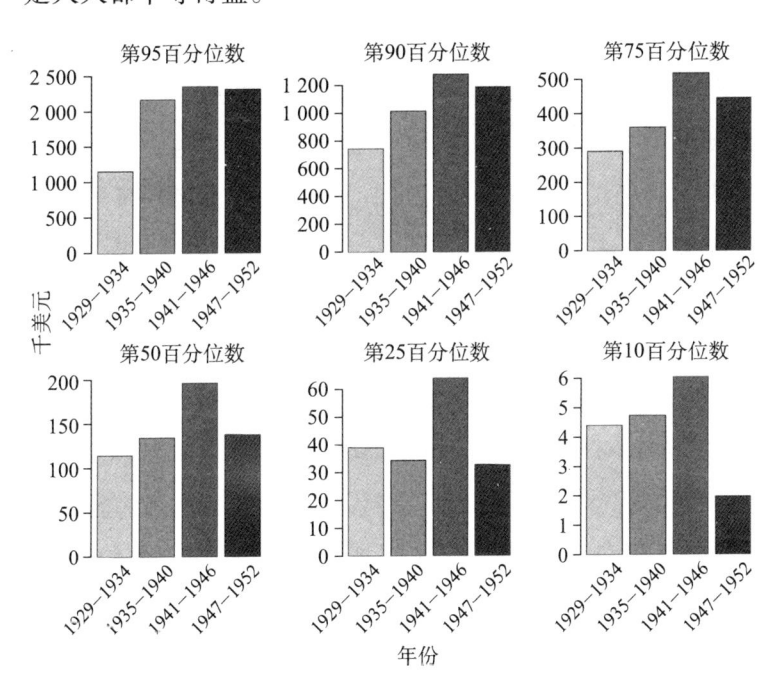

**图 6-7　户主年龄为 60~64 岁的家庭按出生世代分列的人均财富**

注：数据样本仅限于户主年龄为 60~64 岁的家庭。所有金额皆经通胀调整以反映 2016 年的美元币值。因应美国人延后结婚和离婚增加的情况，我们将已婚伴侣的资产净值除以 2。

资料来源：美联储 1989—2016 年消费者财务调查。

值得注意的是，处于中上阶层的 1935—1946 年出生者是在 1980 年代和 1990 年代的漫长多头市场中累积财富。1980 年 1 月—2000 年 12 月的 20 年间，标准普尔 500 指数上涨逾 10 倍，从 114.16 升至 1 366.01，年化报酬率（经通胀调整）达 12%。投资于股市的家庭搭上了黄金电扶梯——他们的财富每六年增加一倍。1970 年代末开始的一系列减税政策使他们得以保住更多财富。股票因此成为这些家庭财富更重要的一部分。图 6-8a 呈现股票资产占四个世代家庭财富的比例。我们可以看到，在第 75 百分位数，股票仅占 1929—1934 年出生者财富的 8%，但这个比例在随后的世代已快速升高至 22% 以上。这些家庭的财务安全因此愈来愈取决于股市的表现。

到了 1947—1952 年出生的这个世代，广泛的财富增长告一段落；这一代人在共享繁荣期结束、金融化时代开始的时候进入劳动市场。虽然富裕家庭的资产净值与之前的世代相当，但中低阶层家庭的财富大幅萎缩。资产净值中位数从 196 000 美元降至 138 000 美元；第 10 百分位数家庭，资产净值从 6 000 美元降至 2 000 美元（见图 6-7）。随着底层沦落，临近退休时"资不抵债"的家庭比例从 3.4% 升至近 5%（见图 6-8b）。

这一代人也比之前的世代背负更多债务。图 6-8c 呈现杠杆比率中位数，计算方法为家庭总负债除以总资产。我们可以看到，1929—1934 年出生者的杠杆比率中位数不到 5%，但 1947—1952 年出生者的这一数字则超过 12%。借款增加主要源自房屋抵押贷款。图 6-8d 显示，1929—1934 年出生者在他们到了 60 岁出头时，多数已经还清了房贷。相较之下，1947—1952 年出生者到了这个阶段，仍背负颇重的房贷：一半的人所欠的房贷（包括房屋抵押贷款、房屋净值贷款、房屋净值信贷）相当于其主要住宅价值的四分之一或更多。

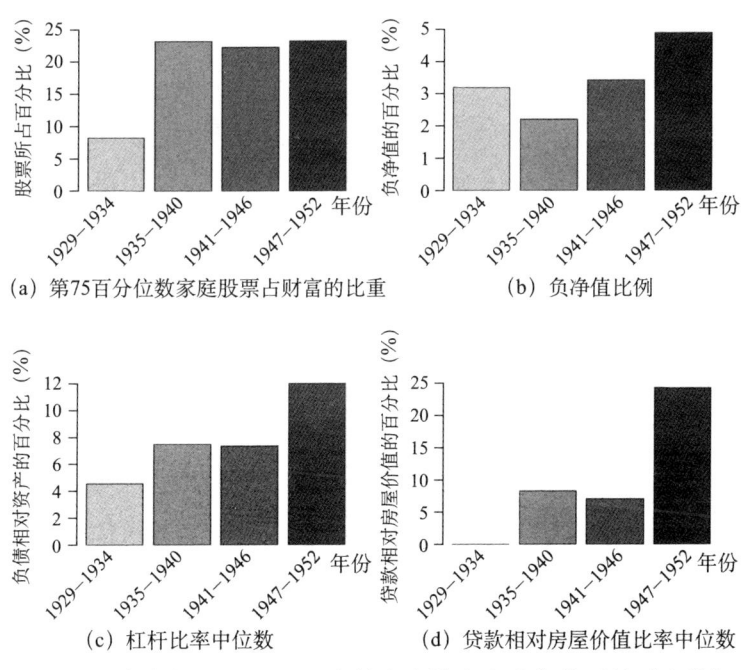

(a) 第75百分位数家庭股票占财富的比重

(b) 负净值比例

(c) 杠杆比率中位数

(d) 贷款相对房屋价值比率中位数

**图 6-8　户主年龄为 60~64 岁的家庭按出生世代分列的财富特征**

注：数据样本仅限于户主年龄为 60~64 岁的家庭。股票包括直接和间接持有的股票。杠杆比率以家庭总负债除以总资产得出。贷款相对房屋价值比率的计算方式为以户主主要住宅作为抵押品的所有贷款除以主要住宅的价值，数据样本仅包括拥有房屋的人。

资料来源：美联储 1989—2016 年消费者财务调查。

总而言之，退休人士的家庭财富随着时间的推移而增加。1946年之前出生的美国人到了退休或临近退休的时候，累积的财富很可能超过他们的父母在相同年纪所累积的。这种财富增长主要是拜战后的经济繁荣所赐，而就中上阶层家庭而言，股市提供了丰厚的投资报酬也是重要原因。但是，1947年或之后出生的美国人开始遇到经济状况显著变差的问题，尤其是那些位于财富分配中下层的人。相较于之前的世代，这个世代比较可能在黄金工作年龄结束时没有足够的储蓄。此外，这个世代背负的债务显著加重，负债相对资产比率和贷款相对房屋价值比率相较于之前的世代皆大幅上升。这些家庭的财富因此对于利率变化更加敏感。

## 总结

在大金融时代，金融投资工具激增彻底改变了美国家庭管理财富的方式，而随着时间的推移，这种变化巩固了社会阶级不平等。在本章，我们检视了金融化两大赢家之间的共生关系如何加剧美国家庭之间的不平等；他们是在股市累积财富的富裕家庭，以及替这些家庭管理财富的投资经理。能够参与股市的人基本上仅限于富豪、高薪劳工，以及拥有退休储蓄账户的婴儿潮世代。因此，劳资之间的紧张关系已经转化为特权劳工与边缘化劳工之间和新旧世代之间日益紧张的关系。

过去 45 年里，美国财富分配不均的情况变严重了。相较于二战之后民众共享繁荣的数十年，现在有能力累积财富的美国家庭已经显著减少。资本集中在顶层，制造出一个分成两阶的社会，最富有的少数人与其他人之间出现了一道鸿沟。支撑美国资本主义的系统性不平等确保了富裕家庭在教育、婚姻以至健康方面享有更好的结果。财富之所以持久，是因为财富可以转移：父母和祖父母可以把财富传给子孙后代。这些孩子可说是天生占了极大的优势。财富不平等不但确保顶层人家可以成功，还大大减少了处在底层的 90% 的人向上流动的机会。收入可能每年显著改变，财富则稳定得多；财富不平等实际上是一道稳定的鸿沟，一代又一代地复制社会阶级不平等。

我们也看到，股市兴旺和全球金融秩序为有钱人提供了前所未有的机会，使他们得以增加财富并把财富存在海外。现在的有钱人在投资方面比较不仰赖房地产和其他有形资产，主要借助多元化的金融资产组合，并利用税务漏洞保存财富给子孙后代。金融业者和律师事务所因此大发利市，替有钱人管理财富，并且左右税法的制定，借由合法避税和非法逃税手段保住精英阶层的财富。中产阶级家庭虽然也参与股市，但投资要低许多，而股市的风险和报酬与超过半数的美国人几乎无关。大部分美国家庭如果有资产，则资产主要是他们的主要住宅和交通工具。对他们来说，财务安全是一种奢侈品，而不是一种权利。

股票市场民主化无疑是一场幻影。1989—2016 年，美国最富有的十分之一家庭拥有约80%的股票，而且他们所占的比例还随着时间的推移而增加。种族间的财富差距也扩大了，部分原因在于白人家庭投资于股市的资产比例高于黑人家庭，即使考虑总财富规模也是这样。股市并未促进财富平等，而是奖励有钱人以及为有钱人服务的金融专业人士。金融业者利用贫富之间的鸿沟，靠财富管理业务获得丰厚的利润。

最后，我们说明了这些变化并非反映财富随着人生不同阶段的累积，而是金融化的结果。1970年代中期之前出生的美国人，年轻时的家庭财富一代多于一代，但到了1980年左右出生的那一代人，财富就显著减少。相较于之前的同龄人，这些早期的千禧世代拥有的资产比较少，但背负了更多债务，这主要是拜金融业造成的经济衰退和学生债务不断膨胀所赐。在二战之后的共享繁荣时期成年的几代美国人，退休时拥有的财富多于之前的世代，也多于之后的任何世代。在1947年或之后出生的人当中（包括许多婴儿潮世代），颇大一部分人将会在没有足够储蓄的情况下退出劳动市场。

所有世代都出现了财富不平等加剧的情况——这是我们在这些世代之间发现的普遍发展。因为拥有金融资本而获得的财富，扩大了新旧世代之间的经济状况差异。此一趋势看来正在恶化。在下一章，我们将探讨经济大衰退的后果。

# 第七章 危机过后

大衰退加重而非减轻了不平等。

2008年金融危机使美国家庭蒙受大萧条以来最严重的经济损失。金融危机调查委员会（Financial Crisis Inquiry Commission）的一份报告指出，直到2011年，美国仍有2 600万人失业，400万个家庭流离失所，而美国家庭整体损失了11万亿美元的财富。随着经济陷入衰退，大众对金融业的观感显著恶化，这一点在"占领华尔街"运动中极为明显。这场运动非常著名的一点，是要求世人关注顶层的1%与底层的99%之间的鸿沟：前者纸醉金迷，后者挣扎求生。金融服务业成为一个纵容贪婪腐败却坐视贫困饥饿的缩影。

公众对金融业的加强监督，并不限于抗议活动。因应危机，政府的干预措施也试图力挽狂澜。小布什政府任内最后几个月推出的问题资产援助方案力求恢复金融市场的流动性，同时给予政府官员更多权力监督那些深陷债务罗网的机构。除了在危机期间推出两个大型刺激经济方案，奥巴马总统还签署了2010年《多德－弗兰克华尔街改革与消费者保护法》，以抑制企业高层的高薪，并加强对金融业的规范。这些举措都是希望使金融业的运作变得比较顺畅，尽可能降低系统风险，尤其是那些被视为"大到不能倒"的关键金融机构造成的风险——这些公司如果倒闭，很可能会拖垮整个美国经济，但正是它们不顾后果的行为直接导致了金融危机。联邦与州检察官利用大众对华尔街的愤怒，开始起诉各种金融不法行为。一时之间，大金融时代似乎已经走到了尽头。

尽管当局采取这些干预措施，但政府自大衰退以来执行的政策既没有改变经济不平等扩大的趋势，也未能在经济去金融化（definancialization）方面取得进展。这些发展实在令人意外，因为在大萧条之后数十年，美国的经济结构就发生了巨变。在1930年代和1940年代，美国有钱人的财富大幅减少，加上一系列的高层次改革，促成了不平等减轻、被称为"大压缩"（Great Compression）的一段时期。新政（New Deal）刺激方案、联邦最低工资实施、社会保险制度确立、工会发展获得支持，加上其他劳动改革，为许多美国劳工的权利和生计提供了新的保障。

相较之下，大衰退之后我们看到所得与财富不平等同时持续加剧。自2007年以来，不平等扩大了。顶层的所得保持稳定，顶层之外，身处底层的60%人口的收入却在萎缩。房贷危机造成中产和劳工阶级家庭的财富崩跌。因为这些家庭往往将很大一部分（甚至是全部）财富投资在房屋上，债务负担也比较重，他们比较容易因为失业或遇到紧急医疗状况周转不灵而债台高筑。

为什么大衰退加重而非减轻了不平等？一些学者和评论者认为这是因为劳工运动衰落、劳工保障减少，以及政治右翼激进化。但这种说法忽略了金融的反弹力量，也忽略了金融在制造经济不平等方面的根本作用。在本章，我们追溯金融危机以来的主要发展，说明多数监管和法律对策如何提高流动性、降低系统风险，以及惩罚金融市场的欺诈活动。但在达成这些目标的同时，这些政策也促使金融市场的影响力进一步集中，并且助长了金融业与政治圈交融、公共政策仰赖私营中介执行，以及金融主导公司治理。这些政策最终主要是恢复了金融霸权，而非改革金融秩序。

下文简要叙述金融市场如何崩溃，以及当局对信贷紧缩的实时反应。然后我们讨论在危机局部受控之后，当局如何改革金融业。我们看到，这些努力虽然使金融体系变得比较稳健，但是对减少依赖金融业没什么帮助。旨在防止危机再度爆发和保护消费者的措施在特朗普政府上台后受到攻击，我们最后的分析得出了一个悲观的结论：极度经济不平等在大衰退过后变得更加严重。

**流动性危机**

金融危机始于2007年，当时大量美国家庭拖欠房屋抵押贷款。这个发展可追溯到许多前兆，包括房贷证券化盛行、次级贷款和房屋净值贷款愈来愈多，以及房贷放款机构欺诈猖獗。房贷放款机构以前会持有房贷，等待借款人逐渐偿还贷款；房贷证券化则使放款机构得以将房贷打包成证券出售，迅速获得资金做新一轮的放款。理论上，房贷证券化可以将风险分散到整个全球金融体系，进而将个别贷款违约的后果降至最小。但在现实中，这意味着一旦出现系统性违约，后果不但深远、难以追踪，而且还很难控制。

1990年代中期，美国房价开始上涨。这种前所未有的上涨趋势主要是受房贷证券化驱动。批发型房贷放款机构视"放款后转售"为有利可图的商业模式，它们可以向借款人收取高昂的费用,并以此作为向房贷证券买家推销的卖点。这些贷款的弹性高利率也使这些房贷证券看起来像聚宝盆一样诱人。业者采用重量不重质的运作方式,尽可能增加浮动利率次级房贷的发放量。在符合授信标准的借款人愈来愈少的情况下,房贷业者降低了授信标准。Ameriquest 是这些房贷放款机构当中最积极的,这家公司专门从事次级贷款业务,借由欺骗借款人(使他们对未来的还款额有错误的想法)和伪造文件大发利市。其他放款机构——例如全国金融集团和新世纪公司(New Century)——也加入这场恶性竞争,说服黑人和西班牙语裔借款人借入成本高昂的贷款,并向所得极低的家庭放款。放款业者向借款人保证,他们的房子在兴旺的房市中将迅速升值,他们的收入也必将增加,因此根本不必担心未来负担不起显著提高的还款额。但是,许多这类贷款其实是危险的定时炸弹,一旦利率上升、房价下跌或还款额显著提高,就可能瞬间摧毁借款人的财务状况。

华尔街的证券公司将这些房贷包装成可以买卖的证券,卖给世界各地的银行和机构投资人——它们亟欲找到可以保证丰厚报酬的投资工具。这些证券在全球资本市场(尤其是欧洲)愈来愈受欢迎,因为主要的信用评级机构给予部分此类证券极高的评级,而且人们对美元的信心仍然很强。鲜为人知的是这些评级是某种自动程序给出的,评级机构很少审视证券背后的房贷是否良好;因为有钱可赚,投资人很少多问问题。随着证券公司开始将劣质房贷混入高评级的房贷证券中,这种评级变得愈来愈不可靠,但全球市场对此类证券的需求持续强劲。

到了2000年代中期，若干对冲基金意识到，房贷市场不顾后果的放款行为十分普遍，许多借款人迟早无法履行还款义务。为了借此获利，这些基金要求华尔街上的大银行创造住房抵押贷款支持证券的衍生合约——这些衍生合约就如同保单，如果房贷借款人违约，发行银行就得赔偿持有保单的人。这些对冲基金之所以对这些合约有兴趣，不是因为它们本身持有房贷证券，而单纯是赌房贷证券市场即将崩溃。尽管如此，金融业者乐于配合这种要求，因为它们的分析师认为这些房贷证券非常安全，所以它们可以从对冲基金这些傻瓜那里获得无风险的保险费，未来却不必做出赔偿。

这些银行之所以愿意发行衍生合约，是因为它们认为美国房市整体而言是强健的。这种假设在购房需求驱动金融业务时确实无误，但一旦金融业者开始为了兜售房贷而制造购房需求，情况就不是这样了。简而言之，金融业者没有意识到，它们的做法已经将金融体系推到崩溃的边缘。后来一些银行（例如高盛）开始认同那些对冲基金经理的看法，认为房贷市场的崩溃迫在眉睫。但它们并未停止发行这些衍生合约，而是将这种"保单"转手卖给机构客户，告诉它们这些合约可说是稳赚不赔。

到了2006年底，美国房贷的初级和次级市场开始崩溃。愈来愈多房主负担不起最低还款额，房贷拖欠率不寻常（虽然事后看来无可避免）的上升趋势由此展开。在此之前，房贷违约率下跌长达15年，但到了2010年，也就是房市崩溃最严重的时候，超过 11% 的房主无法按时偿还房贷。大量的人失去赎回房屋的权利，被迫放弃他们的住所。仍持有许多没人要的有毒房贷的房贷放款机构率先倒下。新世纪公司于 2007 年 4 月申请破产。2007 年 8 月，Ameriquest 被卖给花旗集团；四个月后，全国金融集团被美国银行收购。但这次崩盘所震动的断层比房贷市场更深更广。

随着愈来愈多借款人违约，持有住房抵押贷款支持证券的外国和本地投资人面临重大损失。美国和欧洲的投资基金开始倒闭。华尔街业者之前以非常低的保费发出大量的房贷证券衍生合约，如今它们连同其他持有这些保单的投资人必须拿钱因应房贷违约。过度延伸的信贷链断裂了。国际银行业者发现自己无力偿还为了营业而背负的大量债务。随着贝尔斯登、雷曼兄弟和华盛顿互惠银行在短短六个月内相继倒闭，市场恐慌至极。随着惊慌失措的投资人从市场上撤走资金，一些备受瞩目的金融诈骗案相继曝光，包括麦道夫（Bernie Madoff）臭名昭著的庞氏骗局。人们对金融市场稳定和金融业者信誉的信心因此荡然无存。仰赖常规信贷的企业和家庭突然无法维持自己的支付计划。

随着金融体系彻底崩溃的危险迫在眉睫，美国联邦政府尽快采取行动避免大西洋两岸的资金紧缩危机继续加深。美国财政部为此促成大型银行收购倒下的金融机构。值得注意的交易包括摩根大通买下贝尔斯登和华盛顿互惠银行，美国银行吞下美林证券，巴克莱收购雷曼兄弟，以及富国银行吞并美联银行（Wachovia）。这些收购是为了阻止骨牌一一倒下，而这些合并的确阻止了骨牌效应，不过这些权宜措施也意味着银行业势力变得更加集中（见图3-2）。

政府本身接管了房利美和房地美等政府资助企业。这两家公司之前都仿效私营放款机构的做法，结果持有大量的有毒住房抵押贷款支持证券。政府也向现金流不足、挣扎求生的公司提供大规模的援助，例如保险巨头美国国际集团就接受了850亿美元的联邦资金，以履行意外的支付义务。这些钱多数直接流向大型金融机构如高盛、美林和美国银行。政府将有毒资产的管理工作外包给巨型资产管理公司贝莱德（BlackRock），由这家公司管理美国政府介入贝尔斯登和美国国际集团时接手的1 300亿美元资产、房利美和房地美5万亿美元的资产，以及纽约联邦储备银行1.2万亿美元的房贷证券。贝莱德被某些人称为"影子政府"，美国公共政策继续仰赖私营中介执行。为了在民主社会中以比较正当的方法解决问题，在财政部和美联储敦促下，美国国会于2008年10月通过问题资产援助方案，输送7 000亿美元拯救濒临倒闭的银行和公司。

除了各种援助方案，美联储也通过极端的货币政策为银行业者挹注流动资金，不管它们是哪一国来的银行。联邦资金利率调降至零，以鼓励银行借款。三轮量化宽松措施借由大量买进国债和住房抵押贷款支持证券，为金融市场注满资金。截至2014年，美联储在其资产负债表上持有4.5万亿美元的住房抵押贷款支持证券、银行债权和美国国债，希望借由挹注现金来润滑受腐蚀的经济车轮，扭转经济恶化的趋势。

尘埃落定之后，人们对这些不寻常的货币操作是否足以拯救经济仍有疑问。虽然美国经济因为这些救援而没有崩溃，但是对多数美国人来说，复苏似有若无，来得非常缓慢。房市危机持续蔓延：直到2010年第一季度，房贷拖欠率才达到11.53%的最高点（见图7-1）。随后两年，房贷拖欠率一直保持在10%以上，直到2013年才出现下降的迹象。到了2016年，房贷拖欠率仍超过4%，高于1990年代的水平。美国失业率则从2008年4月的5%上升一倍至2009年10月的10%（见图7-2）。

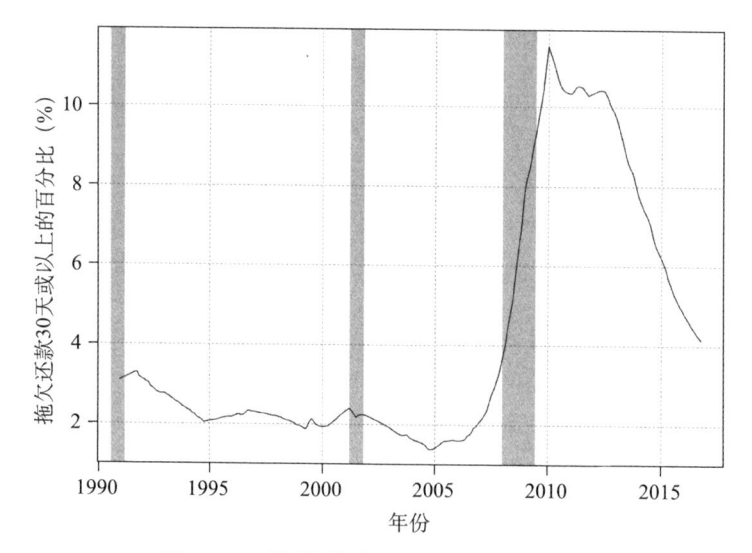

**图7-1 独栋住宅抵押贷款的拖欠率**

注：美联储发布的商业银行贷款和租金的冲销与拖欠率，数据经季节调整。拖欠的贷款和租金是指逾期30天或以上的贷款和租金，包括仍在计息和处于非计息状态的贷款和租金。

资料来源：圣路易斯联邦储备银行，美联储经济数据。

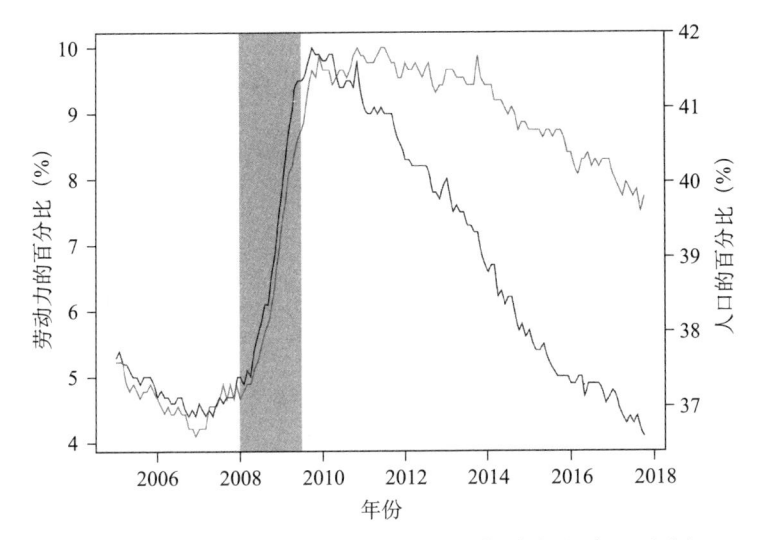

图 7-2 2005—2017 年未就业的劳动力和人口比例

注：较浅的线参照右轴，较深的线参照左轴。两个序列（UNRATE 和 EMRATIO）都是根据当前人口调查得出的 16 岁或以上的非机构平民人口数据。人口序列为 100-EMRATIO。

资料来源：圣路易斯联邦储备银行，美联储经济数据。

就业率最终花了 77 个月才回到衰退前的水平，相较于之前十次衰退的中位数 22 个月，时间之长令人震惊[①]。但是，这次的所谓"复苏"掩盖了一个重要事实：许多沮丧的劳工选择离开劳动市场。美国未参与劳动的人口比例从 2007 年到 2014 年有所增加。这场危机造成的经济伤害相当持久，

---

① 以下数据可供参考：在此之前，1946 年之后十次经济衰退的持续时间为 6~16 个月，平均为 10.5 个月。2007—2009 年的经济衰退历时 18 个月，是 1946 年以来最长的经济衰退。https://www.minneapolisfed.org/publications/special-studies/recession-in-perspective.

严重程度只有始于1929年、导致法西斯主义在世界各地兴起的大萧条可比。如果说1990年代使严肃的左派知识分子开始承认市场的效率，那么2000年代末的危机则让右派知识分子开始思索自由市场的自毁性质。

## 改革或复原

虽然当局采取积极措施重振经济，但提高资金流动性对处理危机的根源显然毫无帮助。为了防止金融灾难再发生，奥巴马政府提出一系列的法律，最终促成了2010年的《多德－弗兰克华尔街改革与消费者保护法》。该法设立了金融稳定监督委员会和金融研究办公室以监管复杂的大型银行，并引进有序清算机制（Orderly Liquidation Authority）作为非银行金融机构的一种退场机制。该法还授权消费者金融保护局确保有害的金融产品减少伤害美国人。

特别重要的是，该法对可能危及金融市场稳定的金融活动提出限制和要求。值得一提的是，美联储重祭沃尔克规则，禁止银行从事投机交易，因为这种交易可能会危及大众的储蓄，并且使银行有机会既发牌又下注。这个规则遭到大型银行的强烈反对，声称自营交易对银行利润至关重要。沃尔克规则原定在2010年实施，但一再延后，到了2015年才实施。

国际方面，鉴于金融巨头先前无力应付信贷紧缩，27

个国家的监管机关同意集体提高对金融机构的资本要求和最低流动金要求。这些准则称为《巴塞尔协议Ⅲ》，要求银行增加股本并提高资产流动性，借此增强吸收意外损失的能力，降低破产风险。美联储2011年宣布将遵循这些准则，以免将来得再大规模救助金融机构。美国监管机关要求金融机构每年做压力测试，以确保它们能度过下个经济寒冬。这些努力都有一个共同目标，那就是尽可能降低金融系统风险和减少金融业普遍存在的利益冲突。

虽然《多德－弗兰克华尔街改革与消费者保护法》已经是《格拉斯－斯蒂格尔法》以来最全面的金融改革，但该法是否能完全降低金融系统内存的风险，至今仍不清楚。起草该法的前众议员弗兰克（Barney Frank）指出，美国的金融监管工作仍然相当分散，各监管机关之间没有什么沟通。弗兰克也担心该法对小银行的要求过于严厉，同时在规范私募股权和对冲基金方面做得太少。这次改革另一个没预料到的后果是，资本从开始受到较严格规范的投资银行流向透明度较低的金融服务部门，因而促成对冲基金业的扩张。在零利率时代，退休基金和其他机构投资人开始转向这些风险往往较高的另类投资，借此寻求较高的报酬。在此情况下，对冲基金管理的资产从2008年的1.5万亿美元弹升至2018年的逾3.5万亿美元，超过了金融危机之前的水平[①]。

---

[①] 2018年，对冲基金管理的资产达到3.6万亿美元，创历史新高，较上年增加7%，参见Preqin，"Q2 2018 Hedge fund Asset Flows"（http://docs.preqin.com/reports/Preqin-Hedge-Fund-Asset-Flows-Q2-2018.pdf）。

除了监管改革，当局还开始对金融危机的肇事者采取法律行动。在 2010 年的高盛听证会上，针对华尔街的敌意显而易见。美国证券交易委员会指控高盛的销售团队将有毒的房贷证券大量卖给客户，两大党的参议员轮番指责该公司造成现代史上最严重的经济灾难，还接受了政府的大规模援助，却没有利用援助资金提供重振经济所需要的贷款。尽管受到两大党的攻击，高盛的主管坚称他们没有误导或欺骗投资人，但美国司法部一系列的调查最终证实他们说谎。2016 年，高盛同意支付超过 50 亿美元的罚款与和解金。通常这种庭外和解当中没人愿意认罪，但这次高盛被迫承认对其房贷担保金融产品的潜在客户做出虚假误导的陈述。美国银行、摩根大通和花旗集团也与司法部达成和解协议。截至 2016 年底，美国最大型的银行因应欺诈、滥权、错误止赎和操纵利率与汇率等指控，被勒令支付总共近 600 亿美元的罚款。

谁为这些钱埋单？答案是银行的股东，而不是高层主管。事实上，摩根大通的首席执行官戴蒙（Jamie Dimon）2014 年与司法部达成和解后，获得 74% 的加薪，年薪回到 2 000 万美元。在 1980 年代的储贷危机中，超过 1 000 名银行业人员遭起诉，而且多数入狱。但在最近这场金融危机中，只有一名金融业主管入狱——他是瑞信公司（Credit Suisse）埃及出生的萨拉杰丁（Kareem Serageldin），罪行是在 2000 年代初高估房贷证券的价值。美国大型银行或次贷放款机构没有任何一名高层主管被定罪，尽管他们的实际罪行比萨拉杰丁对房主和整个社会造成更多伤害。

有些人指责政府对华尔街高层过度仁慈,但联邦检察官坚称,这些案件太难入罪。定罪的案件不多,可能只是反映当局减少起诉白领犯罪的大趋势。在1990年代,这些案件平均占所有联邦案件的17.6%,但这一比例在2012年已经降至9.4%。司法部以前经常起诉犯法的个别员工,希望借此杀鸡儆猴。如今司法部以公司为起诉单位,迫使执法部门权衡法律行动的经济后果。虽然转为针对公司似乎是处理集体不法行为的合理做法,但金融危机的余波暴露了这种做法的缺点。公司犯法无法入狱,只能罚款。而如果犯法的机构极其富有,罚款——即使是以10亿美元计的罚款——还是不足以阻吓犯罪或促进制度变革。

国会通过《多德-弗兰克华尔街改革与消费者保护法》,标志着规范管制的钟摆已经远离自由放任那一端,但如今钟摆似乎又荡了回去。2017年,特朗普政府提出《金融选择法》(Financial CHOICE Act),希望借此大幅削弱《多德-弗兰克华尔街改革与消费者保护法》;众议院2017年6月通过这项法律,两大党各自坚持自身立场。该法的主要改变包括以消费者执法局(Consumer Law Enforcement Agency)取代消费者金融保护局,使它成为由总统握有人事决定权的一个行政部门。此外,它也将削减该局的监管权力,尤其是在发薪日贷款和仲裁协议方面。这项法律也将废除为"大到不能倒"的金融机构设置的退场机制。如此一来,大银行濒临倒闭时，联邦政府更可能必须提出救助方案（在此情况下，金融业者过度冒险就很可能不必承受后果）。非常重要的是，《金融选择法》试图撤销沃尔克规则，容许银行继续从事投机交易。

更大、更有力的银行构成的威胁，促使两大党支持《经济增长、管制松绑与消费者保护法》。这项法律于2018年生效，修订了《多德－弗兰克华尔街改革与消费者保护法》，旨在支持中小型银行而非限制大银行。金融巨兽在金融危机期间吞食濒临倒闭的银行，借此进一步壮大，虽然民主党人和共和党人都对此表示担忧，但这场危机仍导致银行业的势力进一步集中，大型机构减少但规模变大。废除限制而非增强监管权力的目标，促使国会找到了难得的共同立场——这可能也是特朗普政府及其支持者构成政治堡垒的一个标志。

这项法律的支持者表示，有必要支持中小型银行抵御大银行的势力，而事实上，该法放宽了对数百家小型金融机构的监督。例如总资产不到1 000亿美元的银行可以不做压力测试。这项法律还将"大到不能倒"的资产门槛从500亿美元提高到2 500亿美元。弗兰克本人曾表示这个门槛的确太低，但他认为门槛可以安全地提高到1 000亿美元或1 250亿美元——远低于2 500亿美元。此外，资产少于100亿美元的银行被称为社区银行，如今可以不必遵守沃尔克规则。小型放款机构不再受《住宅抵押贷款披露法》的某些披露要求约束，中型银行的监管负担也减轻了。仅关注金融机构的规模忽略了一项重要事实：美国运通、嘉信理财（Charles

Schwab）、太阳信托银行（SunTrust Banks）等中级金融集团的规模仍然相当大，而且以可见和不可见的方式与大型机构紧密相连。如果这些规模较小的机构有几家倒闭，仍可能拖垮金融巨头。尽管如此，在罕见的两党共同支持下，这项法律在参议院以 67 票对 31 票通过，然后在众议院以 258 票对 159 票通过。

除了削弱《多德－弗兰克华尔街改革与消费者保护法》，金融业也在其他方面获得实质进展。最值得注意的是，参议院共和党人加上副总统彭斯打破僵局的一票，挡下了消费者金融保护局禁止银行和其他金融机构在合约中加入仲裁条款的提案。这项提案若通过，消费者将可整合资源进行集体诉讼。这具有重大意义，因为极少个别消费者有能力将争议诉诸法院，与富国银行和 Equifax 之类的大公司正面交锋。参议院的表决结果实际上保护了银行，使它们免受民事诉讼困扰。长期批评消费者金融保护局的马尔瓦尼（Mick Mulvaney）后来被任命为该局的代理局长，因此获得从内部削弱该局的权力。马尔瓦尼很快就暂停所有新调查，放弃针对发薪日贷款业者的案件，并且以财务教育办公室取代学生与年轻消费者事务办公室，消灭了负责保护学生贷款借款人的唯一联邦机构。

大衰退之后嘉惠银行、基金经理和企业股东的最重要政策变化，可能是 2017 年的大减税。这项 1.5 万亿美元的税改法案是特朗普上台后共和党人的首次立法胜利。这项法案不但借由降低所得税和遗产税，让有钱人获得不成比例的利益，还永久减轻了美国企业肩负的社会责任。公司税率从35%降至21%，海外子公司的税率更是降至只有15.5%。法案的支持者声称，企业省下来的税款将用来提高工资、增聘人手、降低产品价格和促进创新，长远而言将造福劳工和消费者，并刺激经济。涓滴经济学（trickle-down economics）突然莫名其妙地在国会山流行起来。

投资人和金融业者早看穿了这个谎言。因应2017年9月公布的减税方案，高盛等机构的分析师调升了他们对股市的预测。他们预测减税方案将使企业盈利增加10%，股东将获得更多的报酬。事实上，减税引发股市又一波涨势，短短三个月就使股市总市值增加2.7万亿美元。许多公司利用它们的保留盈余奖励股东和管理高层。投资研究公司TrimTabs估计，2018年第一季度，上市公司平均每天花48亿美元回购股票[①]。

到了这个地步，美国很显然已经错失了利用这场危机来推动真正变革的机会。除了若干例外，因应危机的政策主要用于帮助美国修复金融化的经济，而非解决金融化经济中的

---

① 这项回购率为一年前的两倍（国会于2017年12月减税，一年前的回购率未受减税影响）。J.P.摩根当时也估计，2018年的股票回购金额将创出历史新高，达到约8 000亿美元。Steward, Emily, "Corporate Stock Buybacks Are Booming, Thanks to the Republican Tax Cuts," *Vox*, March 22, 2018; Cox, Jeff, "Companies Are Putting Tax Savings in the Pockets of Shareholders," *CNBC*, March 12, 2018.

不平等问题。虽然金融业受到大萧条以来最严重的打击，但这场危机仅促成金融业重组，而非清算罪行。在下一部分，我们将检视大衰退以来的不平等趋势。我们会看到，拯救金融业的政策重振了金融业者的利润——它们的盈利在经济衰退期间急剧攀升，并在随后十年继续增加。与此同时，资本所得在国民所得中的占比增加，工资差距和财富差距继续扩大，家庭财富缩水，债台却高筑。

## 危机爆发十年后的不平等状况

金融危机爆发以来，收紧金融法规起初遭到金融业界反对，理由是增加限制会破坏金融业的稳定，并导致金融业在脆弱的经济中可以提供的服务减少。这种说法经不起时间的考验。图7-3呈现美国金融业和非金融业相较于2007年水平的利润增长情况。虽然金融危机导致金融业总利润萎缩近四分之三，但复苏之强劲令人震惊。经济衰退还未结束，金融业总利润就已经比2007年多出四分之一。随后几年里，利润更几乎持续增长。到了2017年，金融业总利润已经比金融危机爆发前增加了80%。非金融业的利润增长则缓慢得多，2010年才回到危机前的水平，到2017年时仅增加38%。

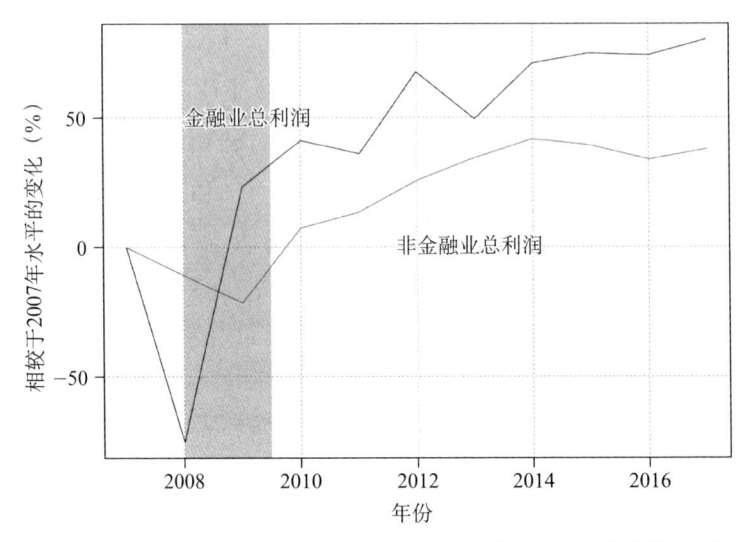

**图 7-3 大衰退以来的金融业总利润与非金融业总利润变化**

注：企业盈利为根据库存评价调整之后的结果。金融业包括联邦储备银行、信用中介等行业及相关活动，证券、商品合约、其他金融投资及相关活动，保险业者及其相关活动，基金、信托及其他金融工具，以及银行和其他控股公司。

资料来源：美国经济分析局，国民经济统计，表 6.16。

无论是金融业还是非金融业，利润增长并不意味着经济整体而言已经复苏。事实上，利润增长的部分原因在于工资和就业人口萎缩。图 7-4 呈现劳动和资本分别在国民所得中的占比，也就是国民所得分别有多少流向劳动者和拥有资本的人。虽然劳动在国民所得中的占比在经济衰退期间降低是意料中事，但这个占比在经济快速复原期间依然萎靡不振则相当不正常。由此看来，美国劳工的经济状况可能永远无法真正从衰退中复苏。钟摆持续荡向资本那一端，而且随着自动化技术大规模应用，速度只会加快。

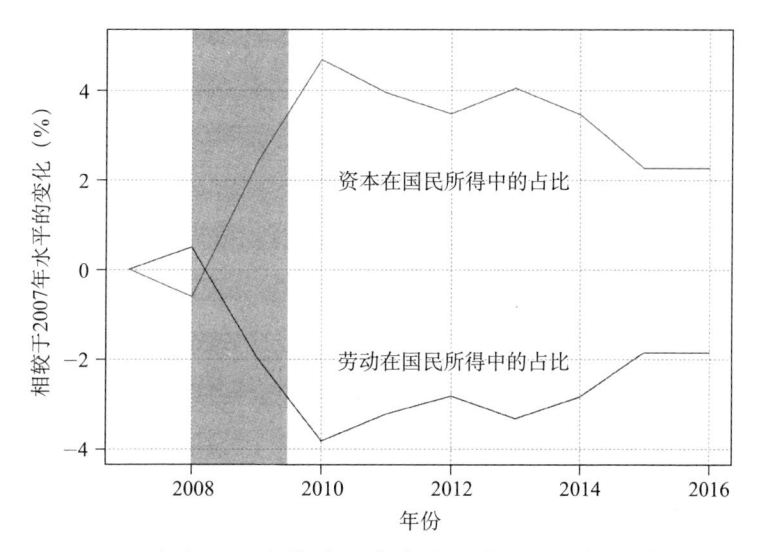

**图 7-4　大衰退以来劳动和资本分别在国民所得中的占比**

注：资本在国民所得中的占比，以私人部门毛营业盈余额除以薪酬总额与私人部门毛营业盈余额之和得出。

资料来源：美国经济分析局，国民经济统计，按产业划分的 GDP 序列。

各位读到这里，如果还认为劳工的巨大损失会在不同劳工之间公平分摊，那就是不够专心。本书第 2 章已经指出，自 1980 年以来，美国劳工之间出现了巨大的工资差距。此趋势没有因为金融危机及其余波而改变。收入顶层者受到经济衰退影响，但他们的薪酬在 2010 年就迅速恢复（见图 7-5）。第 95 百分位数的劳工的工资近年比危机前的工资水平高 12% 以上。但是，工资中位数却要到 2015 年才收复失地，而近年的经济增长也只能使它增长1%~2.5%。与工资类似，财富差距也在经济衰退后扩大了。因为货币政策致力提振金融市场，大衰退并未严重损害富裕家庭的财富。在最恶劣的时候，他们的资产净值相较于2007年减少约10%，到2016年时已完全恢复。另外，美国中产阶级的财富则受到重挫：2007—2010年，资产净值中位数暴跌约40%，而且直至最近也没有显著回升。

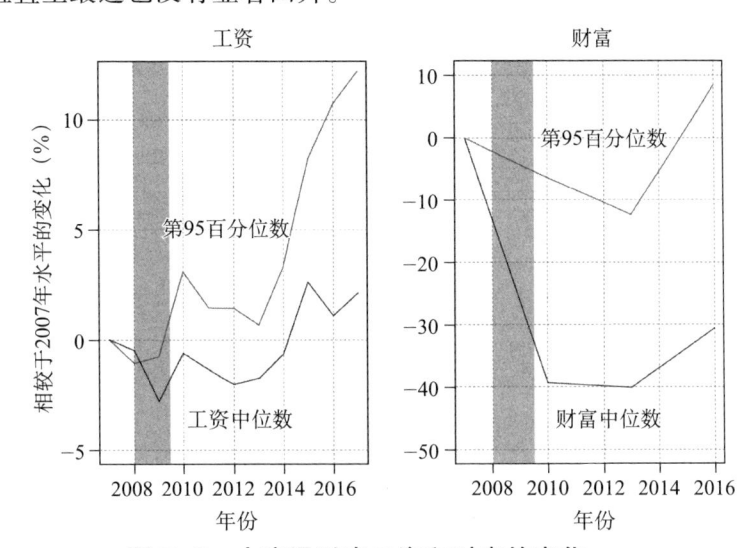

图7-5 大衰退以来工资和财富的变化

注：数据涵盖所有25~65岁的私人部门雇员。工资的计算方式为年收入除以每周正常工作时数与工作周数的乘积，再以劳工统计局公布的消费者价格指数做通胀调整。

资料来源：美国劳工统计局，当前人口调查社会经济年度附录；美联储2007—2016年消费者财务调查。

财富回升的情况呈现显著的种族差异。图7-6显示，虽然大衰退之前，种族间的财富鸿沟已经相当惊人，但在之后十年里，情况还进一步恶化。虽然在房地产泡沫破灭后，白人、黑人和西班牙语裔的家庭财富中位数全都萎缩了约25%，但白人家庭财富的回升速度比少数族裔快得多。这种差异在2010—2013年极为显著：在此期间，白人家庭的财富稳定了下来，但少数族裔家庭的财富则继续萎缩。到了2016年，黑人家庭损失了约30%的财富，白人家庭则损失了14%。

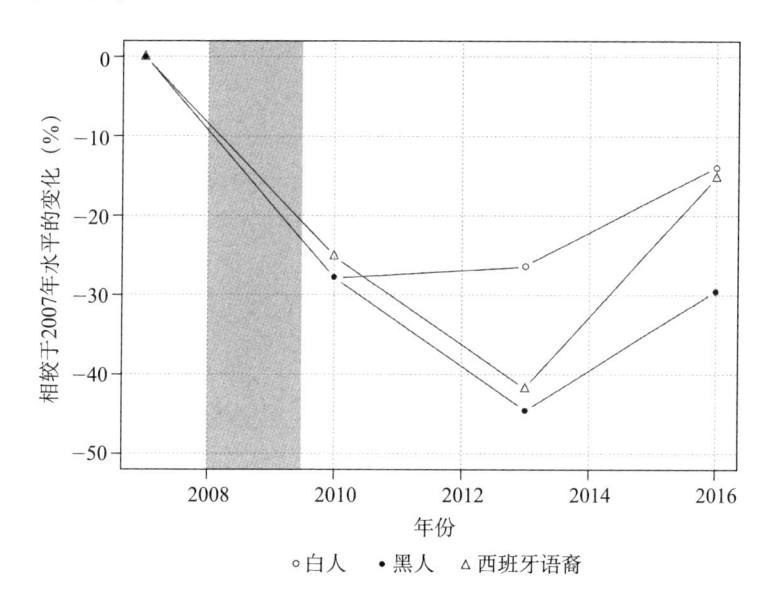

**图7-6 大衰退以来按种族分列的家庭财富中位数变化**

注：家庭的种族以户主的种族为准。
资料来源：美联储2007—2016年消费者财务调查。

黑人家庭财富复苏乏力，部分原因在于他们的非房贷债务自大衰退以来大幅增加（见图 7-7）。黑人家庭非房贷债务中位数在经济衰退期间降低 16% 之后急速升高，2016 年时比 2007 年增加一倍以上。当中很大一部分来自学生贷款：2007 年，学生贷款占黑人家庭所有消费债务约 23%。到了 2016 年，这个比例已经跳升至 50% 以上。在此期间，白人和西班牙语裔家庭背负的学生贷款债务也显著增加（所占比例分别从 13% 增至 21%，以及从 10% 增至 32%）。在理想的情况下，这种贷款将帮助借款人显著提高未来的收入，甚至帮助当事人累积财富。但是，如果向上流动的承诺未能兑现，种族间的财富鸿沟很可能在未来数十年继续扩大。

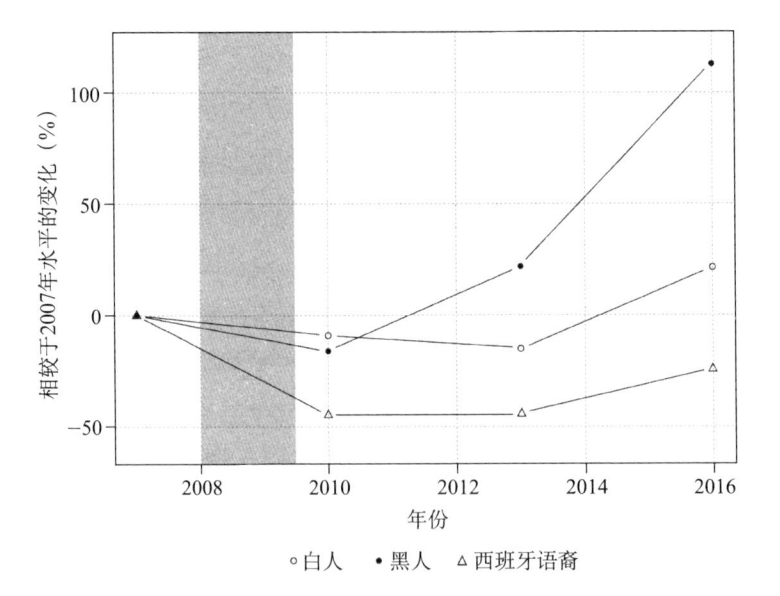

**图 7-7　大衰退以来按种族分列的家庭非房贷债务中位数**

注：家庭的种族以户主的种族为准。
资料来源：美联储 2007—2016 年消费者财务调查。

虽然财富和债务中位数有助我们了解经济衰退如何摧毁财富并扩大一般家庭之间的种族鸿沟，但它们对我们了解遭主流金融机构排斥的极弱势群体所面临的困苦却没什么帮助。图7-8呈现2007年以来发薪日贷款的流行程度。在2007年，黑人和西班牙语裔家庭借入发薪日贷款的可能性是白人家庭的两倍。虽然在经济衰退期间，所有种族使用发薪日贷款的家庭比例都有所上升，但黑人家庭的上升趋势极为显著，很可能是因为放款业的种族偏见使黑人难以获得条件较好的信贷。借入发薪日贷款的黑人家庭比例从2007年

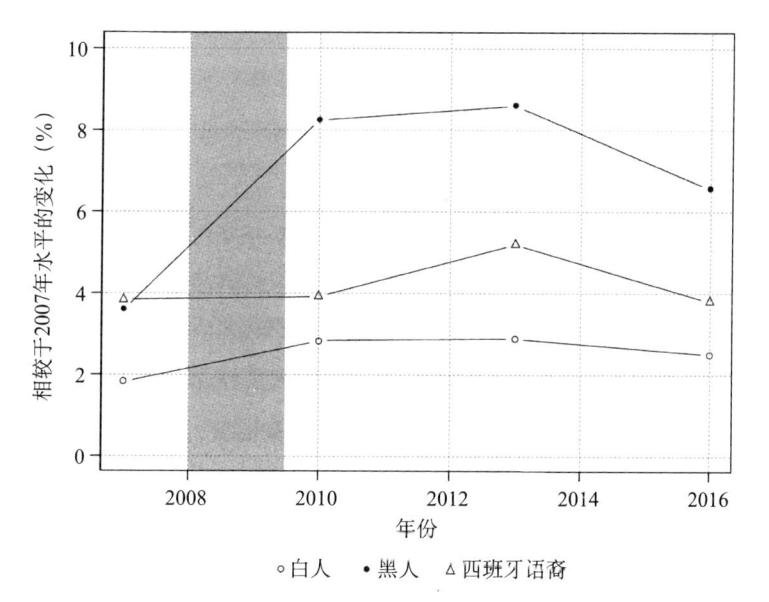

图7-8 大衰退以来按种族分列的发薪日贷款使用情况

注：数字代表过去一年曾借入发薪日贷款的家庭比例。
资料来源：美联储2007—2016年消费者财务调查。

第七章 危机过后 255

的 3.6% 升至 2010 年的 8.2%。政府放宽对高利率贷款的规范，对于少数族裔家庭影响特别大——他们会有更多机会获得信贷，但必须付出更高的代价，而后果将在未来几代人中加重。

## 总结

经济严重受创之后，美国一般民众和联邦政府才意识到，金融已经成为美国经济最关键但也最脆弱的一环。随着经济损失因为金融危机不断扩大，起初的震惊逐渐化为对华尔街的愤怒。抗议者集结起来。官员赶紧安抚投资人。评论者斥责死抱高薪的企业高层。国会提出法案。一时之间，这场危机似乎标志着金融化的结束，或至少是开始结束。

然而，虽然这场危机导致了与大萧条可以相提并论的全面经济大衰退，但结果却截然不同。大衰退以来的应对措施多数是致力恢复危机前的"常态"，并未保护美国民众的生计和彻底改革金融体系。危机爆发十年后，很显然美国错失了利用危机改革的机会。本已严重的不平等继续加剧。金融在美国经济中的主导地位变得更加牢固。

危机应对措施主要有两个方面，两者都帮助美国恢复之前的金融秩序。随着次级房贷市场崩溃和信贷提供者失去信心，当局的首要任务是拯救杠杆过高的金融机构，然后利用它们为经济挹注流动资金。然而，当局极端的货币措施未能有效刺激经济增长：银行业经历了一波合并潮，金融业利润大幅回升，奖金也反弹上升，但房屋和失业危机却持续多年。

金融危机告一段落之后，负责重振美国经济的人手上的第二要务是防止危机再度爆发。这意味着必须降低复杂而不透明的金融业固有的系统风险，以及惩罚那些对金融崩盘负有责任的人。虽然许多人认为方法应该是分拆那些大到不能倒的银行，但改革最终却聚焦于增强大型金融机构的资本。虽然当局尝试整合监管职能，但监管机关仍各自为政。此外，州与联邦检察官都试图追究银行和其他放款机构的责任，但最终只有一名埃及裔银行业人士入狱。金融业者支付罚款，它们的最高层则继续领取丰厚的奖金。

特朗普政府未能彻底废除《多德－弗兰克华尔街改革与消费者保护法》（或至少是针对巨型金融机构的部分），完全是因为政治僵局。但是，一系列的行政决定已经放宽了金融管制，而未来料将有更多立法行动打算破坏金融危机之后确立的监管制度。2018年的税改是联邦政府向金融业送的又一个大礼，对企业大幅减税使得更多资源转移到基金经理和企业股东手上。

虽然经济不平等如今不像在大衰退期间那么受关注，但各项指标显示，危机爆发十年之后不平等的情况只有继续恶化。受惠于有利的货币政策，金融业的利润在经济衰退期间反弹，并在《多德－弗兰克华尔街改革与消费者保护法》年代继续增长。虽然这些政策的支持者会为金融业的盈利表现喝彩，视之为成功的标志，但这些利润并没有像政策制定者承诺的那样嘉惠大众。劳动在国民所得中的占比萎缩，可能永远无法回到2007年的水平。所得差距进一步扩大，顶层薪酬增长的速度远高于所得处于中间水平的劳工。经济复苏期间，种族间的财富差距扩大，部分原因在于黑人家庭的非房贷债务大增。保护消费者的新政策并未遏制发薪日贷款，这种高利率贷款因为许多劳工就业极为缺乏保障而变得更加流行。金融危机所暴露的最迫切公共问题并未得到处理：不平等仍旧根深柢固。

# 第八章　结论

于是我们奋力前行。

1965年，社会心理学家勒纳（Melvin Lerner）在《性格与社会心理学杂志》发表了一篇研究报告。他找来肯塔基大学的22名学生做实验，要求每一名学生观察两名工人合作玩一个文字游戏，然后评价两人各自的贡献。那些学生被告知，由于研究经费有限，两名工人中只有一人会得到报酬，而且谁得到报酬完全是随机决定的。然后勒纳离开房间，为学生播放录音带，但学生不知道他们在房间里听到的内容是事先录制的。录音带第一段是勒纳访问两名工人，然后是两名工人玩游戏期间的互动，最后是随机选一名工人支付报酬。接着勒纳回到房间里，要求那些学生评价两名工人各自的贡献。

由于所有学生听到的互动过程完全相同，照理说，他们对哪一名工人贡献较多应该有类似的看法。但事实并非如此。勒纳发现，学生对工人的评价在很大程度上取决于哪一名工人最后获得报酬。他们倾向给予获得报酬的工人较高的评价，尽管他们清楚地知道谁拿到报酬与当事人在游戏中的表现或努力完全无关。换句话说，这些学生似乎认定获得报酬的工人确实比较值得获得报酬，借此合理化随机的结果。

一年后，勒纳及同事西蒙斯（Carolyn Simmons）发表了另一项实验结果。这一次他们安排72名学生在不同的情况下，观察一名无辜的学生因为一项虚构的人类学习研究而受到痛苦的电击。勒纳和西蒙斯发现，如果可以选择，多数学生会希望以鼓励的手段替代电击。他们不喜欢看到"实验对象"受苦。但如果不能选择，而且学生知道痛苦的电击将持续进行，他们会因此开始批评受害者，认为这个人本来就招人讨厌。如此的恶性批评通常在学生被告知痛苦的电击已经结束，或他们可以选择终止电击之后停止。

勒纳根据这两个实验结果和随后的研究，提出公正世界假说（Just World Hypothesis）。他认为，为了获得基本的控制感，人们必须相信世界（或至少是与自己有关的环境）基本上是公正的。也就是说，人们必须相信人通常会得到他应得的东西，良好的行为通常会得到奖励，而恶劣的行为通常会受到惩罚。这种信念对帮助个人执行几乎没有实时报酬的长期计划，以及鼓励日常的利他行为极为重要。此外，人们可能坚信个人作为与结果密切相关，因而利用结果来推断作为，即使他们知道结果可能是随机决定的。事实上，勒纳和西蒙斯观察到，在上述实验中，相较于认为实验"毫无意义"或"残忍"的学生，认为实验"有趣"或"愉快"的学生更常贬低受害者。

这些研究提供的教训，显然不在于我们所处的世界是否公正，而是在于人类有相信这个世界大致上是公正的这种倾向或心理需要。我们是善于合理化的动物，认为"事出必有因"或"没有巧合这回事"。我们为每一项奖励或惩罚寻找理由，有时甚至自行编造理由。这有助于我们获得一种安定感。即便没有明确的证据，我们仍会相信，当事人必然藏有某些特征导致他面对特定的结果。在我们不怀疑规则是否公平，或相信我们无力左右游戏规则时，这种倾向尤其强烈。

## 不平等的循环是如何产生的

本书的主要目的在于抵制这种诱人的捷思（heuristic）。我们必须检验游戏规则，尤其当我们思考经济不平等这个社会问题时。日益扩大的贫富鸿沟不能只用市场供求调整这样的简单说法带过。我们必须挑战认为社会基本上还是公平的假设，质疑那些在财务上获得奖励的人是否的确对社会做出了相应的贡献，以及经济利益遭剥夺的人是否的确自作自受。

本书的中心论点是，金融崛起乃美国经济不平等加剧的一个根本原因。金融化并不只是金融业在经济中的（相对）发展，还攸关金融的角色广泛逆转，从一种支持性质的次要活动变成经济的一股主要驱动力。当前金融体系所造成的最有害结果不是再三发生的金融危机，而是一场社会危机——它可能没么迅急，但造成的损害有过之无不及。金融化至关紧要，不仅因为金融直接决定经济中的资源分配，还在于它为造成不平等的其他趋势（例如工会衰落、政治变化、新的工作安排、科技进步和经济全球化）提供了动机、世界观、逻辑、修辞和技术。

本书阐述了金融化如何以三种互有关联的方式扩大不平等。第一，金融业的市场影响力愈来愈集中、政治影响力增强，以及公共政策仰赖金融业中介执行，使金融业得以从生产部门和家庭榨取经济资源，但并未提供相应的经济利益。第二，非金融企业金融化将管理层的注意力导向金融市场，而且使资本不再那么倚赖劳动，因此破坏了劳资协议。第三，借由国家或公司集体承担风险的制度遭破坏，创造出一种原子化的风险体系，将经济不确定性转移到个人身上，助长了金融服务的累退式消费。

图 8-1 概括了金融化加剧经济不平等的历史和分配过程。我们从美国金融业得以获取巨额利润的历史条件说起。此一现象在 20 世纪最后 25 年间可能极为明显，因为当时金融业的利润激增，但前因则早上许多。我们认为二战的余波和布雷顿森林体系的确立，是建立国际货币新秩序的关键历史时刻。此一跨国体制确立了美元的全球储备货币地位，使美国成为资本主义世界的中心。

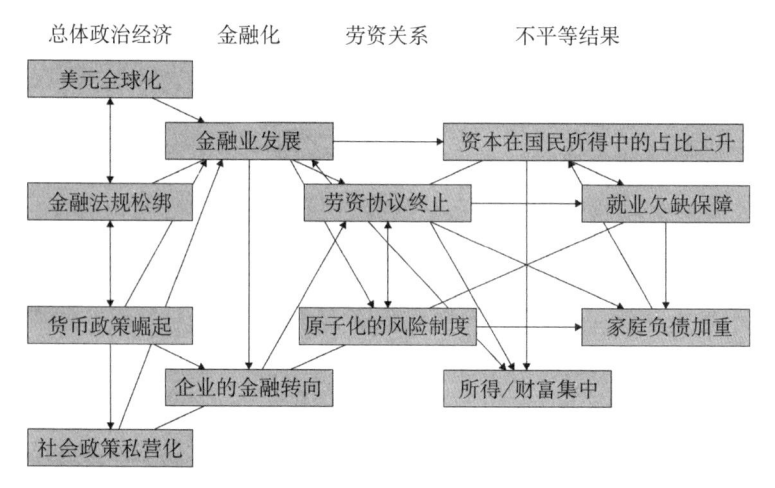

图 8-1　金融化的美国分配制度

这种历史背景影响了美国的三项政策，它们为美国金融业的繁荣壮大奠定了基础，帮助金融业累积利润和控制以前由其他经济部门持有的资产。第一，美国政府刻意维持对战后盟友的贸易赤字，借此输出美元并帮助重建资本主义经济。即使在布雷顿森林体系崩溃之后，美元在全球外汇市场仍维持其首要地位（美国政府一直积极维持美元的这种地位）。第二，企业和金融业出现反1960年代进步主义动员的运动，美国国会因此受到压力，放宽了对华尔街的管制。第三，面对1970年代的经济停滞和高通胀，美联储致力利用货币政策来抑制通胀而非刺激就业。里根于1980年代入主白宫时，政策和经济风向皆支持新自由主义兴起，取代凯恩斯经济学。因此，大萧条期间确立的金融管制和福利保障在接下来20年里逐步撤销。资金涌入华尔街，规模空前，风险巨大。

随之而来的政策目标（适时调整利率和致力于吸引外国投资）创造了诱因，促进经济中的三大转变，对劳工产生重大影响。

首先，金融业大幅扩张。金融企业整合成规模和力量空前强大的巨型机构。以前银行仅提供简单的放款服务和存款账户。随着《格拉斯－斯蒂格尔法》在1990年代逐步废除，银行开始提供资产和财富管理、股票交易、企业金融和投资银行、创业投资、保险业务、风险管理、房地产和政府融资产品。业务扩张带来高利润，金融业精英获得优渥的薪酬，金融业在政治方面也发挥愈来愈大的影响力——金融业者的竞选捐款不断增加，业者致力于游说政界制定有利于金融业的法规和税法。美国政府如今仰赖金融机构协助执行经济、社会和外交政策。破产调解、学生贷款、财政刺激政策等公共产品已经转移到金融业的管理者手上。

其次,企业管理方式经历了一场革命。企业管理层如今致力于为股东增加价值,而不是努力投资以扩大市场占有率——那是以前的企业管理黄金标准。为了尽可能提高股东报酬,企业致力于降低成本,方法包括采用自动化技术并裁员、将工厂迁往海外、将整个生产单位外包,以及将资源导向金融事业。裁员缩编和削减福利已经成为新常态——这可以降低雇用本地劳工的成本。金融公司倡导这些"典范做法",并从并购、分拆和其他企业重组行动中赚取丰厚的服务费。这种制度环境变化促使非金融企业关注金融市场,也鼓励金融业者创造各种投资产品。

最后,这些发展彻底破坏了长期以来企业与其员工和当地社群此前的同荣协议。企业的第一要务变成为投资人的利益服务。受此影响,劳工和中产阶级的薪酬停滞,工会瓦解,雇员福利消失。二战之后维持了数十年的雇主与雇员之间的社会契约作废,晋升机会、逐渐加薪、医疗保险、退休金计划和其他福利随之消失。以前由政府和企业承担的风险自此转移到劳工身上,雇主如今期望他们接受工作时间随时改变。最大的负担落在最脆弱的人身上,包括衰落的中产阶级、挣扎的劳工阶级,以及勉强维生的穷人。

我们如今身处金融化时代的累退式分配体系,金融业所占的企业利润比例急速升高,劳动在国民所得中的占比则大幅跌落。高收入者获得巨大的利益,尤其是企业高层和金融业人士，他们因此有较好的条件去驾驭这个新经济时代中的就业相关风险。中下层的收入则停滞不前，这些劳工因此承受愈来愈大的财务损失。原子化的不平等制度由此产生：高收入者有能力投资于金融产品，借此增加财富和稳定自己的阶级地位，金融服务业则得以提高利润。与此同时，美国多数家庭却很难累积有意义的财富。许多人的生计是靠债务而非收入维持。这种家庭债务以信用卡、汽车贷款、房屋抵押贷款和医疗债务之类的形式出现，助长金融业的人为增长和丰厚利润。此环境鼓励放款机构设计新的信贷产品，声称它们可以赋予借款人自由，但实际上使中产和劳工阶级进一步陷入债务泥沼。不平等的循环继续运转。

## 美国之外的情况

本书集中关注美国的情况，但欧洲、亚洲和其他国家也出现了类似的趋势。针对经合组织成员国不平等情况的研究一再发现，金融活动增加是不平等扩大的重要因素，尤其导致所得分配向金字塔顶层集中。例如社会学家戈德肖发现，在经合组织成员国，1980—2007年不平等的增幅有20%~40%与金融占GDP的比重有关。他指出，股票交易量和银行资产增加是造成不平等的关键因素。

除了整体上扩大经济鸿沟，金融化还重塑了经济制度和监管结构，导致1990—2010年法国和14个经合组织国家的顶层所得比重上升。在金融化程度较高的经济体,劳动在国民所得中的占比往往较低。在美国、英国和其他自由市场经济体,金融化与不平等的关系看来比较显著,而一项针对18个富裕的资本主义民主国家的研究发现,信用扩张(以及金融业从业人员增加和金融危机)是不平等加剧的主要因素。

企业高层如今的管理方式以增加股东分红为要务,这破坏了劳资协议,并将资源转移到全球金融服务业。许多跨国研究发现,一个国家的企业金融化程度,例如股市规模大小与股利多寡,与经济不平等息息相关。一项针对1960年以来18个先进民主工业国的分析发现,股市市值是所得不平等扩大的重要因素,而工会密集和工会的动员则有助于抑制这些趋势。这些研究全都指出,金融驱动经济和股东价值模式盛行削弱了劳工的集体议价能力,促进了弹性就业安排,并提高了股票市场对企业财务的重要性。

事实上,针对特定国家的研究支持这些说法,不过在面对促进股东利益的新兴全球规范时,各国企业管理层的反应有所不同。在法国,股东价值模式盛行促使非金融企业管理层开发金融产品,就像美国的西尔斯和通用电气那样。这种发展与对金融渠道的依赖增强和劳工议价能力的衰落有关,而这两者都导致工资低迷。社会学家郑智旭和文琨美(Eunmi Mun)对日本的研究则发现,因应国内外投资人的直接和间接压力,企业增加了配发的股息,达到与美国相当的水平。然而,尽管广泛的证据显示企业管理层承受着奉行股东价值模式的压力，一些日本企业高层却抵制这种潮流，重新致力于奉行以前重视各种利害关系人、被称为"经连会"（keiretsu）的模式。他们基本上避免了裁员缩编——裁员缩编是企业管理层削减成本和增加股东红利的关键策略。由此看来，股东价值模式被引入一个新国家时，会根据制度脉络有所调整。

我们还指出，美国以信贷为中心的政策模式，抑制了解决由金融驱动的不平等问题的政治努力。这与其他经合组织国家的研究发现一致。在1995—2007年针对20个经合组织国家的研究中，社会学家库斯（Basak Kus）发现，信贷和廉价进口商品（尤其是来自中国的进口商品）驱动的消费，抑制了大众对不平等加剧的挫败感，并减轻了政府重新分配资源的压力。如同美国，信贷在许多国家成为一种安全网，令再分配的潜在受益者负债累累，最后深陷贫穷陷阱。社会安全网如果是靠信贷拼凑而成，赤贫与贫困者往往会被排除在外。这些群体如果获得信贷，很可能是在走投无路的情况下取得高利贷。

这些比较研究全都凸显了一个事实：金融化与不平等密切相关并非美国独有的现象。当代的金融化在任何意义上都是一种全球现象。信贷在全球凶猛流通之际，美国房市崩溃可以迅速升级为一场全球危机。跨国企业追求利润最大化之际，它们削减成本的策略可能经由国际供应链产生广泛影响，决定远方劳工的就业条件。一国的放款是另一国的借款。因为我们思考世界、测量经济和界定社会时，国家仍是最主要的框架，现行研究往往有如盲人摸象。本书无疑仍然受限于此框架。我们急需更多研究以了解金融化与不平等在全球层面的关联。

### 于是我们奋力前行

因此，有两个观点总是站得住脚。其一，在改变体制之前，你如何可以改善人性？其二，在你改善人性之前，改变体制有何作用？
——奥威尔（George Orwell），《狄更斯》（"Charles Dickens"）

我们开始写这本书时，没有想过要提出具体的政策建议。毕竟这本书谈的是过去而不是预测未来。许多历史发展是不可逆转的，过去总是被浪漫化了，而未来很少如我们所设想。《格拉斯-斯蒂格尔法》的时代已经过去，如今该法的限制已经不合时宜。比较进步的再分配方案或基本收入计划，总是处理不平等问题的一种选择。但是，再分配方案如果使工作与收入脱钩，将会挑战美国社会某些基本（但可能没有根据）的信念，因此很可能会面临猛烈的抵制，甚至连可以受惠于这些计划的人也会反对。我们也不打算宣传某些欧洲模式，因为这种做法忽视了支撑那些模式的社会基础建设，而且忽略它们涉及的问题。

尽管如此,我们认为新颖和谨慎的政策仍可以促成社会进步。2008年金融危机之后的金融改革虽然不足但证明了这一点。适当立法、加强监督和严格执法确实阻止了狂妄的行为,而且暂时稳定了金融业。严格审视金融产品(往往是事后审查),确实有助于防止更多借款人陷入债务螺旋,并防止投资人购买骗人的证券。但如果不保持警惕,有心人必然会找新的漏洞钻,而一旦压力减轻,监管就会放松。猫鼠游戏仍在上演。

不过,本书也明确指出,金融的问题远不只是金融业有不当行为。相较于"运作良好"的金融体系造成的后果,华尔街的许多渎职行为可能显得微不足道。金融是当代不平等的核心问题。"金融改革"不应局限于稳定金融业,而是应该扩大以适应这个重要事实:金融已经从根本上重新组织了经济资源的分配。我们应寻求将社会利益置于金融业的利益之上。

站在这个角度,金融集团的市场影响力不但造成系统风险,还从其他经济部门榨取经济租。加强监管不大可能解决这个问题,因为这种做法基本上会保护既有的金融机构。因此,真正的问题是:我们可以如何重塑法规以削弱既有金融机构的支配力量?在某些领域,有些规则应该取消以促进新旧金融业者之间的竞争(许多新业者来自硅谷)。金融机构数量增加并且变得比较多样化,即使不够完善,也能降低系统风险和削弱金融业者的寻租能力,并且降低发生欺诈活动、违反反垄断法和利益冲突的可能性——这些问题如今仍相当常见。如果金融市场有更多公司相互竞争，维护声誉的动机就可能压倒追求短期获利的动机。

监管被俘虏（监管机关受到它应该规范的产业挟持）的风险总是存在，尤其是在一个受少数几家集团支配的产业。因此，监管机关应减少仰赖业者提供的信息和知识；政府要制定适当的政策，应该倚重独立研究单位，关注顾客的需求而不是业者的偏好。要做到这一点，美国现行监管机关可能必须大大增强研究能力，而在我们撰写本书时，许多监管机关正被裁撤。

当然，高级金融领域若不建立一种新的文化，这些监管变革也不会有效。眼下在高级金融业，赚多少钱是衡量个体成就的唯一标准。这或许可以解释为什么在同样出现寡头结构的其他产业，类似的恶劣行为相对少见。金融机构有多成功，比较恰当的衡量标准应该是它们在多大程度上满足了顾客的需求，而不是它们赚了多少钱。行为良好的业者应该得到嘉奖，行为恶劣者则应该受到斥责、惩罚甚至被撤销。如果监管机关并不只是以法律权力介入，还致力于社群建设，那么这种变化发生的可能性最高。加强管制不会使被动守法升华为自发性的道德，抨击所有金融专业人员"贪婪"或"不道德"也不会鼓励他们追求公共利益。

因为资金持续从纽约流向华盛顿，企图影响政府攸关金融业和美国经济前途的决策，故而真正的经济改革或许也应包含政治改革。有效的做法或许可以始于组织抗衡力量以约束华尔街和促进公民利益。其他的重要行为者，例如各州的退休金体系和非金融企业，也可以发挥作用，对国会施压，促进监管机关的独立性和降低巨型金融业者的影响力。动员这些大型行为者对制约华尔街的影响力至关重要。可能同样重要、需要明确指出的是，虽然金融业声称造福大众，但在现行模式下，金融业主要是为金融专业人士和美国最富有家庭的利益服务。中产和劳工阶级家庭并没有从金融驱动的经济荣景中得到多少好处，各种收费和借贷成本反而吃掉了他们的许多收入。

除了改革金融业，政策也应该致力于在结构上降低公共政策仰赖私营中介执行的程度。布什和克林顿政府时期发展起来的直接学生贷款显示，以公营方式为有需要的家庭提供金融服务或许是可行的。有人主张提供公共银行账户，甚至是成立"直接服务全民的中央银行"，也有人认为可以利用邮政系统替代私营业者，提供类似发薪日贷款的服务。这种公营服务可以只求收回成本，甚至可以追求利润但不具掠夺性。如此一来，效率理应较高的私营业者就可能加入竞争，致力于以较低的价格提供更好的服务。无论如何，公营服务是否可行，应该以实体经济而非金融业的利益为衡量标准。

解决方案并非一定要来自政府。由于股东价值模式造成的负面后果，市场上已经出现新一波的社会责任型投资（SRI）产品。这些产品也称为"影响力投资"、"永续投资"或"绿色投资"，它们既追求获利，也希望产生积极影响。社会责任型投资反映了一种新的想法：上市公司经常对社会和环境造成伤害，而这些伤害并未反映在它们的财务报表上。社会责任型投资的主要目标是在创造利润之余，尽可能减少负外部性并增加正外部性。过去十年间，这种产品已经获得正当性，而且愈来愈受欢迎。2016年一项估计显示，五分之一的专业管理资产（相当于8.72万亿美元）除了追求获利，还以社会目的为指导方针。这种概念特别受退休基金、大学捐赠基金和宗教共同基金等欢迎，因为它们的投资决策面临公众监督，也可能追求报酬最大化以外的目标。哈佛大学、哥伦比亚大学和乔治敦大学等大学的捐赠基金已经诉诸具体行动，卖掉它们认为与不道德或无法永续的业务有关的证券，借此因应气候变化问题、促进监狱改革，以及追求其他公益目标。大型的家族基金和公营退休基金也有类似行动。值得注意的是，洛克菲勒家族基金和洛克菲勒兄弟基金会近年皆决定卖出与化石燃料有关的所有资产。洛克菲勒兄弟基金会首席运营官海因茨（Stephen Heintz）表示，此举在道德上与该基金会促进社会变革的使命一致，因为化石燃料业务对环境和人类健康有害。他说："对我们来说，这不仅是道德上该做的事，在财务上也很有意义。"

社会责任型投资最有力的倡导者可能是贝莱德公司首席执行官芬克（Laurence Fink）。他创立了全球最大的资产管理公司之一，管理超过6万亿美元的资产。他于2018年写给公司首席执行官的信以《目标感》（"A Sense of Purpose"）为题，当中写道："若想长期成功，每一家公司不但必须交出财务绩效，还必须证明它如何对社会做出积极贡献。公司必须造福所有利害关系人，包括股东、员工、顾客，以及营运所在的社区。"他请求公司介入政府失灵之处，与股东建立一种新的合作关系，致力于处理社会难题和追求长期成长。

这无疑有点理想主义，但就投资和公司治理规范而言，这类鼓励至少稍微能提高公司营运该有的标准。此外，对贝莱德和其他巨型机构投资人来说，永续增长终究最符合它们的商业利益。它们的资产规模巨大，加上控制着大量指数基金和退休储蓄，因此比许多规模较小的主动管理基金更仰赖长期经济增长和社会稳定。这些巨型机构投资人就是市场本身，它们的获利模式仰赖公司实际创造价值。它们与对冲基金或私募股权公司不同，后两者可以利用信息不对称押注于赢家或做空料将失败的公司，又或者不顾后果地从其他公司身上榨取资源。

这个市场中的主要投资公司已经推出强调环境永续、促进性别和种族平等、抑制企业高层薪酬或保护人权的基金。例如 TIAA-CREF 社会选择债券基金将 70% 的资产配置在评级最好的知名公司发行的债券上，余下 30% 则用来支持产生可测量积极影响的计划或公司。先锋富时社会指数（Vanguard FTSE Social Index）在其他要求之外，还规定纳入该指数的上市公司至少有一名女性董事，而且奉行平等机会政策。标准普尔 500 环境与社会责任指数则筛除在化石燃料、烟草或军备方面有重要业务的公司。美国劳工联合会－产业工会联合会的房屋投资信托除了推动建造平价节能住宅，还致力于创造有工会组织的优质营建工作。

非常值得注意的是，非营利组织公正资本（Just Capital）致力于推广对社会有益的公司行为，2018年与高盛合作创立公正500（JUST 500）指数股票型基金。这个基金利用公正资本编制的排名，从美国最大的1 000家公司中选出比较好的500家。公正资本根据公司在对待员工和顾客、产品质量、对环境的影响、对社区的支持、创造就业和公司治理等方面的表现，为它们评分。每一个项目的权重以具代表性的民意调查为基础，以反映美国社会的整体价值观。理论上，这种努力将鼓励公司在社会绩效方面相互竞争。

这些投资工具仍然追求报酬，但它们的存在代表股东价值并非只有一种。社会学家巴曼（Emily Barman）认为，随着时间的推移，典型的股东价值模式已经不再独霸，因为一些创业者在企业的经营实践中建构了新的社会价值和绩效衡量标准，并加以制度化。然后这些规范和标准被用来促使理应追求利润的企业为社会公益服务。巴曼认为，在某些情况下，因为企业在经济上自给自足，而且运作规模更大，它们或许可以比非营利组织和政府更成功地促成社会变革。根据这种逻辑，常被用来促使企业付出高股利的策略，例如公众活动和股东决议，也可以用来对企业施压，促使它们做一些对社会有益的事。

社会责任型投资的支持者（当然包括相关业者）宣称，追求社会责任不必然导致财务报酬受损。他们引用的数据显示，此类投资工具的绩效与市场整体表现相当，甚至可能更好。2012—2016 年，标准普尔 500 环境与社会责任指数的年化报酬率为 14.91%，略高于标准普尔 500 指数的 14.78%。罗素公司的富时美国社会责任 100 指数（FTSE4Good US 100）的五年复合报酬率则为 107.8%，略高于基准指数的 107.1%。一些研究发现，追求社会公益或许可以产生更高的利润。例如有证据显示，员工满意度与股东报酬率有关。提高员工多样性应该也有助于提升公司的绩效，虽然两者之间的关系可能没有员工多样性的倡导者所希望的那么密切。

我们大有理由怀疑这些说法。理论上，基金经理如果不受社会责任投资偏好限制，就能利用其他标准，投资于社会意识较强的投资人所规避的高利润公司。社会责任型投资指数过去几年表现强劲，可能只是反映这段时间股市的多头走势和原油价格在 2014 年的崩跌，而不是重视道德的公司获利能力真的比较高。此外，社会绩效与财务绩效的关系很可能是内生的：资源较充裕的公司更有能力追求社会公益，或承受必须这么做的巨大压力。

社会和环境行动者也质疑社会责任型投资是否真的能实现它承诺的结果。他们最关心的是环境和社会永续指标是如何建构和追踪的。虽然相关指数声称长期监测公司的表现，但人们对它们究竟投入多少资源去追踪这些公司的实际作为则并不清楚。研究甚至发现，重视环境、社会和治理政策的公司更有可能出现道德争议。这可能主要是反映这些公司受到较强的监督，而不是它们有更多不当行为，但也引出一个问题：社会责任型投资是否主要关注声誉管理而不是公司的实质行为？

无论目前社会责任型投资效果如何，它提供了一种潜在的"市场"解决方案。我们可以改善金融产品的设计，以反映家庭储蓄者和投资人的价值观，而不是基金经理、企业高层和学者的武断意见。企业的业务并非只能是营利。社会责任型投资之类的金融产品应该更方便大众利用，也应该成为所有退休金计划可以选择的投资工具。当然，社会责任型投资能有多成功，最终取决于从金融驱动的治理模式中获益良多的企业高层如何面对新的使命。不过，这是朝正确方向迈出了一步。

长远而言，教育、房屋和福利政策应该取代信贷，成为解决不平等问题的办法。一个世纪的实验已经证明，提供更多信贷不但无法解决不平等问题，还导致问题永久恶化。信贷的成本是累退的（穷人的成本较高），而且最需要信贷的人在他们最迫切需要信贷的时候，往往很难获得信贷。利用促进稳定和向上流动的政策建构真正的安全网，将能有效处理社会问题的根源，而这是信贷民主化或促进理财素养和普惠金融确实无法做到的。

这些政策的资金从何而来？美国联邦政府可以发行根据联邦税收水平派息的新型政府证券，而不是加税或增发公债。发行这种证券筹得的资本，可以指定用于支持医疗、教育、房屋和基础建设政策，以促进长期经济增长、扩大税基，并造福后代。如同政府公债，这种新证券将是一种诱人的投资目标，因为政府证券比公司股票安全得多。因为股息是基于税收水平，这种证券的报酬将会相当稳定，波动性将比指数基金低得多。因此，这种证券有可能使退休金得以与金融市场脱钩，保护退休人士免受意外的衰退冲击。它们也将成为一股抗衡力量，有助于平衡数十年来的累退式减税和赤字支出，帮助减轻不平等。投资人真的可以分享到美国经济成长的利益。

　　长期以来，美国社会被剥夺了共享繁荣的机会。我们认为社会难题其实可以有许多解答。这些解答能重新组织经济体制，而使社会的所有成员得以更加平等地共享经济成果。我们必须发挥想象力去追寻这些解答。

# 致谢

致谢往往写于完书之后，但从一开始，若不是获得同事、朋友和家人的大力支持，我们根本不可能写成这本书。本书源自马萨诸塞大学阿默斯特分校：2009—2014年，林庚厚与Donald Tomaskovic-Devey在那里写了一系列的文章，后者对理清相关想法和指导这个写作计划贡献巨大。在得克萨斯大学奥斯汀分校，Christine Williams指导梅根·尼利探讨对冲基金业中的社会不平等的论文，并针对金融服务业与不平等的关系提供了宝贵的见解。

我们非常感谢Don，以及Harel Shapira、Nancy Folbre、James Galbraith、Gerald Epstein和其他审稿人，他们耐心

读了整部书稿，并慷慨给予评论。我们也感谢曾任基金经理而现任财务顾问的 David Stein 确保我们由始至终准确掌握金融业的内部运作。马萨诸塞大学、得克萨斯大学、斯坦福大学和巴黎政治学院的同事支持本书的写作计划，我们特别感谢得克萨斯大学不平等工作组、家庭人口组和 Fem(me) Sem 工作组的成员在本书撰写过程中的指教。巴黎政治学院市场社会不稳定研究中心（Max-Po Center on Coping with Instability in Market Societies）的同事回馈的意见使我们的想法变得更加清晰，斯坦福大学克莱曼性别研究所和新经济思维研究所的慷慨支持则使我们得以全力投入这项关于金融与不平等的研究。

我们感谢 Jennifer Glass、Kelly Raley、Joya Misra、Andrew Papachristos、Arindrajit Dube、David Pedulla、Olivier Godechot、Adam Cobb、Dustin Avent-Holt、Becky Pettit、Sharmila Rudrappa、Angelina Grigoryeva 和 Daniel Fridman。这些学者的洞见、鼓励和友谊帮助我们完成这段漫长的旅程。还有更多人要感谢，但我们认为最好的致谢方式就是在本书呈现他们的学术成果。

我们感谢我们的编辑 James Cook 的建议和耐心，感谢牛津大学出版社编辑团队的热情，感谢 Letta Page 整理我们的文字，使它们脱胎换骨（我们甚至请她帮忙修改这篇致谢）。

个人方面，梅根·尼利感谢大力支持她的家人，尤其是她最喜欢的社区银行家 Cajer Neely 运用专业知识协助本书的写作；她也感谢她在贝莱德的前同事，他们给她上了金融入门速成课。林庚厚则感谢父母的关爱，感谢 J. J. 一直以来的支持，感谢 A. J. 向他保证事情总是可以不同。

# 参考文献

Abramson, Larry. 2007. "Report: JPMorgan Chase Paid Student-Aid Officers." *National Public Radio*, May 10.

Acemoglu, Daron, David Dorn, Gordon H. Hanson, and Brendan Price. 2014. *Import Competition and the Great US Employment Sag of the 2000s*. National Bureau of Economic Research.

Addo, Fenaba R. 2014. "Debt, Cohabitation, and Marriage in Young Adulthood." *Demography* 51(5): 1677–701.

Addo, Fenaba R., Jason N. Houle, and Daniel Simon. 2016. "Young, Black, and (Still) in the Red: Parental Wealth, Race, and Student Loan Debt." *Race and Social Problems* 8(1): 64–76.

Akard, Patrick J. 1992. "Corporate Mobilization and Political Power: The Transformation of U.S. Economic Policy in the 1970s." *American Sociological Review* 57(5): 597–615.

Akerlof, George A., Paul M. Romer, Robert E. Hall, and N. Gregory Mankiw. 1993. "Looting: The Economic Underworld of Bankruptcy for Profit." *Brookings Papers on Economic Activity* 1993(2): 1–73.

Alderson, Arthur S., and Tally Katz-Gerro. 2016. "Compared to Whom? Inequality, Social Comparison, and Happiness in the United States." *Social Forces* 95(1): 25–53.

Alderson, Arthur S., and Francois Nielsen. 2002. "Globalization and the Great U-Turn: Income Inequality Trends in 16 OECD Countries." *American Journal of Sociology* 107(5): 1244–99.

Alstadsæter, Annette, Niels Johannesen, and Gabriel Zucman. 2018. "Who Owns the Wealth in Tax Havens? Macro Evidence and Implications for Global Inequality." *Journal of Public Economics* 162: 89–100.

Alvarez, Ignacio. 2015. "Financialization, Non-financial Corporations and Income Inequality: The Case of France." *Socio-Economic Review* 13(3): 449–75.

Amel, Dean F., and Michael J. Jacowski. 1989. "Trends in Banking Structure since the Mid-1970s." *Federal Reserve Bulletin* 75: 120–133.

Anderson, Elisabeth, Bruce G. Carruthers, and Timothy W. Guinnane. 2015. "An Unlikely Alliance: How Experts and Industry Transformed Consumer Credit Policy in the Early Twentieth Century United States." *Social Science History* 39(4): 581–612.

Andrews, Dan, and Andrew Leigh. 2009. "More Inequality, Less Social Mobility." *Applied Economics Letters* 16(15): 1489–92.

Andrews, Suzanna. 2010. "Larry Fink's $12 Trillion Shadow." *Vanity Fair*, March 2.

Appelbaum, Eileen, and Rosemary Batt. 2014. *Private Equity at Work: When Wall Street Manages Main Street*. New York: Russell Sage Foundation.

Arendt, Hannah. 1973. *The Origins of Totalitarianism*. New York: Houghton Mifflin Harcourt.

Arrighi, Giovanni. 1994. *The Long Twentieth Century: Money, Power and the Origins of Our Times*. London: Verso.

Assa, Jacob. 2012. "Financialization and Its Consequences: The OECD Experience." *Finance Research* 1(1): 35–39.

Autor, David H. 2003. "Outsourcing at Will: The Contribution of Unjust Dismissal Doctrine to the Growth of Employment Outsourcing." *Journal of Labor Economics* 21(1): 1–42.

Autor, David H. 2014. "Skills, Education, and the Rise of Earnings Inequality among the 'Other 99 Percent.'" *Science* 344(6186): 843–51.

Autor, David H., David Dorn, and Gordon H. Hanson. 2013. "The China Syndrome: Local Labor Market Effects of Import Competition in the United States." *American Economic Review* 103(6): 2121–68.

Autor, David H., Frank Levy, and Richard J. Murnane. 2003. "The Skill Content of Recent Technological Change: An Empirical Exploration." *Quarterly Journal of Economics* 118(4): 1279–333.

Autor, David H., and Brendan Price. 2013. "The Changing Task Composition of the US Labor Market: An Update of Autor, Levy, and Murnane (2003)." Unpublished manuscript.

Avent-Holt, Dustin. 2012. "The Political Dynamics of Market Organization: Cultural Framing, Neoliberalism, and the Case of Airline Deregulation." *Sociological Theory* 30(4): 283–302.

Avent-Holt, Dustin. 2017. "The Class Dynamics of Income Shares: Effects of the Declining Power of Unions in the US Airline Industry, 1977–2005." *Socio-Economic Review*. mwx048, https://doi-org.ezproxy.lib.utexas.edu/10.1093/ser/mwx048

Banerjee, Abhijit V., and Esther Duflo. 2003. "Inequality and Growth: What Can the Data Say?" *Journal of Economic Growth* 8(3): 267–99.

Baradaran, Mehrsa. 2015. *How the Other Half Banks: Exclusion, Exploitation, and the Threat to Democracy*. Cambridge, MA: Harvard University Press.

Baradaran, Mehrsa. 2017. *The Color of Money: Black Banks and the Racial Wealth Gap*. Cambridge, MA: Harvard University Press.

Barman, Emily. 2016. *Caring Capitalism: The Meaning and Measure of Social Value*. New York: Cambridge University Press.

Baum, Sandy, Jennifer Ma, Matea Pender, and Meredith Welch. 2017. *Total Federal and Nonfederal Loans over Time*. College Board.

Benabou, Roland. 1996. "Inequality and Growth." Pp. 11–92 in *NBER Macroeconomics Annual 1996, vol. 11*. Cambridge, MA: MIT Press.

Benard, Stephen, and Shelley J. Correll. 2010. "Normative Discrimination and the Motherhood Penalty." *Gender & Society* 24(5): 616–46.

Benton, Richard A., and Lisa A. Keister. 2017. "The Lasting Effect of Intergenerational Wealth Transfers: Human Capital, Family Formation, and Wealth." *Social Science Research* 68: 1–14.

Berman, Russell. 2018. "Heidi Heitkamp Takes On Elizabeth Warren over the Senate Banking Bill." *The Atlantic*, March 14.

Bernasek, Anna. 2014. "The Surge in Investing by Conscience." *New York Times*, May 31.

Bessière, Céline. 2013. *Au tribunal des couples: Enquête sur des affaires familiales*. Paris: Éditions Odile Jacob.

Bielby, William T. 2012. "Minority Vulnerability in Privileged Occupations: Why do African American Financial Advisers Earn less than Whites in a Large Financial Services Firm?" *The ANNALS of the American Academy of Political and Social Science* 639(1): 13–32.

Binder, Amy, Davis, Daniel, and Bloom, Nick. 2016. "Career Funneling: How Elite Students Learn To Define and Desire 'Prestigious' Jobs." *Sociology of Education* 89: 20–39.

Black, William K. 2013. *The Best Way to Rob a Bank Is to Own One: How Corporate Executives and Politicians Looted the S&L Industry*. Austin: University of Texas Press.

Blair-Loy, Mary, and Amy S. Wharton. 2004. "Mothers in Finance: Surviving and Thriving." *Annals of the American Academy of Political and Social Science* 596(1): 151–71.

Blanchflower, David G., Phillip B. Levine, and David J. Zimmerman. 2003. "Discrimination in the Small-Business Credit Market." *Review of Economics and Statistics* 85(4): 930–43.

Bowles, Samuel, David M. Gordon, and Thomas E. Weisskopf. 1986. "Power and Profits:

The Social Structure of Accumulation and the Profitability of the Postwar U.S. Economy." *Review of Radical Political Economics* 18(1–2): 132–67.

Bowles, Samuel, David M. Gordon, and Thomas E. Weisskopf. 2015. *After the Waste Land: Democratic Economics for the Year 2000.* New York: Routledge.

Bowley, Graham. 2010. https://dealbook.nytimes.com/2010/07/16/with-settlement-blankfein-keeps-his-grip/?searchResultPosition=1

Boyer, Robert. 2000. "Is a Finance-Led Growth Regime a Viable Alternative to Fordism? A Preliminary Analysis." *Economy and Society* 29(1): 111–45. doi:10.1080/030851400360587

Braucher, Jean, Dov Cohen, and Robert M. Lawless. 2012. "Race, Attorney Influence, and Bankruptcy Chapter Choice." *Journal of Empirical Legal Studies* 9(3): 393–429.

Brick, Ivan E., Oded Palmon, and John K. Wald. 2006. "CEO Compensation, Director Compensation, and Firm Performance: Evidence of Cronyism?" *Journal of Corporate Finance* 12(3): 403–23.

Briscoe, Forrest, and Chad Murphy. 2012. "Sleight of Hand? Practice Opacity, Third-Party Responses, and the Interorganizational Diffusion of Controversial Practices." *Administrative Science Quarterly* 57(4): 553–84.

Bureau of Labor Statistics. 2018. *Union Members Summary.* Washington, DC.

Burhouse, Susan, Karyen Chu, Ryan Goodstein, Joyce Northwood, Yazmin Osaki, and Dhruv Sharma. 2013. *2013 FDIC National Survey of Unbanked and Underbanked Households.* Federal Deposit Insurance Corporation.

Burke, Edmund, III. 2009. "Islam at the Center: Technological Complexes and the Roots of Modernity." *Journal of World History* 20(2): 165–86.

Calder, Lendol. 2001. *Financing the American Dream: A Cultural History of Consumer Credit.* Princeton, NJ: Princeton University Press.

Cappelli, Peter H. 2012. *Why Good People Can't Get Jobs: The Skills Gap and What Companies Can Do About It.* Philadelphia: Wharton Digital Press.

Cappelli, Peter H., and J. R. Keller. 2013. "A Study of the Extent and Potential Causes of Alternative Employment Arrangements." *Industrial & Labor Relations Review* 66(4): 874–901.

Cappiello, Brendan. 2013. "'The Price of Inequality' and the 2005 Bankruptcy Abuse Prevention and Consumer Protection Act." *North Carolina Banking Institute* 401(17): 401–34.

Cardao-Pito, Tiago. 2017. "Classes in Maximizing Shareholders' Wealth: Irving Fisher's Theory of the Economic Organization in Corporate Financial Economics Textbooks." *Contemporary Economics* 11(4): 369–81.

Castilla, Emilio J. 2008. "Gender, Race, and Meritocracy in Organizational Careers." *American Journal of Sociology* 113(6): 1479–526.

Castilla, Emilio J., and Benard Stephen. 2010. "The Paradox of Meritocracy in Organizations." *Administrative Science Quarterly* 55(4): 543–76.

Catalyst. 2015. "Catalyst Quick Take: Women's Earnings and Income." *New York: Catalyst*. Retrieved August 13, 2015.

Chan, Sewell, and Louise Story. 2010. "Goldman Pays $550 Million to Settle Fraud Case." *New York Times*, July 15.

Charles, Kerwin Kofi, and Erik Hurst. 2002. "The Transition to Home Ownership and the Black-White Wealth Gap." *Review of Economics and Statistics* 84(2): 281–97.

Chen, Clara Xiaoling, and Tatiana Sandino. 2012. "Can Wages Buy Honesty? The Relationship between Relative Wages and Employee Theft." *Journal of Accounting Research* 50(4): 967–1000.

Cherian, Madhavi. 2014. "Race in the Mortgage Market: An Empirical Investigation Using HMDA Data." *Race, Gender & Class; New Orleans* 21(1–2): 48–63.

Cherlin, Andrew J. 2014. *Labor's Love Lost: The Rise and Fall of the Working-Class Family in America*. New York: Russell Sage Foundation.

Chetty, Raj, David Grusky, Maximilian Hell, Nathaniel Hendren, Robert Manduca, and Jimmy Narang. 2017. "The Fading American Dream: Trends in Absolute Income Mobility since 1940." *Science* 356(6336): 398–406.

Cingano, Federico. 2014. "Trends in Income Inequality and its Impact on Economic Growth." No 163, OECD Social, Employment and Migration Working Papers. Paris: OECD Publishing.

Cirillo, Jeff. 2017. "Georgetown to Avoid Investing in Private Prisons." *The Hoya*, October 6.

Cobb, J. Adam. 2015. "Risky Business: Firms' Shifting of Retirement Risk and the Decline of Defined Benefit Pension Plans." *Organizational Science* 26(5): 1332–50.

Cobb, J. Adam, and Ken-Hou Lin. 2017. "Growing Apart: The Changing Firm-Size Wage Effect and Its Inequality Consequences." *Organization Science*. https://doi.org/10.1287/orsc.2017.1125

Cochrane, Debbie, and Diane Cheng. 2016. *Student Debt and the Class of 2015*. Washington, DC: Institute for College Access & Success.

Cockburn, Andrew. 2016. "Down the Tube." *Harper's Magazine*, April.

Cohan, William D. 2015. "How Wall Street's Bankers Stayed Out of Jail." *The Atlantic*, September.

Colby, Laura. 2016. "Sustainable Investments Surged by Third to $8.7 Trillion in 2016." *Bloomberg*, November 14.

Coleman-Jensen, Alisha, Matthew P. Rabbitt, Christian A. Gregory, and Anita Singh. 2016. *Household Food Security in the United States in 2015. Economic Research Report* 215. United States Department of Agriculture.

Conley, Dalton. 2010. *Being Black, Living in the Red: Race, Wealth, and Social Policy in America*. Berkeley: University of California Press.

Cooper, Michael J., Huseyin Gulen, and Alexei V. Ovtchinnikov. 2010. "Corporate Political Contributions and Stock Returns." *Journal of Finance* 65(2): 687–724.

Cooper, Michael J., Huseyin Gulen, and P. Raghavendra Rau. 2016. "Performance for Pay? The Relation between CEO Incentive Compensation and Future Stock Price Performance." SSRN Scholarly Paper. ID 1572085. Rochester, NY: Social Science Research Network.

Corak, Miles. 2013. "Income Inequality, Equality of Opportunity, and Intergenerational Mobility." *Journal of Economic Perspectives* 27(3): 79–102.

Core, John E., Robert W. Holthausen, and David F. Larcker. 1999. "Corporate Governance, Chief Executive Officer Compensation, and Firm Performance." *Journal of Financial Economics* 51(3): 371–406.

Correll, Shelley J., Stephen Benard, and In Paik. 2007. "Getting a Job: Is There a Motherhood Penalty?" *American Journal of Sociology* 112(5): 1297–339.

Costa, D. L., and M. E. Kahn. 2003. "Understanding the American Decline in Social Capital, 1952–1998." *Kyklos* 56(1): 17–46.

Cowley, Stacy, and Jessica Silver-Greenberg. 2017. "Loans 'Designed to Fail': States Say Navient Preyed on Students." *New York Times*, April 9.

Crotty, James. 2003. "The Neoliberal Paradox: The Impact of Destructive Product Market Competition and Impatient Finance on Nonfinancial Corporations in the Neoliberal Era." *Review of Radical Political Economics* 35(3): 271–79.

Darcillon, Thibault. 2015. "How Does Finance Affect Labor Market Institutions? An Empirical Analysis in 16 OECD Countries." *Socio-Economic Review* 13(3): 477–504.

Dash, Eric, and Jennifer Bayot. 2005. "Bankruptcy Law Is Criticized for Creditors' Role in Counseling." *New York Times*, October 14.

Davis, Gerald F. 2009. *Managed by the Markets: How Finance Re-shaped America*. New York: Oxford University Press.

Davis, Gerald F. 2010. "The Twilight of the Berle and Means Corporation." *Seattle University Law Review* 34: 1121–38.

Davis, Gerald F. 2016. *The Vanishing American Corporation: Navigating the Hazards of a New Economy*. 1 edition. Oakland, CA: Berrett-Koehler Publishers.

De Figueiredo, Rui J. P., and Geoff Edwards. 2007. "Does Private Money Buy Public Policy? Campaign Contributions and Regulatory Outcomes in Telecommunications." *Journal of Economics & Management Strategy* 16(3): 547–76.

Deery, Stephen J., and Andrea Mahony. 1994. "Temporal Flexibility: Management Strategies and Employee Preferences in the Retail Industry." *Journal of Industrial Relations* 36(3): 332–52.

Dewey, Scott. 1998. "Working for the Environment: Organized Labor and the Origins of Environmentalism in the United States, 1948–1970." *Environmental History* 3(1): 45–63.

Dobbin, Frank, and Jiwook Jung. 2010. "The Misapplication of Mr. Michael Jensen: How Agency Theory Brought Down the Economy and Why It Might Again." Research in the Sociology of Organizations *30*(B): 29–64.

Dore, Ronald. 2008. "Financialization of the Global Economy." *Industrial and Corporate Change* 17(6): 1097–112.

Doren, Catherine, and Eric Grodsky. 2016. "What Skills Can Buy: Transmission of Advantage through Cognitive and Noncognitive Skills." *Sociology of Education* 89(4): 321–42.

Duménil, Gérard, and Dominique Lévy. 2001. "Costs and Benefits of Neoliberalism: A Class Analysis." *Review of International Political Economy* 8(4): 578–607.

Dünhaupt, Petra. 2012. "Financialization and the Rentier Income Share: Evidence from the USA and Germany." *International Review of Applied Economics* 26(4): 465–87.

Dünhaupt, Petra. 2016. "Determinants of Labour's Income Share in the Era of Financialisation." *Cambridge Journal of Economics* 41(1): 283–306.

Dunlap, Riley E., and Angela G. Mertig. 1991. "The Evolution of the U.S. Environmental Movement from 1970 to 1990: An Overview." *Society & Natural Resources* 4(3): 209–18.

Dynan, Karen E., Jonathan Skinner, and Stephen P. Zeldes. 2004. "Do the Rich Save More?" *Journal of Political Economy* 112(2): 397–444.

Eberhardt, Pia, and Cecilia Olivet. 2012. *Profiting from Injustice: How Law Firms, Arbitrators and Financiers Are Fuelling an Investment Arbitration Boom*. Brussels: Corporate Europe Observatory and the Transnational Institute.

Edmans, Alex. 2011. "Does the Stock Market Fully Value Intangibles? Employee Satisfaction and Equity Prices." *Journal of Financial Economics* 101(3): 621–40.

Eichengreen, Barry. 2010. *Exorbitant Privilege: The Rise and Fall of the Dollar and the Future of the International Monetary System*. New York: Oxford University Press.

Eisinger, Jesse. 2012. https://dealbook.nytimes.com/2012/07/18/behind-credit-default-swaps-market-a-cartel-left-open-to-collusion/?searchResultPosition=1

Eisinger, Jesse. 2014. "Why Only One Top Banker Went to Jail for the Financial Crisis." *New York Times*, April 30.

Eisinger, Jesse. 2017. *The Chickenshit Club: Why the Justice Department Fails to Prosecute Executives*. New York: Simon & Schuster.

Epstein, Gerald A., and Arjun Jayadev. 2005. "The Rise of Rentier Incomes in OECD Countries: Financialization, Central Bank Policy and Labor Solidarity." Pp. 46–74 in *Financialization and the World Economy*, edited by G. A. Epstein. Northampton, MA:

Edward Elgar.

Fama, Eugene F., and Michael C. Jensen. 1983. "Separation of Ownership and Control." *Journal of Law and Economics* 26(2): 301–25.

Farber, David R. 2002. *Sloan Rules: Alfred P. Sloan and the Triumph of General Motors.* Chicago: University of Chicago Press.

Fellowes, Matthew C., and Patrick J. Wolf. 2004. "Funding Mechanisms and Policy Instruments: How Business Campaign Contributions Influence Congressional Votes." *Political Research Quarterly* 57(2): 315–24.

Financial Crisis Inquiry Commission. 2011. *The Financial Crisis Inquiry Report.* New York: PublicAffairs.

Firebaugh, Glenn, and Matthew B. Schroeder. 2009. "Does Your Neighbor's Income Affect Your Happiness?" *American Journal of Sociology* 115(3): 805–31.

Fitch, Catherine A., and Steven Ruggles. 2000. "Historical Trends in Marriage Formation: The United States 1850–1990." Pp. 59–88 in *The Ties That Bind: Perspectives on Marriage and Cohabitation*, edited by Linda J. Waite, Christine Bachrach, Michelle J. Hindin, Elizabeth Thomson, and Arland Thronton. Hawthorne, NY: Walter de Gruyter, Inc.

Flaherty, Eoin. 2015. "Top Incomes under Finance-Driven Capitalism, 1990–2010: Power Resources and Regulatory Orders." *Socio-Economic Review* 13(3): 417–47.

Fligstein, Neil. 1993. *The Transformation of Corporate Control.* Reprint ed. Cambridge, MA: Harvard University Press.

Fligstein, Neil. 2001. *The Architecture of Markets: An Economic Sociology of Twenty-First-Century Capitalist Societies.* Princeton, NJ: Princeton University Press.

Fligstein, Neil, Jonah Stuart Brundage, and Michael Schultz. 2017. "Seeing Like the Fed: Culture, Cognition, and Framing in the Failure to Anticipate the Financial Crisis of 2008." *American Sociological Review* 82(5): 879–909.

Fligstein, Neil, and Adam Goldstein. 2015. "The Emergence of a Finance Culture in American Households, 1989–2007." *Socio-Economic Review* 13(3): 575–601.

Fligstein, Neil, and Taekjin Shin. 2007. "Shareholder Value and the Transformation of the U.S. Economy, 1984–2000." *Sociological Forum* 22(4): 399–424.

Folbre, Nancy. 2001. *The Invisible Heart: Economics and Family Values.* New York: New Press.

Forbes, Kristin J. 2000. "A Reassessment of the Relationship between Inequality and Growth." *American Economic Review* 90(4): 869–87.

Freeman, Richard B., and James L. Medoff. 1992. *What Do Unions Do?* New York: Basic Books.

Freeman, Richard B. 2010. "It's financialization!." *International Labour Review* 149(2): 163–83.

Fridman, Daniel. 2016. *Freedom from Work: Embracing Financial Self-Help in the United States and Argentina*. Stanford, CA: Stanford University Press.

Friedline, Terri, Rainier D. Masa, and Gina A. N. Chowa. 2015. "Transforming Wealth: Using the Inverse Hyperbolic Sine (IHS) and Splines to Predict Youth's Math Achievement." *Social Science Research* 49: 264–87.

Friedman, Milton. 2002 [1962]. *Capitalism and Freedom*. Chicago: University of Chicago Press.

Frontain, Michael. 2010. "Enron Corporation." *Handbook of Texas Online*.

FTSE Russell. 2017. *FTSE4Good Index Series. Factsheet*.

Galbraith, James K. 2012. *Inequality and Instability: A Study of the World Economy Just before the Great Crisis*. New York: Oxford University Press.

Galbraith, John Kenneth. 1993. *American Capitalism: The Concept of Countervailing Power*. New ed. New Brunswick, NJ: Transaction Publishers.

Garvey, Gerald T., Joshua Kazdin, Joanna Nash, Ryan LaFond, and Hussein Safa. 2016. "A Pitfall in Ethical Investing: ESG Disclosures Reveal Vulnerabilities, Not Virtues." SSRN Scholarly Paper. ID 2840629. Rochester, NY: Social Science Research Network.

Gilens, Martin. 2005. "Inequality and Democratic Responsiveness." *Public Opinion Quarterly* 69(5): 778–96.

Godechot, Olivier. 2012. "Is Finance Responsible for the Rise in Wage Inequality in France?" *Socio-Economic Review* 10(3): 447–70.

Godechot, Olivier. 2016a. "Financialization Is Marketization! A Study of the Respective Impacts of Various Dimensions of Financialization on the Increase in Global Inequality." *Sociological Science* 3: 495–519.

Godechot, Olivier. 2016b. *Wages, Bonuses and Appropriation of Profit in the Financial Industry: The Working Rich*. London: Taylor & Francis Group.

Goetzmann, William N. 2016. *Money Changes Everything: How Finance Made Civilization Possible*. Princeton, NJ: Princeton University Press.

Golden, Lonnie. 2015. "Irregular Work Scheduling and Its Consequences." SSRN Scholarly Paper. ID 2597172. Rochester, NY: Social Science Research Network.

Goldin, Claudia, and Lawrence F. Katz. 2009. *The Race between Education and Technology*. Cambridge, MA: Harvard University Press.

Goldin, Claudia, and Robert A. Margo. 1992. "The Great Compression: The Wage Structure in the United States at Mid-Century." *Quarterly Journal of Economics* 107(1): 1–34.

Goldstein, Adam. 2012. "Revenge of the Managers: Labor Cost-Cutting and the Paradoxical Resurgence of Managerialism in the Shareholder Value Era, 1984 to 2001." *American Sociological Review* 77(2): 268–94.

Goldstein, Joshua R., and Catherine T. Kenney. 2001. "Marriage Delayed or Marriage

Forgone? New Cohort Forecasts of First Marriage for US Women." *American Sociological Review* 66(4): 506–19.

Gordon, David. 2002. "From the Drive System to the Capital-Labor Accord: Econometric Tests for the Transition between Productivity Regimes." *Industrial Relations* 36(2): 125–59.

Gordon, David M. 1996. *Fat and Mean: The Corporate Squeeze of Working Americans and the Myth of Managerial "Downsizing."* New York: Free Press.

Gottlieb, Robert. 2005. *Forcing the Spring: The Transformation of the American Environmental Movement.* Revised. Washington, DC: Island Press.

Gourevitch, Peter Alexis, and James Shinn. 2007. *Political Power and Corporate Control: The New Global Politics of Corporate Governance.* Princeton, NJ: Princeton University Press.

Greider, William. 2001. "The Right and US Trade Law: Invalidating the 20th Century." *The Nation*, November 17.

Grusky, David B., Bruce Western, and Christopher Wimer. 2011. *The Great Recession.* New York: Russell Sage Foundation.

Grusky, David B., and Tamar Kricheli-Katz, eds. 2012. *The New Gilded Age: The Critical Inequality Debates of Our Time.* Stanford, CA: Stanford University Press.

Gutiérrez, Germán, and Thomas Philippon. 2017. *Declining Competition and Investment in the US.* National Bureau of Economic Research.

Gutter, Michael, and Angela Fontes. 2006. "Racial Differences in Risky Asset Ownership: A Two-Stage Model of the Investment Decision-Making Process." *Journal of Financial Counseling and Planning* 17(2).

Hacker, Jacob S., and Paul Pierson. 2011. *Winner-Take-All Politics: How Washington Made the Rich Richer—and Turned Its Back on the Middle Class.* New York: Simon & Schuster.

Hamilton, James D. 2013. "Off-Balance-Sheet Federal Liabilities." Working Paper 19253. National Bureau of Economic Research.

Hanley, Caroline. 2014. "Putting the Bias in Skill-Biased Technological Change? A Relational Perspective on White-Collar Automation at General Electric." *American Behavioral Scientist* 58(3): 400–15.

Harkness, Sarah K. 2016. "Discrimination in Lending Markets: Status and the Intersections of Gender and Race." *Social Psychology Quarterly* 79(1): 81–93.

Harrington, Brooke. 2008. *Pop Finance: Investment Clubs and the New Investor Populism.* Princeton, NJ: Princeton University Press.

Harrington, Brooke. 2016. *Capital without Borders: Wealth Managers and the One Percent.* Cambridge, MA: Harvard University Press.

Hein, Eckhard. 2015. "Finance-Dominated Capitalism and Re-distribution of Income: A Kaleckian Perspective." *Cambridge Journal of Economics* 39(3): 907–34.

Heintz, Stephen. 2016. "Rockefeller Fund CEO: We're Getting Out of Fossil Fuels

Investments." *CNN*, April 22.

Henriques, Diana B. 2001. "Enron's Collapse: The Derivatives; Market That Deals in Risks Faces a Novel One." *New York Times*, November 29.

Henry, David. 2013. "JPMorgan to Stop Making Student Loans: Company Memo." *Reuters*, September 5.

Herring, Cedric. 2009. "Does Diversity Pay? Race, Gender, and the Business Case for Diversity." *American Sociological Review* 74(2): 208–24.

Hester, Donald D. 2008. *The Evolution of Monetary Policy and Banking in the US*. Berlin, Heidelberg: Springer.

Heywood, John S., and Daniel Parent. 2012. "Performance Pay and the White-Black Wage Gap." *Journal of Labor Economics* 30(2): 249–90.

Hill, Mary S., Thomas J. Lopez, and Austin L. Reitenga. 2016. "CEO Excess Compensation: The Impact of Firm Size and Managerial Power." *Advances in Accounting* 33(Supplement C): 35–46.

Hillman, Nicholas W. 2016. http://wiscape.wisc.edu/docs/WebDispenser/wiscapedocuments/wp018.pdf?sfvrsn=12

Ho, Catherine. 2013. "Trade Deal Draws Lobbying from Businesses, Unions." *Washington Post*. https://www.washingtonpost.com/business/capitalbusiness/trade-deal-draws-lobbying-from-businesses-unions/2013/05/24/19704276-c262-11e2-914f-a7aba60512a7_story.html.

Ho, Karen. 2009. *Liquidated: An Ethnography of Wall Street*. Durham, NC: Duke University Press.

Holland, Kelley. 2015. "Looking for the Next Crisis? Try Student Debt." *USA Today*, June 24.

Hong, Harrison, Jeffrey D. Kubik, and Jeremy C. Stein. 2004. "Social Interaction and Stock-Market Participation." *Journal of Finance* 59(1): 137–63.

Houle, Jason N. 2014. "A Generation Indebted: Young Adult Debt across Three Cohorts." *Social Problems* 61(3): 448–65.

Houpt, James V. 1999. "International Activities of US Banks and in US Banking Markets." *Federal Reserve Bulletin* 85: 599–615.

House Committee on Financial Services. 2017. *H.R. 10 Financial CHOICE Act of 2017*. Washington, DC.

Hout, Michael. 2016. "Money and Morale Growing Inequality Affects How Americans View Themselves and Others." *The Annals of the American Academy of Political and Social Science* 663(1): 204–28.

Howerth, Ira W. 1906. "The Social Question of Today." *American Journal of Sociology* 12(2): 254–68.

Huber, Evelyne, Jingjing Huo, and John D. Stephens. 2017. "Power, Policy, and Top

Income Shares." *Socio-Economic Review*. mwx027, https://doi-org.ezproxy.lib.utexas. edu/10.1093/ser/mwx027

Humphrey, David B., and Lawrence B. Pulley. 1997. "Banks' Responses to Deregulation: Profits, Technology, and Efficiency." *Journal of Money, Credit and Banking* 29(1): 73–93.

Hyde, Allen, Todd Vachon, and Michael Wallace. 2018. "Financialization, Income Inequality, and Redistribution in 18 Affluent Democracies, 1981–2011." *Social Currents* 5(2): 193–211.

Hyman, Louis. 2012. *Debtor Nation: The History of America in Red Ink*. Reprint ed. Princeton, NJ: Princeton University Press.

Igan, Deniz, Prachi Mishra, and Thierry Tressel. 2012. "A Fistful of Dollars: Lobbying and the Financial Crisis." *NBER Macroeconomics Annual* 26(1): 195–230.

Imrohoroglu, Ayse, Antonio Merlo, and Peter Rupert. 2001. "What Accounts for the Decline in Crime?" SSRN Scholarly Paper. ID 267784. Rochester, NY: Social Science Research Network.

Indiviglio, Daniel. 2010. "How Americans' Love Affair with Debt Has Grown." *The Atlantic*, September 26.

International Monetary Fund. 2014. *Global Financial Stability Report: Risk Taking, Liquidity, and Shadow Banking Curbing Excess While Promoting Growth*. World Economic and Financial Surveys.

Jayaratne, Jith, and Philip E. Strahan. 1996. "The Finance-Growth Nexus: Evidence from Bank Branch Deregulation." *Quarterly Journal of Economics* 111(3): 639–70.

Jayaratne, Jith, and Philip E. Strahan. 1997. "The Benefits of Branching Deregulation." *Economic Policy Review* 3(4).

Jay-Z. 2017. "The Story of O.J." Roc Nation.

Jerrim, John, and Lindsey Macmillan. 2015. "Income Inequality, Intergenerational Mobility, and the Great Gatsby Curve: Is Education the Key?" *Social Forces* 94(2): 505–33.

Jez, Su Jin. 2014. "The Differential Impact of Wealth versus Income in the College-Going Process." *Research in Higher Education* 55(7): 710–34.

Johnson, Christian A., and George G. Kaufman. 2007. "A Bank by any Other Name . . . " *Economic Perspectives* 31(4).

Jung, Jiwook. 2015. "Shareholder Value and Workforce Downsizing, 1981–2006." *Social Forces* 93(4): 1335–68.

Jung, Jiwook. 2016. "Through the Contested Terrain: Implementation of Downsizing Announcements by Large U.S. Firms, 1984 to 2005." *American Sociological Review* 81(2): 347–73.

Jung, Jiwook, and Eunmi Mun. 2016. "Bending but Not Breaking? Foreign Investor

Pressure and Dividend Payouts by Japanese Firms." *Sociological Forum* 31(3): 663–84.

Jung, Jiwook, and Eunmi Mun. 2017. "Does Diffusion Make an Institutionally Contested Practice Legitimate? Shareholder Responses to Downsizing in Japan, 1973–2005." *Organization Studies* 38(10): 1347–72.

Kalleberg, Arne L. 2011. *Good Jobs, Bad Jobs: The Rise of Polarized and Precarious Employment Systems in the United States, 1970s–2000s*. New York: Russell Sage Foundation.

Kamenetz, Anya. 2016. "Good News on Student Loans . . . for Some." *NPR*, July 26.

Kang, Songman. 2015. "Inequality and Crime Revisited: Effects of Local Inequality and Economic Segregation on Crime." *Journal of Population Economics* 29(2): 593–626.

Kaplan, Thomas, and Alan Rappeport. 2017. "Republican Tax Bill Passes Senate in 51–48 Vote." *New York Times*, December 19.

Katznelson, Ira. 2005. *When Affirmative Action Was White: An Untold History of Racial Inequality in Twentieth-Century America*. New York: Norton.

Kay, John. 2015. *Other People's Money: The Real Business of Finance*. New York: PublicAffairs.

Keister, Lisa A. 2000a. "Race and Wealth Inequality: The Impact of Racial Differences in Asset Ownership on the Distribution of Household Wealth." *Social Science Research* 29(4): 477–502.

Keister, Lisa A. 2000b. *Wealth in America: Trends in Wealth Inequality*. New York: Cambridge University Press.

Keister, Lisa A. 2004. "Race, Family Structure, and Wealth: The Effect of Childhood Family on Adult Asset Ownership." *Sociological Perspectives* 47(2): 161–87.

Keister, Lisa A., and Stephanie Moller. 2000. "Wealth Inequality in the United States." *Annual Review of Sociology* 26(1): 63–81.

Kelly, Kate. 2017. "Investing in the Pain of Student Debt Is a Tough but Tempting Play." *New York Times*, February 9.

Kennedy, Allan A. 2001. *The End of Shareholder Value: Corporations at the Crossroads*. Cambridge, MA: Basic Books.

Kennedy, Edward. 1998. *Congressional Record*. 105th Congress.

Keynes, John Maynard. 1936. *General Theory of Employment, Interest and Money*. Cambridge: Macmillan Cambridge University Press, for Royal Economic Society.

Kiel, Paul. 2008. "Banks' Favorite (Toothless) Regulator." *ProPublica* Retrieved March 19, 2017 (http://www.propublica.org/article/banks-favorite-toothless-regulator-1125).

Kiel, Paul, and Annie Waldman. 2015. "The Color of Debt: How Collection Suits Squeeze Black Neighborhoods." *Pro Publica*, October 8.

Killewald, Alexandra. 2013. "Return to Being Black, Living in the Red: A Race Gap in Wealth That Goes beyond Social Origins." *Demography* 50(4): 1177–95.

Killewald, Alexandra, Fabian T. Pfeffer, and Jared N. Schachner. 2017. "Wealth Inequality and Accumulation." *Annual Review of Sociology* 43(1): 379–404.

King, Robert G., and Ross Levine. 1993. "Finance and Growth: Schumpeter Might Be Right." *Quarterly Journal of Economics* 108(3): 717–37.

Kitroeff, Natalie. 2018. "Tax Law May Send Factories and Jobs Abroad, Critics Say." *New York Times*, January 8.

Kornrich, Sabino. 2016. "Inequalities in Parental Spending on Young Children: 1972 to 2010." *AERA Open* 2(2): 1–12.

Kornrich, Sabino, and Frank Furstenberg. 2013. "Investing in Children: Changes in Parental Spending on Children, 1972–2007." *Demography* 50(1): 1–23.

Krippner, Greta R. 2011. *Capitalizing on Crisis: The Political Origins of the Rise of Finance*. Cambridge, MA: Harvard University Press.

Kristal, Tali. 2013. "The Capitalist Machine: Computerization, Workers' Power, and the Decline in Labor's Share within U.S. Industries." *American Sociological Review* 78(3): 361–89.

Krueger, Alan. 2012. "The Rise and Consequences of Inequality." Presentation Made to the Center for American Progress, January 12th. Available at www.Americanprogress.Org/Events/2012/01/12/17181/the-Rise-and-Consequences-of-Inequality.

Kunz, Diane B. 1997. "The Marshall Plan Reconsidered: A Complex of Motives." *Foreign Affairs* 76(3): 162–70.

Kus, Basak. 2012. "Financialisation and Income Inequality in OECD Nations: 1995–2007." *Economic and Social Review* 43(4): 477–95.

Kus, Basak. 2013. "Consumption and Redistributive Politics: The Effect of Credit and China." *International Journal of Comparative Sociology* 54(3): 187–204.

Kus, Basak, and Wen Fan. 2015. "Income Inequality, Credit and Public Support for Redistribution." *Intereconomics—Review of European Economic Policy* 2015(4): 198–205.

Kwon, Roy, and Anthony Roberts. 2015. "Financialization and Income Inequality in the New Economy." *Sociology of Development* 1(4): 442–62.

Kwon, Roy, Anthony Roberts, and Karissa Zingula. 2017. "Whither the Middle Class? Financialization, Labor Institutions, and the Gap between Top- and Middle-Income Earners in Advanced Industrial Societies." *Sociology of Development* 3(4): 377–402.

Lambert, Susan J. 2008. "Passing the Buck: Labor Flexibility Practices That Transfer Risk onto Hourly Workers." *Human Relations* 61(9): 1203–27.

Lamont, Michèle. 2002. *The Dignity of Working Men: Morality and the Boundaries of Race, Class, and Immigration*. Cambridge, MA: Harvard University Press.

Langley, Paul. 2008. *The Everyday Life of Global Finance: Saving and Borrowing in Anglo-America*. New York: Oxford University Press.

Lattman, Peter. 2013. https://dealbook.nytimes.com/2013/04/12/ex-credit-suisse-executive-pleads-guilty-to-inflating-value-of-mortgage-bonds/?searchResultPosition=1

Lazonick, William, and Mary O'Sullivan. 2000. "Maximizing Shareholder Value: A New Ideology for Corporate Governance." *Economy and Society* 29(1): 13–35.

Lee, Cheol-Sung, Francois Nielsen, and Arthur S. Alderson. 2007. "Income Inequality, Global Economy and the State." *Social Forces* 86(1): 77–112.

Leicht, Kevin T. 1989. "On the Estimation of Union Threat Effects." *American Sociological Review* 54(6): 1035–47.

Leicht, Kevin T., and Scott T. Fitzgerald. 2006. *Postindustrial Peasants: The Illusion of Middle-Class Prosperity*. New York: Macmillan.

Lerner, Melvin J. 1965. "Evaluation of Performance as a Function of Performer's Reward and Attractiveness." *Journal of Personality and Social Psychology* 1(4): 355.

Lerner, Melvin J., and Carolyn H. Simmons. 1966. "Observer's Reaction to the 'Innocent Victim': Compassion or Rejection?" *Journal of Personality and Social Psychology* 4(2): 203–10.

Lewis, Michael. 2010. *The Big Short: Inside the Doomsday Machine*. New York: Norton.

Lin, J. T., C. Bumcrot, T. Ulicny, A. Lusardi, G. Mottola, C. Kieffer, and G. Walsh. 2016. "Financial Capability in the United States 2016." Finra Investor Education Foundation.

Lin, Ken-Hou. 2015. "The Financial Premium in the US Labor Market: A Distributional Analysis." *Social Forces* 94(1): 1–30.

Lin, Ken-Hou. 2016. "The Rise of Finance and Firm Employment Dynamics." *Organization Science* 27(4): 972–88.

Lin, Ken-Hou, Samuel Bondurant, and Andrew Messamore. 2018. "Union, Premium Cost, and the Provision of Employment-Based Health Insurance." *Socius*. doi:10.1177/2378023118798502

Lin, Ken-Hou, and Megan Tobias Neely. 2017. "Gender, Parental Status, and the Wage Premium in Finance." *Social Currents* 4(6): 535–55.

Lin, Ken-Hou, and Donald Tomaskovic-Devey. 2013. "Financialization and U.S. Income Inequality, 1970–2008." *American Journal of Sociology* 118(5): 1284–329.

Lovenheim, Michael F., and C. Lockwood Reynolds. 2013. "The Effect of Housing Wealth on College Choice: Evidence from the Housing Boom." *Journal of Human Resources* 48(1): 1–35

Madden, Janice Fanning. 2012. "Performance-Support Bias and the Gender Pay Gap among Stockbrokers." *Gender & Society* 26(3): 488–518.

Madden, Janice Fanning, and Alexander Vekker. 2008. *Evaluating Whether Employment Outcomes for Brokers and Broker Trainees at Merrill Lynch Are Racially Neutral*. http://www.merrillclassaction.com/pdfs/DrsMaddenVekkerExpRebuttalRep.pdf

Magdoff, Harry, and Paul M. Sweezy. 1987. *Stagnation and the Financial Explosion*. New

York: New York University Press.

Mankiw, N. Gregory. 2013. "Defending the One Percent." *Journal of Economic Perspectives* 27(3): 21–34.

Marmot, M. G., G. Rose, M. Shipley, and P. J. Hamilton. 1978. "Employment Grade and Coronary Heart Disease in British Civil Servants." *Journal of Epidemiology and Community Health* 32(4): 244–49.

Massey, Douglas, and Nancy Denton. 1993. *American Apartheid: Segregation and the Making of the Underclass*. Cambridge, MA: Harvard University Press.

Mayer, Susan E. 2001. "How Did the Increase in Economic Inequality between 1970 and 1990 Affect Children's Educational Attainment?" *American Journal of Sociology* 107(1): 1–32.

McCarthy, Justin. 2015. "Little Change in Percentage of Americans Who Own Stocks." *Gallup.com*. Retrieved April 13, 2017 (http://www.gallup.com/poll/182816/little-change-percentage-americans-invested-market.aspx).

McGuire, Gail M. 2000. "Gender, Race, Ethnicity, and Networks the Factors Affecting the Status of Employees' Network Members." *Work and Occupations* 27(4): 501–24.

McGuire, Gail M. 2002. "Gender, Race, and the Shadow Structure: A Study of Informal Networks and Inequality in a Work Organization." *Gender & Society* 16(3): 303–22.

McLean, Bethany, and Peter Elkind. 2004. *The Smartest Guys in the Room: The Amazing Rise and Scandalous Fall of Enron*. New York: Portfolio Trade.

McMenamin, Terence M. 2007. "A Time to Work: Recent Trends in Shift Work and Flexible Schedules." *Monthly Labor Review* 130: 3–15.

Meyer, Brett. 2017. "Financialization, Technological Change, and Trade Union Decline." *Socio-Economic Review*. mwx022, https://doi-org.ezproxy.lib.utexas.edu/10.1093/ser/mwx022

Milberg, William. 2008. "Shifting Sources and Uses of Profits: Sustaining US Financialization with Global Value Chains." *Economy and Society* 37(3): 420–51.

Milberg, William, and Deborah Winkler. 2010. "Financialisation and the Dynamics of Offshoring in the USA." *Cambridge Journal of Economics* 34(2): 275–93.

Miller, Seymour M., and Donald Tomaskovic-Devey. 1983. *Recapitalizing America: Alternatives to the Corporate Distortion of National Policy*. Boston: Routledge & Kegan Paul.

Mills, Melinda. 2004. "Demand for Flexibility or Generation of Insecurity? The Individualization of Risk, Irregular Work Shifts and Canadian Youth." *Journal of Youth Studies* 7(2): 115–39.

Milman, Oliver. 2017. "Harvard 'Pausing' Investments in Some Fossil Fuels." *The Guardian*, April 27.

Mishel, Lawrence, and Jessica Schieder. 2016. *Stock Market Headwinds Meant Less Generous*

*Year for Some CEOs: CEO Pay Remains up 46.5% since 2009.* 109799. Washington, DC: Economic Policy Institute.

Moosa, Imad A. 2017. "Does Financialization Retard Growth? Time Series and Cross-Sectional Evidence." *Applied Economics* 50(31): 3405–15.

Morduch, Jonathan, and Rachel Schneider. 2017. *The Financial Diaries: How American Families Cope in a World of Uncertainty*. Princeton, NJ: Princeton University Press.

Morrissey, Monique. 2016. *The State of American Retirement: How 401(k)s Have Failed Most American Workers*. Washington, DC: Economic Policy Institute.

Munnell, Alicia H., Geoffrey M. B. Tootell, Lynn E. Browne, and James McEneaney. 1996. "Mortgage Lending in Boston: Interpreting HMDA Data." *American Economic Review* 86(1): 25–53.

Murphy, Kevin J. 2002. "Explaining Executive Compensation: Managerial Power versus the Perceived Cost of Stock Options." *University of Chicago Law Review* 69(3): 847–69.

Nadler, Jerrold. 1998. *Congressional Record*. 105th Congress.

Nau, Michael. 2013. "Economic Elites, Investments, and Income Inequality." *Social Forces* 92(3): 437–61.

Nau, Michael, Rachel E. Dwyer, and Randy Hodson. 2015. "Can't Afford a Baby? Debt and Young Americans." *Research in Social Stratification and Mobility* 42: 114–22.

Neckerman, Kathryn M., and Florencia Torche. 2007. "Inequality: Causes and Consequences." *Annual Review of Sociology* 33(1): 335–57.

Neely, Megan Tobias. 2018. "Fit to Be King: How Patrimonialism on Wall Street Leads to Inequality." *Socio-Economic Review* 16(2): 365–85.

Neidig, Harper. 2016. "Barney Frank Admits 'Mistake' in Dodd-Frank." *The Hill*, November 20.

Neustadtl, Alan, and Dan Clawson. 1988. "Corporate Political Groupings: Does Ideology Unify Business Political Behavior?" *American Sociological Review* 53(2): 172–90.

Noble, Safiya. 2018. *Algorithms of Oppression: How Search Engines Reinforce Racism*. New York: New York University Press.

Nocera, Joe. 2013. https://www.nytimes.com/2013/03/10/opinion/sunday/nocera-rigging-the-ipo-game.html?searchResultPosition=1

Norris, Floyd. 2002. "Market Place; New Set of Rules Is in the Works for Accounting." *New York Times*, October 22.

Oakley, Diane, and Kelly Kenneally. 2015. *Retirement Security 2015: Roadmap for Policy Makers*. National Institute on Retirement Security.

OECD. 2011. *Divided We Stand: Why Inequality Keeps Rising*. Paris: Organization for Economic Cooperation and Development.

OECD. 2014. *Society at a Glance: OECD Social Indicators: 2014*. Revised ed. Paris: Organization for Economic Cooperation and Development.

Oishi, Shigehiro, and Selin Kesebir. 2015. "Income Inequality Explains Why Economic Growth Does Not Always Translate to an Increase in Happiness." *Psychological Science* 26(10): 1630–38.

Oliver, Melvin, and Thomas M. Shapiro, eds. 2006. *Black Wealth/White Wealth: A New Perspective on Racial Inequality*. 2nd ed. New York: Routledge.

Oppel, Richard A. 2001. "Employees' Retirement Plan Is a Victim as Enron Tumbles." *New York Times*, November 22.

Oreopoulos, Philip, Till von Wachter, and Andrew Heisz. 2012. "The Short- and Long-Term Career Effects of Graduating in a Recession." *American Economic Journal: Applied Economics* 4(1): 1–29.

Orhangazi, Özgür. 2008. *Financialization and the US Economy*. Northampton, MA: Edward Elgar Publishing.

Ostry, Jonathan David, Andrew Berg, and Charalambos G. Tsangarides. 2014. *Redistribution, Inequality, and Growth*. International Monetary Fund. https://www.imf.org/external/pubs/ft/sdn/2014/sdn1402.pdf

Pahl, Jan. 1983. "The Allocation of Money and the Structuring of Inequality within Marriage." *Sociological Review* 31(2): 237–62.

Palan, Ronen, Richard Murphy, and Christian Chavagneux. 2013. *Tax Havens: How Globalization Really Works*. Ithaca, NY: Cornell University Press.

Partnoy, Frank. 2006. "A Revisionist View of Enron and the Sudden Death of 'May.'" Pp. 54–89 in *Enron and World Finance*, edited by P. Dembinski, C. Lager, A. Cornford, and J. Bonvin. New York: Palgrave Macmillan.

Peifer, Jared L. 2011. "Morality in the Financial Market? A Look at Religiously Affiliated Mutual Funds in the USA." *Socio-Economic Review* 9(2): 235–59.

Pernell, Kim, Jiwook Jung, and Frank Dobbin. 2017. "The Hazards of Expert Control: Chief Risk Officers and Risky Derivatives." *American Sociological Review* 82(3): 511–41.

Petroff, Alanna. 2016. "DoJ vs Big Banks: $60 Billion in Fines for Toxic Mortgages." *CNN*, December 23.

Philippon, Thomas. 2015. "Has the US Finance Industry Become Less Efficient? On the Theory and Measurement of Financial Intermediation." *American Economic Review* 105(4): 1408–38.

Philippon, Thomas, and Ariell Reshef. 2012. "Wages and Human Capital in the U.S. Finance Industry: 1909–2006." *Quarterly Journal of Economics* 127(4): 1551–609.

Picchi, Aimee. 2016. "Congrats, Class of 2016: You're the Most Indebted Yet." *CBS*, May 4.

Piketty, Thomas. 2014. *Capital in the Twenty-First Century*. Cambridge, MA: Belknap Press of Harvard University Press.

Piketty, Thomas, and Emmanuel Saez. 2006. "The Evolution of Top Incomes: A Historical and International Perspective." *American Economic Review* 96(2): 200–205.

Piketty, Thomas, Emmanuel Saez, and Gabriel Zucman. 2017. "Distributional National Accounts: Methods and Estimates for the United States." *Quarterly Journal of Economics* 133(2): 553–609.

Polanyi, Karl. 2001. *The Great Transformation: The Political and Economic Origins of Our Time*. 2nd ed. Boston: Rinehart & Company.

Pope, Devin G., and Justin R. Sydnor. 2011. "What's in a Picture? Evidence of Discrimination from Prosper.Com." *Journal of Human Resources* 46(1): 53–92.

Powell, Lewis F. 1971. "Confidential Memorandum: Attack of American Free Enterprise System." https://scholarlycommons.law.wlu.edu/powellmemo/

Prasad, Monica. 2012. *The Land of Too Much: American Abundance and the Paradox of Poverty*. Cambridge, MA: Harvard University Press.

Quarles, Randal K. 2018. "Implementation of the Economic Growth, Regulatory Relief, and Consumer Protection Act." Board of Governor's for the Federal Reserve System, October 2.

Rampell, Catherine. 2011. "Out of Harvard, and into Finance." *Economix Blog*. Retrieved April 18, 2013 (http://economix.blogs.nytimes.com/2011/12/21/out-of-harvard-and-into-finance/).

Rappeport, Alan. 2017. "Bill to Erase Some Dodd-Frank Banking Rules Passes in House." *New York Times*, June 8.

Rappeport, Alan. 2018. "Senate Passes Bill Loosening Banking Rules, but Hurdles Remain in the House." *New York Times*, March 14.

Ricks, Morgan, John Crawford, and Lev Menand. 2018. "A Public Option for Bank Accounts (Or Central Banking for All)." SSRN Scholarly Paper. ID 3192162. Rochester, NY: Social Science Research Network.

Rivera, Lauren A. 2015. *Pedigree: How Elite Students Get Elite Jobs*. Princeton, NJ: Princeton University Press.

Roberts, Adrienne. 2013. "Financing Social Reproduction: The Gendered Relations of Debt and Mortgage Finance in Twenty-First-Century America." *New Political Economy* 18(1): 21–42.

Roberts, Anthony, and Roy Kwon. 2017. "Finance, Inequality and the Varieties of Capitalism in Post-industrial Democracies." *Socio-Economic Review* 15(3): 511–38.

Rosenfeld, Jake. 2014. *What Unions No Longer Do*. Cambridge, MA: Harvard University Press.

Rosenfeld, Jake, and Patrick Denice. 2015. "The Power of Transparency: Evidence from a British Workplace Survey." *American Sociological Review* 80(5): 1045–68.

Rosenfeld, Jake, and Meredith Kleykamp. 2009. "Hispanics and Organized Labor in the United States, 1973 to 2007." *American Sociological Review* 74(6): 916–37.

Rosenfeld, Jake, and Meredith Kleykamp. 2012. "Organized Labor and Racial Wage Inequality in the United States." *American Journal of Sociology* 117(5): 1460–502.

Ross, Stephen L., and John Yinger. 2002. *The Color of Credit: Mortgage Discrimination, Research Methodology, and Fair-Lending Enforcement*. Cambridge, MA: MIT Press.

Roth, Louise Marie. 2006. *Selling Women Short: Gender and Money on Wall Street*. Princeton, NJ: Princeton University Press.

Rugh, Jacob S., and Douglas S. Massey. 2010. "Racial Segregation and the American Foreclosure Crisis." *American Sociological Review* 75(5): 629–51.

Saez, Emmanuel, and Gabriel Zucman. 2016. "Wealth Inequality in the United States since 1913: Evidence from Capitalized Income Tax Data." *Quarterly Journal of Economics* 131(2): 519–78.

Salter, Malcom. 2008. *Innovation Corrupted: The Origins and Legacy of Enron's Collapse*. Cambridge, MA: Harvard University Press.

Sanders, Jeffrey S. 2011. "The Path to Becoming A Fortune 500 CEO." Retrieved April 13, 2017 (https://www.forbes.com/sites/ciocentral/2011/12/05/the-path-to-becoming-a-fortune-500-ceo/#2b37b8fb709b).

Scheer, Robert. 2010. *The Great American Stickup: How Reagan Republicans and Clinton Democrats Enriched Wall Street While Mugging Main Street*. New York: Bold Type Books.

Schneider, Daniel, Orestes P. Hastings, and Joe LaBriola. 2018. "Income Inequality and Class Divides in Parental Investments." *American Sociological Review* 83(3): 475–507.

Scott-Clayton, Judith E. 2018. "The Looming Student Loan Crisis Is Worse Than We Thought." Community College Research Center. Evidence Speaks, Vol. 2, No. 34. Brookings Institution. https://academiccommons.columbia.edu/doi/10.7916/D8WT05QV

Seamster, Louise, and Raphaël Charron-Chénier. 2017. "Predatory Inclusion and Education Debt: Rethinking the Racial Wealth Gap." *Social Currents* 4(3): 199–207.

Seelye, Katharine Q. 1998. "Panel to Vote on Measure to Tighten Bankruptcy Law." *New York Times*, May 14.

Shapiro, Thomas M. 2004. *The Hidden Cost of Being African American: How Wealth Perpetuates Inequality*. New York: Oxford University Press.

Shiller, Robert J. 1994. *Macro Markets: Creating Institutions for Managing Society's Largest Economic Risks*. New York: Oxford University Press.

Shin, Taekjin. 2012. "CEO Compensation and Shareholder Value Orientation among Large US Firms." *Economic and Social Review* 43(4): 535–59.

Shin, Taekjin. 2014. "Explaining Pay Disparities between Top Executives and Nonexecutive Employees: A Relative Bargaining Power Approach." *Social Forces* 92(4): 1339–72.

Shin, Taekjin, and Jihae You. 2017. "Pay for Talk: How the Use of Shareholder-Value Language Affects CEO Compensation." *Journal of Management Studies* 54(1): 88–117.

Siegel, Robert. 2007. "2005 Law Made Student Loans More Lucrative." *NPR*, April 24.
Silver-Greenberg, Jessica. 2012. https://www.nytimes.com/2012/07/14/business/mastercard-and-visa-settle-antitrust-suit.html?searchResultPosition=1
Smith, Adam. 1950 [1776]. *An Inquiry into the Nature and Causes of the Wealth of Nations*. Methuen.
Song, Jae, David J. Price, Fatih Guvenen, and Nicholas Bloom. 2015. "Firming Up Inequality." *The Quarterly Journal of Economics 134*(1): 1–50.
S&P Global. 2017. *S&P 500 Environmental & Socially Responsible Index. Strategy*.
Sparshott, Jeffrey. 2015. "Congratulations, Class of 2015: You're the Most Indebted Ever (for Now)." *WSJ Blogs—Real Time Economics*. Retrieved October 2, 2015 (http://blogs.wsj.com/economics/2015/05/08/congratulations-class-of-2015-youre-the-most-indebted-ever-for-now/).
Spilerman, Seymour. 2000. "Wealth and Stratification Processes." *Annual Review of Sociology 26*(1): 497–524.
Stein, Judith. 2010. *Pivotal Decade: How the United States Traded Factories for Finance in the Seventies*. New Haven: Yale University Press.
Stein, Judith. 2011. *Pivotal Decade: How the United States Traded Factories for Finance in the Seventies*. August 14 ed. New Haven: Yale University Press.
Stevenson, Thomas H., and D. Anthony Plath. 2002. "Marketing Financial Services to the African-American Consumer: A Comparative Analysis of Investment Portfolio Composition." *California Management Review 44*(4): 39–64.
Steyer, Robert. 2017. "Columbia University to Divest from Some Coal Companies." *Pensions & Investments*. Retrieved October 20, 2017 (http://www.pionline.com/article/20170315/ONLINE/170319903/columbia-university-to-divest-from-some-coal-companies).
Stojmenovska, Dragana, Thijs Bol, and Thomas Leopold. 2017. "Does Diversity Pay? A Replication of Herring (2009)." *American Sociological Review 82*(4): 857–67.
Story, Louise. 2010. "Goldman on the Defensive before Senate Panel." *New York Times*, April 27.
Subramanian, S. V., and Ichiro Kawachi. 2006. "Whose Health Is Affected by Income Inequality? A Multilevel Interaction Analysis of Contemporaneous and Lagged Effects of State Income Inequality on Individual Self-Rated Health in the United States." *Health & Place 12*(2): 141–56.
Sullivan, Teresa A., Elizabeth Warren, and Jay Lawrence Westbrook. 1997. "Consumer Bankruptcy in the United States: A Study of Alleged Abuse and of Local Legal Culture." *Journal of Consumer Policy 20*(2): 223–68.
Tabb, Charles. 2006. "Consumer Bankruptcy Filings: Trends and Indicators." *University of Illinois Law and Economics Working Papers*.

Taibbi, Matt. 2012. https://www.rollingstone.com/politics/politics-news/the-scam-wall-street-learned-from-the-mafia-190232/

Tamborini, Christopher R., and ChangHwan Kim. 2017. "Education and Contributory Pensions at Work: Disadvantages of the Less Educated." *Social Forces* 95(4): 1577–606.

Thomas, C. William. 2002. "The Rise and Fall of Enron." *Journal of Accountancy* 193(4): 41.

Tichy, Noel, and Ram Charan. 1989. "Speed, Simplicity, Self-Confidence: An Interview with Jack Welch." *Harvard Business Review* 67(5): 112–20.

Tomaskovic-Devey, Donald, and Dustin Avent-Holt. 2019. *Relational Inequalities: An Organizational Approach*. New York: Oxford University Press.

Tomaskovic-Devey, Donald, and Ken-Hou Lin. 2011. "Income Dynamics, Economic Rents, and the Financialization of the U.S. Economy." *American Sociological Review* 76(4): 538–59.

Tomaskovic-Devey, Donald, Ken-Hou Lin, and Nathan Meyers. 2015. "Did Financialization Reduce Economic Growth?" *Socio-Economic Review* 13(3): 525–48.

Tooze, Adam. 2018. *Crashed: How a Decade of Financial Crises Changed the World*. New York: Viking.

Townsend, Peter. 1979. *Poverty in the United Kingdom: A Survey of Household Resources and Standards of Living*. Berkeley: University of California Press.

Trumbull, Gunnar. 2014. *Consumer Lending in France and America: Credit and Welfare*. New York: Cambridge University Press.

Turco, Catherine J. 2010. "Cultural Foundations of Tokenism Evidence from the Leveraged Buyout Industry." *American Sociological Review* 75(6): 894–913.

Turner, Adair. 2015. *Between Debt and the Devil: Money, Credit, and Fixing Global Finance*. Princeton, NJ: Princeton University Press.

Useem, Michael. 1993. *Executive Defense: Shareholder Power and Corporate Reorganization*. Cambridge, MA: Harvard University Press.

Vachon, Todd E., Michael Wallace, and Allen Hyde. 2016. "Union Decline in a Neoliberal Age: Globalization, Financialization, European Integration, and Union Density in 18 Affluent Democracies." *Socius* 2: 2378023116656847.

Valenti, Catherine. 2006. "A Year after Enron, What's Changed?" *ABC News*, January 6.

Valladares, Mayra Rodríguez. 2015. "Despite Regulatory Advances, Experts Say Risk Remains a Danger to Large Banks." *New York Times*, March 23.

Vielkind, Jimmy. 2010. "Lobbyist Lazio Got Millions." *Times Union*, February 21.

Warren, Elizabeth. 2002. "The Market for Data: The Changing Role of Social Sciences in Shaping the Law." SSRN Scholarly Paper. ID 332162. Rochester, NY: Social Science Research Network.

Warren, Elizabeth. 2003. "Financial Collapse and Class Status: Who Goes Bankrupt?"

*Osgoode Hall Law Journal* 41(1): 115–46.

Welch, Jack, and John A. Byrne. 2003. *Jack: Straight from the Gut.* New York: Grand Central Publishing.

Western, Bruce, Deirdre Bloome, and Christine Percheski. 2008. "Inequality among American Families with Children, 1975 to 2005." *American Sociological Review* 73(6): 903–20.

Western, Bruce, and Jake Rosenfeld. 2011. "Unions, Norms, and the Rise in U.S. Wage Inequality." *American Sociological Review* 76(4): 513–37.

Whoriskey, Peter. 2018. "'A Way of Monetizing Poor People': How Private Equity Firms Make Money Offering Loans to Cash-Strapped Americans." *Washington Post*, July 1.

Wilkinson, Richard G. 2005. *The Impact of Inequality: How to Make Sick Societies Healthier.* New York: New Press.

Wilkinson, Richard G., and Kate Pickett. 2011. *The Spirit Level: Why Greater Equality Makes Societies Stronger.* Reprint ed. London: Bloomsbury Press.

Williams, Richard, Reynold Nesiba, and Eileen Diaz McConnell. 2005. "The Changing Face of Inequality in Home Mortgage Lending." *Social Problems* 52(2): 181–208.

Wilson, George, and Vincent J. Roscigno. 2010. "Race and Downward Mobility from Privileged Occupations: African American/White Dynamics across the Early Work-Career." *Social Science Research* 39(1): 67–77.

Wingfield, Adia Harvey. 2014. "Crossing the Color Line: Black Professional Men's Development of Interracial Social Networks." *Societies* 4: 240–55.

Wolff, Edward N. 2015. "Household Wealth Inequality, Retirement Income Security, and Financial Market Swings 1983 through 2010." Pp. 245–78 in *Inequality, Uncertainty, and Opportunity: The Varied and Growing Role of Finance in Labor Relations, LERA Research Volumes*, edited by C. E. Weller. Ithaca, NY: Cornell University Press.

Wyly, Elvin, Markus Moos, Daniel Hammel, and Emanuel Kabahizi. 2009. "Cartographies of Race and Class: Mapping the Class-Monopoly Rents of American Subprime Mortgage Capital." *International Journal of Urban and Regional Research* 33(2): 332–54.

Yeung, W. Jean, and Dalton Conley. 2008. "Black-White Achievement Gap and Family Wealth." *Child Development* 79(2): 303–24.

Young, Kevin, and Stefano Pagliari. 2017. "Capital United? Business Unity in Regulatory Politics and the Special Place of Finance." *Regulation & Governance* 11(1): 3–23.

Zucman, Gabriel. 2013. "The Missing Wealth of Nations: Are Europe and the U.S. Net Debtors or Net Creditors?" *Quarterly Journal of Economics* 128(3): 1321–64.

Divested: Inequality in the Age of Finance

by Ken-Hou Lin and Megan Tobias Neely

Copyright © 2020 by Ken-Hou Lin and Megan Tobias Neely

Simplified Chinese translation copyright © 2024 by China Renmin University Press Co., Ltd.

All Rights Reserved.

图书在版编目（CIP）数据

金融化与不平等 /（美）林庚厚,（美）梅根·尼利（Megan Tobias Neely）著；许瑞宋译. -- 北京：中国人民大学出版社，2024.11. --（政治经济学文库）.
ISBN 978-7-300-33399-1

Ⅰ.F830

中国国家版本馆 CIP 数据核字第 20248PE189 号

政治经济学文库·前沿
金融化与不平等
［美］林庚厚　梅根·尼利　著
许瑞宋　译
林庚厚　审校
Jinronghua yu Bupingdeng

| | | | | | |
|---|---|---|---|---|---|
| 出版发行 | 中国人民大学出版社 | | | | |
| 社　　址 | 北京中关村大街 31 号 | | 邮政编码 | 100080 | |
| 电　　话 | 010 - 62511242（总编室） | | 010 - 62511770（质管部） | | |
| | 010 - 82501766（邮购部） | | 010 - 62514148（门市部） | | |
| | 010 - 62515195（发行公司） | | 010 - 62515275（盗版举报） | | |
| 网　　址 | http://www.crup.com.cn | | | | |
| 经　　销 | 新华书店 | | | | |
| 印　　刷 | 涿州市星河印刷有限公司 | | | | |
| 开　　本 | 720 mm × 1000 mm　1/16 | | 版　　次 | 2024 年 11 月第 1 版 | |
| 印　　张 | 20.25　插页 1 | | 印　　次 | 2024 年 11 月第 1 次印刷 | |
| 字　　数 | 192 000 | | 定　　价 | 78.00 元 | |

版权所有　侵权必究　印装差错　负责调换